第二版

汽车安全驾驶
与应急处置
全攻略

吴文琳　林瑞玉　编著

中国电力出版社
CHINA ELECTRIC POWER PRESS

内容提要

　　本书采用图文对照的形式，针对一般道路、复杂路段、复杂道路、特殊环境、高速公路等不同路况和气候条件，详细介绍了汽车（含电动汽车）安全驾驶的关键技术和技巧。此外，还介绍了汽车行驶途中遇到突发情况的应急处置方法。

　　全书共分七章，主要内容包括汽车驾驶基础、一般道路驾驶技巧、城市道路驾驶、复杂路段驾驶、复杂道路与特殊环境的驾驶、高速公路驾驶、安全行车与应急处置。书末附录介绍了容易混淆的交通标志、标线，方便查阅。各章后均有扫码答题，可帮助读者快速掌握知识点。

　　本书内容新颖，通俗易懂，实用性强。是新、老汽车驾驶人学习驾驶知识、提高汽车驾驶技术、安全行车的良师益友，也可作为汽车驾驶培训班参考教材使用。

图书在版编目（CIP）数据

汽车安全驾驶与应急处置全攻略/吴文琳，林瑞玉编著. -- 2版. -- 北京：中国电力出版社，2025.4. -- ISBN 978 - 7 - 5198 - 9863 - 2

Ⅰ. U471.15

中国国家版本馆 CIP 数据核字第 2025GR1757 号

出版发行：中国电力出版社

地　　址：北京市东城区北京站西街 19 号（邮政编码 100005）

网　　址：http://www.cepp.sgcc.com.cn

责任编辑：杨　扬（y-y@sgcc.com.cn）

责任校对：黄　蓓　马　宁

装帧设计：赵姗姗

责任印制：杨晓东

印　　刷：北京雁林吉兆印刷有限公司

版　　次：2020 年 5 月第一版　2025 年 4 月第二版

印　　次：2025 年 4 月北京第一次印刷

开　　本：710 毫米×1000 毫米　16 开本

印　　张：16

字　　数：341 千字

定　　价：69.00 元

前　言

　　随着社会经济的不断发展和人民生活水平的逐步提高，汽车驾驶已经变成现代人必须具备的一项基本生活技能。但由于新司机驾驶技术不够娴熟、缺少行车经验，老司机对道路交通安全问题不够重视，麻痹大意，交通违法行为时有发生，严重时甚至酿成重大事故。为了满足广大汽车驾驶人快速掌握汽车安全驾驶与应急处置技术的迫切需要，编写了《汽车安全驾驶与应急处置全攻略》一书。本书自出版以来深受读者欢迎，为此我们对本书进行了修订，增加了电动汽车安全驾驶与应急处置的内容并对原有内容进行精简和更新，以飨读者。

　　本书采用图文对照的形式，针对一般道路、复杂路段、复杂道路、特殊环境、高速公路等不同路况，详细地介绍了汽车（含电动汽车）安全驾驶的关键技术和安全驾驶技巧。此外，还介绍了汽车行驶途中遇到突发情况的应急处置方法。书末附录介绍了容易混淆的交通标志、标线，方便查阅。

　　全书分为七章，主要内容包括汽车驾驶基础、一般道路驾驶技巧、城市道路驾驶、复杂路段驾驶、复杂道路与特殊环境的驾驶、高速公路驾驶、安全行车与应急处置方法。

　　本书内容新颖、实用性强，可供新、老汽车驾驶人阅读学习，以了解掌握驾驶知识，提高安全驾驶技巧，也可作为汽车驾驶培训学校的参考教材。

　　本书由吴文琳、林瑞玉编著。

　　限于编者的水平和经验，书中不妥和疏漏之处在所难免，敬请广大读者批评指正。

编　者

目 录

第一章

汽车驾驶基础

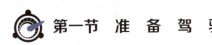

第一节 准备驾驶

驾驶人上车后应做好准备工作，调整好座椅、后视镜位置，系好安全带。打开点火开关或按一下无钥匙起动按钮，不要起动，等电控单元自检完毕（3～4s）再起动，若仪表工作正常即可上路行驶。

一、正确的驾驶姿势

驾驶人可根据需要调整座椅，使其适合自身坐姿。坐姿应以可以用力转动转向盘，并能用脚充分踏下离合器踏板、制动踏板和加速踏板为合适。

正确的驾驶姿势（见图 1-1）能够方便驾驶人操作各种装置，保持其身体处于放松、自然的状态；不正确的姿势会使驾驶人操作转向盘和踩踏踏板困难，影响驾驶安全。

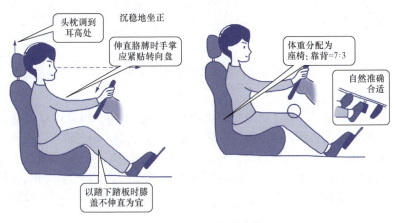

图 1-1 正确的驾驶姿势

（1）身体对正转向盘，上身保持正直，胸部微挺，头部端正，两眼向前平视，腰背部紧贴座椅靠背。

（2）两膝自然分开，左脚放在离合器踏板下方；右脚放在加速踏板上，脚跟应靠在驾驶室底板上。

（3）两手分别握在转向盘左右两侧的位置，两肘应保持舒适自然的微曲伸展，切忌完全伸直。

二、座椅的调整

汽车驾驶人的座椅位置一般均可调整。调整方式有手动和电动两种。手动调整一般有高低升降、前后移动和靠背倾角调整 3 个方位，需要驾驶员先通过手柄放松座椅的锁止机构，之后通过改变身体的坐姿和位置来带动座椅移动，最后将锁止机构的手柄放松，将座椅固定在所选择的位置上（见图 1-2）。而电动调整是通过电动机实现的，座椅是施力方，乘客只需扳动控制键就可以令座椅移动，无需主动改变身体的坐姿即可完成座椅的无级调整（见图 1-3）。一般配置较高的车辆会配备驾驶座电动调整，高端车型会同时配备副驾驶座椅电动调整。

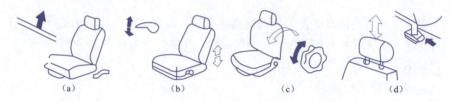

图 1-2　手动座椅的调整

（a）前后调整；（b）高度调整；（c）靠背调整；（d）头枕调整

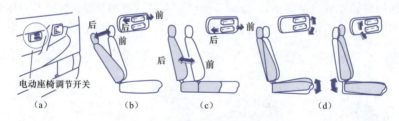

电动座椅调节开关

图 1-3　电动座椅的调整方法

1. 手动座椅的调整

（1）前后（移动）调整。机动车座椅前后移动的调整一般采用双轨锁紧机构。需移动时，松开锁紧机构，使座椅前后移动至合适的位置，而后将座椅锁紧。

上车后，用一只手握住转向盘，另一只手控制座位调节手柄向上提起，使座椅松开，再向前或后推动座椅，直到将座位调整到最适合自己的位置为止（调整到使脚能将离合器踏板和制动踏板轻松踩到底的位置），然后放下手柄再稍移动座椅，使锁紧机构锁死。

（2）高低升降调整。进行座椅高低调整时，可摇动摇把或转动旋钮，使座椅上升或下降。调整后的座椅最佳位置是：大腿与转向盘下缘保持 10cm 左右的空间距离，能将离合器踏板和制动踏板完全踩到底，膝盖稍微弯曲为宜，切忌将腿完全伸直。

（3）靠背角度调整标准。靠背角度 110°为宜。在人体离开靠背后，旋转靠背侧面旋钮，即可调整。若需将靠背恢复原位，只要再拉起调整器手柄，靠背就会自动弹回，与坐垫保持初始角度。

（4）有的汽车座椅上有头枕，可根据需要将其拉上或推下。

2. 电动座椅的调整

一般高档汽车大多配置有电动座椅。电动座椅是通过电力驱动调整空间位置，以提高乘坐舒适性。电动座椅有两向、四向和六向调整等多种类型。两向调整，座椅仅能前后移动；四向调整，座椅除前后移动外，还可以调整高低；六向调整，座椅除以上调整内容外，还可以调整靠背的倾斜角度。另外，有的电动座椅还可调整坐垫的倾斜角度。电动座椅驱动机构由电动机、开关以及传动装置等组成。电动机多为永磁式，通过开关改变电枢电流的方向，使电动机改变旋转方向，实现座椅的双向调整。

通常电动座椅均带有电子控制系统。电子控制系统有一个存储器，只要按动所需调整项目的开关，座椅就可进行多向调整。在座椅调定后，按下存储器按钮，电子控制装置就将传感器的电压信号存储起来，作为以后调整座椅的基准。

电动座椅的调整方法如图 1-3 所示。

座位调整得是否适当的判定方法：驾驶人在座位上，如果膝屈曲 135°，从垂直方向看若大于 45°，则座位位置过于靠前；握住转向盘，如果姿势像抱着转向盘，说明过于靠前，如果为后仰的姿势，则说明座位靠背过于靠后；如果转向盘上缘水平线位于驾驶人颈部以上，车前视线盲区在 10m 以上，说明座位过低。

特别提醒

（1）驾驶人在行车过程中，严禁边驾驶边调整自己的座椅，因为座椅突然移动会导致车辆失控。同时，在行车前应检查座椅锁紧机构是否全部锁紧，以保证座椅安全可靠。

（2）不论什么车，调整座椅高度时，头顶部或与车顶要保持 10cm 的间距（可用拳头测试），防止汽车颠簸时头部撞到车顶。

（3）禁止拆除座椅上的头枕，因头枕并非是给驾驶人开车时倚靠的，而是为防止撞车时驾驶人头部剧烈后扭受损伤而设置的。

（4）禁止给座椅加装饰套，因装饰套会缩小座椅与车门和 A 柱的间隙，会严重影响侧安全气囊和安全帘的弹爆空间。

（5）电动座椅越来越智能化和人性化，不但有多达十几种调整方向的方式，而且具有按摩和"迎宾"功能。例如有的轿车的驾驶座椅，驾驶人上车后，关好车门，接通点火开关，电动座椅会自动向前移动约 25mm，以便于驾驶人操纵方向盘；驾驶人退出点火钥匙，打开车门准备离开时，电动座椅会自动向后移动约 25mm，以便于驾驶人下车。

电动座椅记忆就是将电动座椅与车载电脑结合在一起，让座椅拥有记忆功能，对座椅中的信息参数实现智能化管理。例如，前者调好的座椅状态，后者使用时为确保舒适进行重新调整，这时电脑会将前者调节参数存储保存，当前者重新乘坐时，只需要按动一个按钮，便轻松获得以前存储的适合个人需要的设定。电动座椅记忆一般有2～4个记忆组数。

三、后视镜的调整

车外后视镜是用来观察车外两侧行人的位置情况和后面汽车的行驶情况。电动后视镜由后视镜调整开关控制。该开关通常设置在驾驶人左侧门内把手上端（见图1-4）。有的车型还配备了一键收折后视镜开关（见图1-5），十分方便。

图1-4　后视镜调整开关

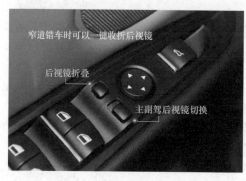

窄道错车时可以一键收折后视镜

后视镜折叠

主副驾后视镜切换

图1-5　一键收折后视镜开关

（1）车内后视镜的调整。汽车内后视镜的作用是用来看清汽车正后方道路上跟随的车辆。调整时保持正确驾驶姿势，面向正前方。手握后视镜边缘进行调整，远方的水平线横置于中央后视镜的中线位置，然后再移动左右，把自己右耳的影像刚好放在镜面的左边缘。将内后视镜调整到只要转动眼睛就可以看到汽车后面全部情况的位置即可（见图1-6）。

（2）调整后视镜时，应先调整好驾驶座椅。驾驶人以正确的驾驶姿势坐在座椅上，再观察左右两旁的后视镜，根据后视镜的反光面调整后视镜各种角度。调整时，向下拨动左开关，开关罩向下运动，接通左侧电动机电路，驱动左后视镜向上偏转。左后视镜的左右方向以及右后视镜4个方向的调整方法与此类似。调整外后视镜时，两侧外后视镜应调整到使处于正确驾驶姿势的驾驶人能看见车体部约占镜子横向面积1/4，车外物体占3/4的位置，同时使地平线处于后视镜正中稍偏下的位置，以便

4

驾驶人能够观察路面上尽可能远的物体（见图1-7）。

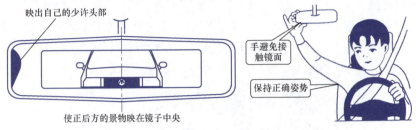

图 1-6　调整车内后视镜

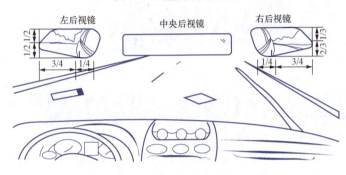

图 1-7　调整车外后视镜

四、安全带的使用与检查调整

（1）安全带的检查。安全带的类型主要有两点式安全带和三点式安全带两种。两点式安全带由一条可以调节的宽带和锁舌、锁体组成（见图1-8）；三点式安全带的结构除同两点式一样外，另配有一个座椅自动缩紧器和可调整高度的固定环。

使用前应首先检查安全带是否正常。缓慢用手将安全带向下拉时，安全带应能顺利地从卷绕器中拉出；快拉安全带时，应自行锁死（见图1-9）。否则，为安全带失效。

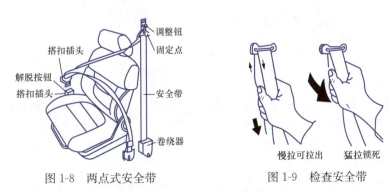

图 1-8　两点式安全带　　　　图 1-9　检查安全带

在检查安全带时，若发现锁扣失效，带体破损，应及时修复或更换，禁止凑合着使用。对陌生车辆的安全带禁止未做检查就盲目使用；发现安全带没有伸缩性时，则应及时更换。

（2）安全带固定高度的调整。可根据需要调整安全带的固定高度（见图1-10），调整时，可扳动调整钮，向上扳动时，固定点上移；向下扳动时，固定点下移。

图1-10　安全带固定高度调整

禁止在车辆行驶中调节安全带固定点。调整好安全带并系好后，在关闭车门前要检查安全带是否妨碍关车门，否则会影响安全带和车辆的使用。

（3）安全带的使用。安全带若系得不正确，一旦发生交通事故就不能充分发挥其作用。驾驶人准备开车前，应及时系好安全带，系安全带时，要视不同的安全带形式和要求进行操作（见图1-11）。比如，常用的连接型安全带，只要将安全带拉出，使肩带从肩部、腰带从髋部绕过身体，将插板插进锁扣内即可。使用这种安全带时禁止将腰部安全带置于腹部，因一旦安全带发生作用，腹部柔软部位很易被安全带勒伤，应将安全带置于髋、肋等有骨骼支撑的地方。同时，禁止将安全带扭曲地系在身上，应将其理平。

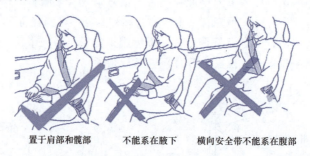

置于肩部和髋部　　　不能系在腋下　　横向安全带不能系在腹部

图1-11　正确使用安全带

注意：系安全带时不得使其勒在坚硬或易碎的物件上，如钢笔、眼镜、钥匙和手机等。系安全带时，应始终把脚放在前面地板上，身体坐直，座椅靠背不应过分向后倾斜，整个后背应靠在座椅靠背上，否则，一旦出现紧急情况，安全带反而会伤害颈部和腹部。

解除安全带时用左手拿安全带，用右手按下安全带扣钮将其摘下，左手慢慢将安全带平顺放回原位。解除安全带时，不要将摘下的安全带马上撒手，必须手拿安全带将其慢慢送回，以防安全带金属扣弹回，打碎玻璃或打伤自己。

小提示

现代汽车大多设有未系安全带提示音，驾驶人听到未系安全带提示音或提示信号时，应及时检查自己或副驾驶座位上的乘员是否系好安全带。驾驶人发现自己未系安全带时，禁止边开车边系安全带，更禁止为防止发出未系安全带的提示音，而将安全带锁扣用异物插死的行为。

特别提醒

（1）安全带在车辆发生碰撞或紧急制动时，会迅速收紧，以防止乘员、驾驶人的身体撞到前面坚硬的物体（转向盘等）。带有安全气囊的汽车，乘员必须处于系好安全带的状态；否则气囊起爆时，弹出的气囊本身就会给乘员带来致命的伤害，如图1-12所示。

图1-12 系好安全带

（2）儿童不宜在前排副驾驶座乘坐，而应该在后排乘坐并应安装有儿童安全座椅。

1）根据孩子的年龄、身高、体重不同，儿童汽车安全座椅有多种型号，主要可分为婴儿型、幼儿型、儿童增高型几大类。

2）儿童座椅最好安装在后排中间座位。

3）汽车儿童安全锁，是为了防止儿童在车辆上意外的打开车门造成伤害而设置的一项功能。一般儿童锁都是在两个后门上，当儿童锁功能打开时，车辆后门在里面是打不开的，但在外面却能打开；当儿童锁功能关闭时，在里面和外面都能打开车辆。不同的车辆，儿童安全锁的设计位置不同。

常见的儿童安全锁开关有两种形式，一种是旋钮式，一种是拨动式（见图1-13）。由于旋钮式儿童安全锁需要使用钥匙（或钥匙状物体）插到相应的孔中才能转动旋钮开关进行上锁及解锁操作。对比起来，拨动式儿童安全锁使用起来更加方便。

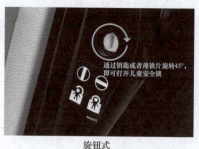
旋钮式

拨动式

图 1-13　汽车儿童锁位置

第二节　发动机的起动与熄火

在上车起动发动机之前（汽车在水平路面上），应绕行汽车一周，观察车体周围是否有人或障碍物，并做好以下准备工作。

（1）检查散热器（水箱）中的水量。

（2）检查曲轴箱机油盘内的机油平面高度。

（3）检查燃油箱内的存油量。

（4）将变速杆置于空挡位置，并拉紧驻车制动器操纵杆。

一、发动机的起动

（1）手动挡汽车发动机的起动方法。在起动发动机时，应当首先将驻车制动手柄拉紧，检查变速杆是否在空挡位置，将离合器踏板踩到底。在转动点火开钥匙至起动挡时，起动机接通，当听到发动机的轰鸣声时，应立即放松点火开关钥匙，此时点火开关会自动由起动挡跳回到正常的点火挡。

发动机的起动方法如图 1-14 所示。

发动机起动后，查看仪表板上的充电指示灯、发动机故障指示灯、ABS指示灯、安全气囊指示灯、安全带指示灯（系上安全带的情况下）等是否熄灭；并仔细感觉

①检查驻车制动器操纵杆是否拉紧

②变速杆挂入空挡位置

③接通点火开关

图 1-14　发动机的起动方法（一）

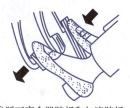

④踩下离合器踏板和加速踏板　⑤使用起动机起动发动机　⑥放松离合器踏板和加速踏板

图 1-14　发动机的起动方法（二）

发动机声音和车辆振动是否有异常。如果有指示灯、信号灯不熄灭等不正常现象，应该立即熄火发动机，查明原因并排除后，方可继续使用。

（2）柴油汽车发动机的起动方法。柴油机起动时，只要稍微踩下加速踏板，按正常起动发动机的要求即可。在低温起动时，应当注意预热过程。当发动机冷却液温度低于 0℃时，接通点火开关 ON 挡时，仪表板上的预热指示灯亮，表示正在预热，大约在 3.5s 后，预热指示灯熄灭，表示可以起动。

特别提醒

（1）起动时应注意起动机的使用，发动机起动后应及时松开关钥匙，否则会造成起动机损伤。每次不得超过 7s，间隔时间应大于 15s。如果试 3 次仍起动不着，则应检查油路、电路有无故障，排除后方可再行起动。

（2）发动机起动后，不能猛踩加速踏板使发动机立即进入高速运转状态，否则会加速发动机的磨损，要在中低速空转一段（预热）时间，待发动机温度升高后再开动车辆。

（3）若起动时踏下加速踏板，这样无形中给发动机加了油，破坏了原有电子配油的比例，反而使发动机难以起动。

（4）自动挡汽车大多采用电喷发动机，有的汽车蓄电池虽然有电，但是按下点火开关却起动不起来，原因大多是挡位没有在 P 挡位上。很多汽车在设计时，只允许在 P 挡位才能起动，所以这类汽车起动前一定要将变速杆推到 P 挡位上。

二、发动机的熄火

当需要将发动机熄火时，将钥匙转动到"ACC"位置，关闭点火开关即可。继续转动钥匙到"LOCK"位置，即可以拔出钥匙。

停熄前不要猛踩加速踏板，发动机温度过高时，应怠速运转 1~2min，使发动机均匀降温后再熄火。

切忌在发动机停熄前"空轰油"，以免造成燃料浪费和排放污染。

特别提醒

（1）若点火钥匙在点火开关中转不动或钥匙在点火开关中转动困难时，这不是故障，是由于转向盘自锁装置的作用。只要一边轻轻晃动转向盘，一边转动钥匙，即可转动钥匙或将其拔下。

（2）对于自动挡汽车，变速杆不在 P 位置时钥匙是拔不出来的。

第三节　汽车起步与停车

一、汽车起步

车辆起步前，驾驶人应绕车一周对车辆及周围交通情况进行检查（见图 1-15）。检查的内容：一是查看车辆周围有无行人和障碍物；二是查看车辆轮胎技术状况、车身表面有无异常、车身下的路面有无滴痕等；三是观察车辆后周围交通情况，确认安全后，再开始起步。

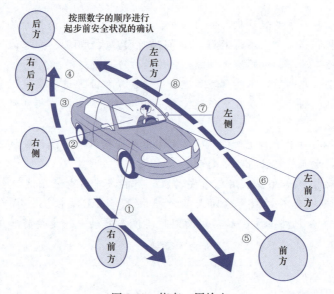

图 1-15　绕车一周检查

1. 起步前的准备

（1）系好安全带，起动发动机，通过仪表板上的指示灯查看车门是否关严。刚刚起动发动机时，冷却液温度表显示的温度会很低，需要一段时间的预热才能达到合适的温度（指针在冷却液温度表中央附近）。在冷却液温度升高超过"40℃"附近的白色区域后，汽车方可起步。

（2）汽车起步时，可通过车内、外后视镜仔细观察周围交通情况，必要时也可直接将头伸出车窗外观察，确认左侧和后方的安全情况，并打开左转向灯发出起步的信号，向其他车示意。

2. 起步的方法

起步的主要步骤（见图1-16）如下。

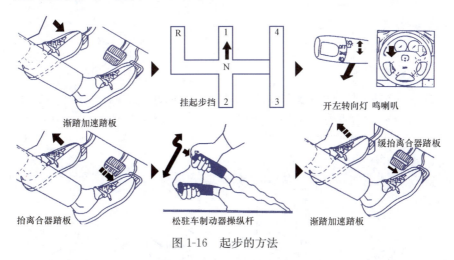

图 1-16　起步的方法

（1）左脚将离合器踏板踩到底，右脚踩下制动器踏板，并将变速杆推入 1 挡位置，即挂起步挡；然后打开左转向灯，鸣喇叭。

（2）慢慢松开离合器踏板，在半联动位置稍做停顿。左脚松开离合器踏板的同时，右脚踩下加速踏板，同时松开驻车制动器操纵杆。

（3）继续踩下加速踏板，将离合器踏板缓慢松开。离合器踏板完全松开后，将左脚放在离合器踏板下方。

（4）起步后靠道路右侧行驶，待确认无车辆超越和其他动态时，再逐渐驶入正常行驶道路。切忌起步后迅速驶入道路中央，引发交通事故。

小提示

发动机热车的方法

随着汽车技术的发展，现在的汽车再继续使用原地热车的办法就错了。这样反而会增加发动机磨损的概率，容易积炭，缩短机油的使用寿命；还会排放大量废气，污染空气。因此，在车辆发动后尽快上路，如自动挡应在 10s 内上路行驶，手动挡在 30s 内上路行驶。但千万不要以高转速行驶，应保持在低车速，发动机转速一般保持在 2000 转左右，以不超过 3000 转为限。否则，发动机及变速箱所受到的激烈磨损是无法复原的。在车辆低速行驶 3～5min，再恢复正常驾驶即可。这种方式热车，油耗低，水温上升快，并且发动机、变速箱、转向机等都能得到预热。

注意事项

（1）起步时若感到发动机动力不足，发动机将要熄火时，立即踏下离合器踏板，重新起步。

（2）起步时，如一次挂不进挡位，可松踏一次离合器踏板再挂，或者先试挂其他挡位，然后再起步。

二、汽车停车

汽车停车应该提前选定好停车位置，打开右转向灯，确认车后方安全后，将汽车靠向右侧。将加速踏板松开，降低速度，分 2～3 次踩踏制动踏板，并在规定地点将车停下，并拉紧驻车制动器操纵杆，以防止溜车。汽车停止后驾驶人应做的工作如图 1-17 所示。

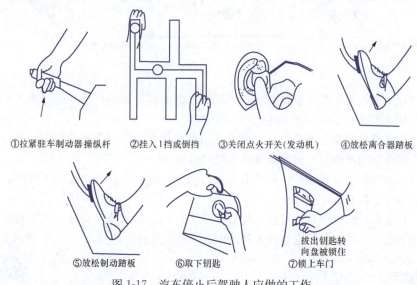

①拉紧驻车制动器操纵杆　②挂入 I 挡或倒挡　③关闭点火开关（发动机）　④放松离合器踏板

⑤放松制动踏板　⑥取下钥匙　拔出钥匙转向盘被锁住 ⑦锁上车门

图 1-17　汽车停止后驾驶人应做的工作

（1）车未停稳不得拉驻车制动器操纵杆，不得用挂抬离合器踏板的方法使汽车熄火。

（2）汽车停止后驾驶人应做的工作：拉紧驻车制动器操纵杆，将变速杆挂入一挡（上坡坡道）或倒挡（下坡坡道），关闭点火开关，放松离合器踏板、制动踏板，取下点火开关锁上车门，方可离开汽车。

第四节 汽车换挡与车速控制

汽车在行驶中只要道路和交通条件允许，就应迅速逐级加挡至最高挡位。不同的挡位有不同的速度范围（见图1-18）长时间低速行驶会造成燃料和时间的浪费，增加零件磨损，缩短车辆使用寿命。汽车由低速挡换入高速挡的换挡称加挡，由高速挡换入低速挡的换挡称减挡，这是两种不同的操作程序，在操作方法上也有区别。

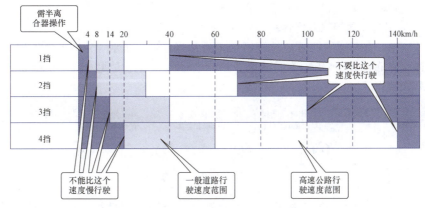

图1-18　各挡位速度范围（4前进挡）

1. 加挡（低速挡换入高速挡）

通常情况下，起步后当车速高于10km/h时应选择2挡，当车速为20～40km/h时可选择3挡，当车速在40～60km/h时挂入4挡，如果车速超过了60km/h就可以挂入5挡。

加挡时，先踩下加速踏板，将车速提高；再踩下离合器踏板的同时，松抬加速踏板，右手握住变速杆，并将变速杆准确顺畅地挂入高一级的挡位；之后松开离合器踏板，同时踩下加速踏板（见图1-19）。

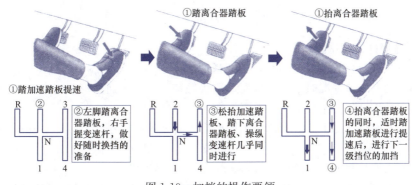

图1-19　加挡的操作要领

特别提醒

（1）加挡过程中，必须从低速挡逐级换到高速挡，不能越级加挡。

（2）动力不足时强行增挡，当发动机动力及转矩未达到上一挡位所需动力时就换挡，会使换挡失败。

（3）在上坡时换高速挡。除特殊情况，汽车上坡时不宜由低速挡换高速挡。

（4）平时行车中，禁止车辆长时间在低速挡行驶，只要道路情况允许，车辆情况正常，应及时将低速挡换入高速挡，进入经济行驶状态。

2. 减挡（高速挡换入低速挡）

相应地，在车速降低时应选择减挡。通常当速度降低到25km/h左右时减至3挡，速度降低到15km/h左右时减至2挡，之后再降低速度就应减至1挡直到停车（见图1-20）。

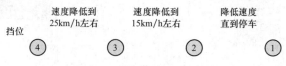

图1-20 减挡前各挡位的车速

减挡时，首先松开加速踏板，同时迅速地踩下离合器踏板，右手握住变速杆，准确顺畅地挂入更低的挡位（如4挡换3挡）；缓慢松开离合器踏板，同时适度踩下加速踏板（见图1-21）。

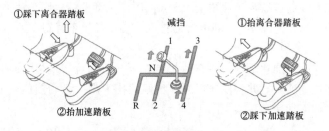

图1-21 减挡的操作要领

3. 越级换挡（见图1-21）

在有些情况下逐级减挡仍无法保持足够的动力时，也可采用越级换挡（见图1-22）。

（1）遇有减速情况时，右脚踩制动踏板减速，当行车通道形成时，右脚抬起制动踏板，放回到加速踏板上，不要踩。

（2）左脚迅速踩下离合器踏板，同时右手将变速杆摘至空挡，并靠在所要减的挡位前。

（3）迅速抬起离合器踏板，同时右脚轰一下"空油"。

（4）左脚再次迅速踩下离合器踏板，右手将变速杆挂入与车速相适应的挡位。

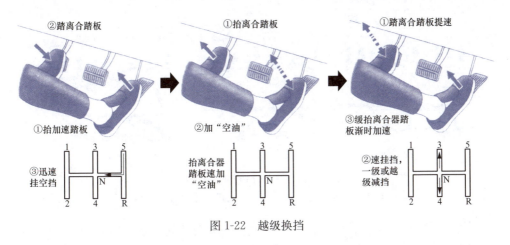

图 1-22 越级换挡

（5）左脚逐渐抬起离合器踏板，右脚逐渐跟油、越级轰油减挡完成。

但在车速较高时减挡过快，会引起发动机牵阻制动，在较滑的路面上影响汽车的方向稳定性。

 第五节 汽车直线行驶

一、正确驾驶姿势

驾驶人应尽量目视远方，看远处容易发现行驶偏差；如果只看近处，一方面不容易发现行驶偏差，另一方面对近处目标过于敏感，会导致大幅度转动转向盘而使行驶路线呈蛇形。

因此，车速越高要求看得越远。当车速在 40～50km/h 行驶时，驾驶人必须看到前方 120～150m 范围内的道路情况，以便发现行人或自行车时立即采取措施。驾驶人在行车中，要根据行驶速度，调整行驶前方注视距离，车速升高，注视距离就应延长，见表 1-1。

表 1-1 　　　　　　　　　　按车速调整前方注视距离参考表

行驶车速（km/h）	30	40	50	60	＞70
前方注视距离（m）	＞90	＞120	＞150	＞180	＞280

注视方向与距离和驾驶人坐姿有关，调整自己的坐姿，养成正确坐姿的良好习惯。坐姿端正后，要调整注视方向，驾驶人的注视方向要尽量远些，自己车轮轨迹的延长线就是汽车的前进方向。通常汽车前风窗玻璃框应恰好和路面白色标志线对正（标志线起点处于窗框下角），不可偏左或偏右（见图 1-23）。

二、转向盘的操纵与控制

如果感觉偏离了行驶路线，驾驶人应该尽早调整转向盘修正行驶方向（见图 1-24），

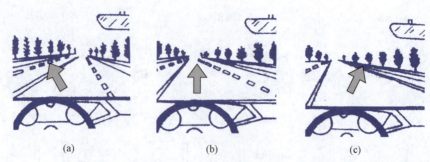

图 1-23 汽车行驶方向的掌握

（a）行驶方向偏左；（b）行驶方向正直；（c）行驶方向偏右

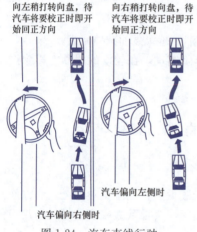

图 1-24 汽车直线行驶

要小幅缓慢地操作转向盘。直线行驶时，转向盘的操作量是与机动车行驶速度成反比的，车速越快，转向盘操作量应越小，转动转向盘的时间也要慢些。

汽车直线行驶时，驾驶人双手保持与肩同宽握住转向盘，双手用力不要太大，因为转向盘有 25～50mm 的自由间隙，汽车在道路上行驶时，路面的不平会反映到转向盘上，使转向盘左右有轻微摆动。所以双手不要将转向盘握得太死，当路面不平冲击前轮使汽车方向偏斜时，驾驶人要用转向盘及时校正方向，以便维持汽车直线行驶（见图 1-25）。

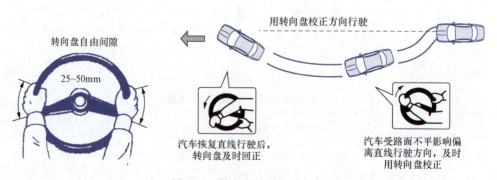

图 1-25 转向盘校正行驶方向

汽车行驶中应慎防产生"蛇行"。路面不平引起车轮向右偏时，驾驶人身体向右倾斜，左手被牵动向右转转向盘，使汽车向右偏驶，驾驶人用手向左校正转向盘，如果用力过大，汽车又向左侧偏斜，于是驾驶人又不得不向右方校正。因此，汽车会出现"蛇行"的行驶轨迹。

特别提醒

当汽车高速行驶时，驾驶人应将视线放远（一般在150m以外），以自己的目光从车头前方斜视下去，所看到的位置大约在道路中心线偏左50cm处（见图1-26）。同时应看远顾近，注意两旁。此时汽车基本上就在公路中间行驶。如果发现汽车偏行，就应及时修正，视线放得越远，发现偏差就能越早，修正偏行就越及时。此为高速直线行车时的目标确定方法。

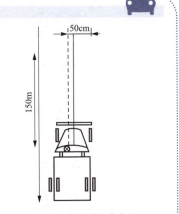

图1-26 高速行车目标确定法

 ## 第六节 汽车弯道行驶

汽车转弯时，应认真观察道路及交通情况，根据道路宽度、弯度的大小，合理控制车速，选择行驶路线，正确把握转、回转向盘的时机，及时正确地处理交通情况，确保行车安全。

一、转弯的操作方法

通过弯道时，应该根据弯道角度的大小，做到提前减速，适时减挡，低速转弯及时转动转向盘。转弯的动作要准确柔和，选择的路线与车辆的行驶方向有偏差时，应及早进行修正。

1. 转向盘操纵方法

操纵转向盘时，要做到一手拉动，一手推送，相互配合，快慢适当。通常，遇到较缓的弯道应早转慢打，少打少回，慢打慢回；急弯则要快速转动转向盘，必要时用"交叉法"，两手交替操作（见图1-27）；当车头将要接近新的行驶方向时，及时回正转向盘。

2. 转弯操作要领

（1）确定转弯的方向，开启相应的转向灯。

（2）提前降低车速，将变速杆挂入适合的挡位，将汽车尽量靠向右侧（见图1-28）。汽车转弯时，要提前减速，减速的程度要根据路面的宽窄、弯度的大小、汽车的装载和交通情况而定。转弯时应目视前方，保持车速，道路宽、弯度小、汽车重心低时，速度可适当快些，反之，速度应慢些。

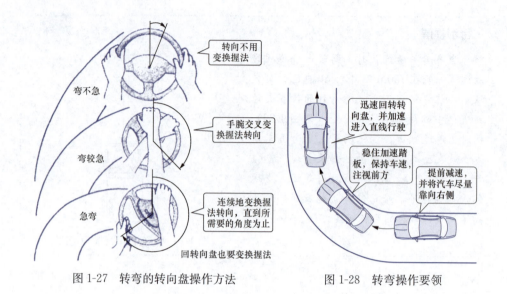

图 1-27 转弯的转向盘操作方法　　　　图 1-28 转弯操作要领

（3）在开启转向灯 3s 后，根据道路的弯曲度，平稳转动转向盘（见图 1-29）。

（4）转弯后，转动转向盘将车回正，并关闭转向灯。整个转弯过程应注意控制车速（见图 1-30）。

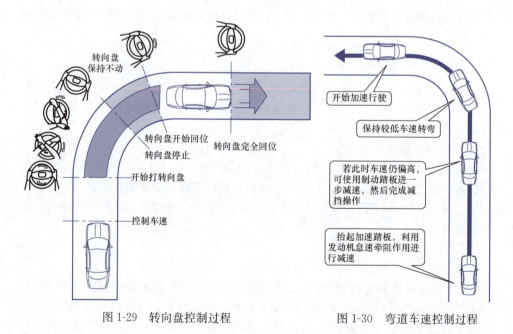

图 1-29 转向盘控制过程　　　　图 1-30 弯道车速控制过程

特别提醒

注意转向时机

所谓转向时机，就是指车辆通过弯道时打转向盘和回转向盘的最佳位置。车辆进入弯道前在留有适当内轮差的前提下，转动转向盘的最佳位置，是在弯道与直路的连接处。这时转动转向盘、转动角度大小及车速的快慢应与弯道的缓急相适应。转向时应随弯道弯度的增加而加大转向角度，在车辆行驶至弯道的 1/2 左右时，转向盘转动稍停后，在车头即将与路面中心对正时回转转向盘。

如果转向过早，后内轮通过就有困难；如果转向过迟，前外轮就会有越出路面或碰撞障碍物的可能。正确的方法是：前进时靠外线行驶。当汽车行至前部到了路边选定的界线，迅速向内转动转向盘，待车头基本转到新方向时立即将方向回正照直行驶。如判断一次不能通过，当前轮将要到外线时应立即回转方向，在踏下离合器踏板的同时停车，准备后退。

二、弯道行驶的技巧

1. 汽车右转弯（转小弯）

右转弯时应降低车速，沿弯道内侧行驶，不宜过早靠右。待车辆驶入弯道后，再使车逐渐靠右行驶，避免右后轮偏出公路外或车辆驶向路中而影响会车（见图1-31）。如无特殊原因，不得驶过道路中心线而影响对面来车正常行驶。

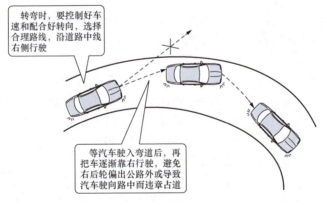

图 1-31　右转弯示意图

2. 汽车左转弯（转大弯）

汽车左转弯时应转大弯通过，但要注意避免右前轮驶离路外，在没有划道路中心实线的道路上，如视线清楚且对向无来车时，可适当中偏左行驶，可适当以提高弯道通行的速度和车辆行驶的稳定性（见图1-32）。转弯过程中，应尽量避免紧急制动和不必要的变速换挡。

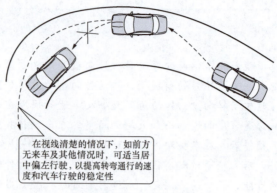

在视线清楚的情况下，如前方无来车及其他情况时，可适当居中偏左行驶，以提高转弯通行的速度和汽车行驶的稳定性

图 1-32　左转弯示意图

3. 直角转弯

汽车通过直角弯时，必须首先判断路面宽度，降低车速，缓慢行驶。若通过约 7m 宽路面的直角弯时，如果是向右转向，应骑跨道路中心线行驶，当车头接近内角点约 1m 处时，迅速向右转动转向盘，车头朝向新方向时，回正转向盘，再正直前进；如果是向左转向，应首先靠道路的右侧行驶，待车头接近内角点时开始转向，车头朝向新方向时，逐渐回正转向盘，再正直前进。

4. 连续转弯

连续弯道处应保持低速行驶，根据弯道弯度的情况进行操作（见图 1-33）。注意：在通过第一个弯道时，及时观察第二个弯道的情况，按照左右转弯的操作方法通过。

5. 后倒转弯

后倒转弯的难度大于前行转弯，后倒转弯时，先要观察、鸣喇叭。起步后，将转向盘慢慢地向内转，使车身靠近路边。当后轮中心靠近道路转角点时，立即急速将转向盘向内转动，待车轮转到新方向后应逐渐回正转向盘，照直后退。如判断一次不能通过时，应停车并将转向盘急速回转二三把，将前轮回到准备前进的方向，前进时，等车身已成斜形后，立即将方向回正，再行后退。

左拐，终于通过弯道

右拐

右转弯向左侧摆位

左拐

左转弯向右侧摆位

右拐

三、汽车转弯的注意事项

汽车转弯时，要做到转向角度适当、转向时机恰当、回转方向及时。严禁双手脱离转向盘，以防方向跑偏而发生危险。

（1）转弯时应做到"减速、鸣号、靠右行"，注意

图 1-33　连续转弯示意图

观察道路情况，尽量避免紧急制动和换挡。

（2）通过急转弯道路，要注意通行方法。必要时，下车观察路面情况，预定行驶路线，把握好转向时机，慢速行驶，千万不可疏忽大意。

（3）通过视线受到限制，道路交通情况不易观察的弯曲坡路时，要谨慎驾驶，慢速行驶。驶近视线受到限制的坡顶须低速行驶，谨防与对方来车、行人发生碰撞。

（4）通过盲区弯道。所谓盲区弯道是指看不到出口的弯道。汽车在盲区弯道上行驶时，由于看不到弯道尽头的交通情况，应先降低车速。为了避免和对向车辆发生事故，必须靠道路边上行驶，在通过左弯道时，汽车应该沿着弯道的外侧行驶，在通过右弯道时，汽车应该沿着弯道的内侧行驶，一旦看到弯道的出口就可以变换车道，修正方向，按着先外侧后内侧再外侧的方法，安全驶离弯道。

（5）通过连续弯道。所谓连续弯道是指由两个以上弯道组成的弯道。在通过连续弯道时，重点是保证最后一个弯道，以便在最后的弯道出口处快速地驶离弯道。首先降低车速，驶入第一个弯道的进口，在每个弯道上，都按着先外侧后内侧再外侧的方法行驶，其间可以稍微加油，在通过最后一个弯道时，一旦看到弯道的出口就可以修正方向，充分地加速直线驶离弯道。

（6）在弯道会车，要注意对方车辆尾部的运动规律。尾部是指车辆后轮到车辆末端的距离，此距离随不同车型及装载情况有所差异，距离越大，在转向偏转时，所占的空间也就越大，反之则小。当尾部长短一定时，单位时间内转向角度越小，它所占的空间位置也越大，俗称"扫尾"。因此，行驶中遇有障碍物时，转动转向盘应注意对方车辆的运动空间，防止发生"扫尾"事故。

（7）弯道上行车要尽量避免超车，在视线不良和交通法规规定禁止超车的弯道严禁超车。

（8）行车转弯容易出现的错误是：车速过快，方向盘操纵过猛，极易发生侧翻事故；抢过路口，妨碍其他车辆正常行驶；右转弯时顾前不顾后，车头转弯，车尾碰刮路边行人或车辆，或后轮掉沟、上人行道等。

🌀 第七节 汽 车 制 动

汽车制动就是在行驶中强制降低汽车行驶速度至停车的方法。汽车制动的方法可分为预见性制动、紧急制动和发动机牵阻制动三种。

一、预见性制动

预见性制动就是汽车行驶中发现前方道路通过困难时，立即松开加速踏板，利用发动机的牵阻作用降低车速，然后根据交通情况持续或间歇地轻踩制动踏板，使车速进一步降低。需要停车时，应在车速降到一定的程度后踩下离合器踏板，再继续踩下制动踏板，使车辆停下，做到既不熄火又能平稳地在预定地点停车。预见性制动的操作方法如下。

1. 预见性减速

车辆正常行驶中，当驾驶人观察到道路上的车辆、行人的异常动态，并判断可能出现难以通过的情况时，有目的地运用发动机和制动器使汽车逐渐减速，称为预见性减速。预见性减速可采用发动机牵阻减速和制动减速两种方法。

（1）发动机牵阻减速。当遇一般情况，需要降低车速时，右脚应离开加速踏板，并放在制动踏板上，利用发动机的牵阻力降低车速。这种方法减速比较平稳和使用方便，当情况排除后可徐徐加油继续前进，行驶中被经常采用。

（2）制动减速。在使用发动机牵阻减速不能达到预计要求时，再运用制动器进行减速。右脚离开加速踏板（见图 1-34），轻踩制动踏板（只踩制动踏板的自由行程），然后根据车辆惯性和障碍的距离，适当踏下制动踏板，但不完全踏下，使车辆保持一定的余速，即所谓刹慢不刹停，待情况解除后将变速器挂进所需挡位，再加速继续前进。

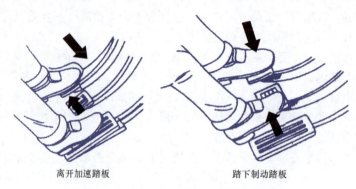

离开加速踏板　　　　　　　踏下制动踏板

图 1-34　右脚从加速踏板移到制动踏板

2. 预见性停车

车辆在行驶中遇路口红灯、前方交通堵塞等情况时，驾驶人预先有目的地采取制动措施将车停住，称为预见性停车。

预见性停车可联合采用发动机牵阻和制动器制动的办法，使车轮制动鼓"早踩长磨"，以加快车辆减速（见图 1-35）。当时速降到 10km/h 以下时，踏下离合器踏板制动，在驶近停靠地点时，逐渐放松制动踏板，让车辆在到达停靠点前略有一点余速，待车辆将停时，制动踏板稍抬一点，然后轻轻踏下，这样可减少惯性冲动，使停车平稳，即"轻—重—轻"的制动方法。

二、紧急制动

紧急制动就是车辆行驶中遇到紧急情况时，在最短的时间内减速并停车，避免事故发生的一种制动方法。紧急制动是在运行过程中处置某些突发情况而采用的应急措施，在紧急情况下使用。

（1）紧急制动又分为中低速行驶时的紧急制动和高速行驶时的紧急制动。中低速行驶时的紧急制动：双手紧握转向盘，快速踏下离合器踏板，几乎同时用力一次将制动踏板踏到底。（必要时同时拉紧驻车制动），使车迅速停止。

高速行驶时的紧急制动：因车速高，惯性大，稳定性差，为了增加制动效能和提高汽车的稳定性，操作时应先踏下制动踏板，在车轮抱死前，再踏下离合器踏板，以利用发动机牵阻作用。

（2）汽车重载时，由于车辆装载后惯性大，制动距离加长。因此，重车行驶时，处理道路交通情况应提前，尽量采用预见性制动，避免紧急制动。

紧急制动的操作方法是：握紧转向盘，迅速松抬加速踏板，并用力踏下制动踏板，同时踏下离合器踏板（见图1-36），如果情况十分危急，可以不踏离合器踏板，但传动装置易损伤。有时为了充分发挥车辆的最大制动能力，在使用行车制动器的同时，还可以拉紧驻车制动器操纵杆，使车辆尽快减速或停住。

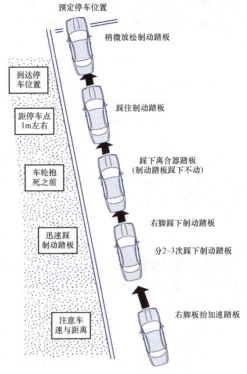

图1-35　预见性制动停车

踩下制动踏板

放松加速踏板，踩下制动踏板和离合器踏板

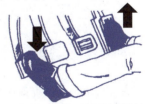

放松加速踏板，踩下离合器踏板

图1-36　紧急制动方法

小提示

注意事项

（1）使用液压制动时，用右脚掌踏制动踏板，利用膝关节的伸屈动作踏下制动踏板，立即放松，再次踏下，当踏板的自由行程不下行时，踩住不放，起制动作用。一般用"一脚制动"，若效果较差时，应立即抬起踏板再踏第二脚。

（2）ABS制动的操作方法。ABS（制动防抱死系统）是一种能防止车轮抱死而导致车身失去控制的安全装置。带ABS的汽车制动方法和普通制动系统的制动方法是有区别的，主要是踩制动踏板时的力度不能太轻。

当碰到紧急状况时，使用ABS制动的方法应急踩制动踏板，而且是一次直接踩到底，不要放松，同时可利用转向盘来控制汽车的方向，闪避障碍物。

（3）使用行车制动的同时，可用驻车制动器进行辅助制动，迫使汽车在最短的时间内迅速停住。

（4）使用气压制动时，用脚掌踏下制动踏板，其轻重视情况而定。制动踏板的踏下程度和速度，应根据所要求的制动效果，采用先轻踏，再逐渐加重或随踏随放等方式，实现平缓减速停车。

三、发动机制动

发动机制动是指以一定的速度行驶时，驾驶人松开加速踏板，不踩离合器踏板而仅依靠发动机怠速牵阻作用迫使车辆降速，从而达到制动的目的。不同的行驶速度需要不同的制动距离（见图1-37）。

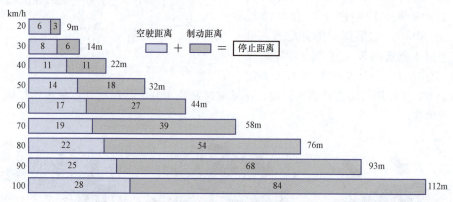

图1-37　不同速度下的制动距离（普通小型汽车类）

注：以上数据为通常情况新铺路面紧急制动停止距离，若条件变化停止距离应延长。制动距离大致为高速的2倍增减关系，如2倍速度时制动距离为4倍，1/2速度时制动距离为1/4。

发动机制动是适用于山地下坡行驶，避免频繁使用制动造成制动热衰减的一种制动方法。发动机制动也常常用于预见性制动和车辆停车前的滑行。在泥泞、冰雪路等滑溜路面行驶时，也应尽量使用发动机制动，能有效地预防侧滑。

小提示

避免错踩踏板的方法

"制动和加速踏板都由右脚控制，一紧张起来很容易弄乱"，这是很多新驾驶人都容易出现的重大失误。驾驶人右脚踩踏板的动作不规范,是踩错踏板的主要原因。

行车中变换踏板时,不要松开脚跟,要将脚跟保持放在驾驶室底板上,脚掌以脚跟为轴转动,变换踏板(见图1-38)。这样就可以避免在处理紧急情况时找不准制动踏板,而发生误将加速踏板当制动的情况。

四、制动注意事项

(1)行车中应多使用预见性制动。凡在高速挡行驶时,要先踏制动踏板,待车速降到10km/h以下时再踏离合器踏板,这样既能避免造成发动机熄火,又可发挥较大的制动效能;凡在低速挡行驶时,可先踏离合器踏板,然后再踏制动踏板,这样既能保持发动机怠速,又能使车平稳停住。

(2)汽车在狭窄弯道或雨、雾多、冰冻、泥泞等路上行驶时,不得采用紧急制动。若制动过急,容易使车轮抱死而发生侧滑或倾翻等交通事故。

(3)除制动器失效或不宜使用制动器等情况外,严禁由高速挡直接换入低速挡来代替制动。

(4)紧急制动时,切不可先拉驻车制动器操纵杆,后踏制动踏板,不得先踏离合器踏板或者把变速杆挂入空挡。

(5)没有ABS的汽车需紧急制动时,尽量不要猛踩死制动踏板,应采取"点制动",即在紧急制动时反复迅速地几次踏下、抬起,再踏下制动踏板。

(6)汽车涉水或车辆的一侧处在泥泞、冰雪等滑路上时,应尽量避免使用行车制动器。

(7)高速公路减速慎用制动。在高速公路上,使用制动应作为发动机牵阻控速的辅助性措施。使用制动时,应采取"蜻蜓点水"、连续轻踏轻放制动踏板的方式。这样做,制动灯会连续闪亮,但车速却不会骤然降低,不仅可以对跟行汽车起到提示作用,而且还避免了因制动过急使汽车甩尾。

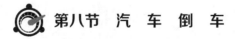

第八节 汽 车 倒 车

汽车倒车行驶时,由于受视线的限制,看不清车后的道路情况,加之转向的特殊性，控制转向的位置又起了变化，比车辆前进困难许多，因此要慎之又慎。

一、汽车倒车的类型

汽车倒车的类型有直线倒车、转向倒车和指挥倒车 3 种。

（1）直线倒车。应保持前轮的正向倒退，转向器的运用与前进一样。如倒车时车尾向左（或右）偏，应立即将转向器向右（或左）转动，待车尾摆直后即可将转向器回正。

（2）转向倒车。应掌握"慢行车，快转向"的操作方法。倒车要注意车后，还要注意车前，以避免车头相撞。同时要打对方向。倒车转弯时，前面外侧车轮的半径圆弧大于后轮半径圆弧。因此，要十分注意车前外侧的车轮，避免与障碍物发生刮碰。

（3）指挥倒车。汽车在复杂地形、危险地段掉头和倒车时最好有人指挥，以便安全地将车倒进预定位置。

二、倒车的技巧

与正常行驶汽车相比，倒车时仅靠后风窗玻璃或后视镜观察，视线不够开阔。尤其对于客货运输车辆，往往只能通过两侧的后视镜来观察后方情况。在车后方形成了非常大的盲区。如果对盲区观察不当就容易引发事故。

倒车时，应先观察周围情况，选定进退的目标，无把握或必要时应下车察看，并注意前后有无来车。选好后倒目标后，在车辆停止情况下，短鸣喇叭，发出倒车信号，换入倒挡，进行倒车操作。

左侧探头观察方式不适用于大、重型载货汽车看侧面倒车

图 1-39　通过左侧车窗倒车

1. 倒车的方法

汽车倒车的方法主要有看后视镜倒车、看后风窗玻璃倒车和看后侧面倒车 3 种。

（1）看后侧面倒车。通过左侧车窗观察时，把左侧车窗玻璃降到底，把头从左侧车窗探出来看左侧后面的情况，右手握住转向盘上部（见图 1-39）。尽量以远处的目标作为参考，目标太近反而不容易找准方向。通过后面车身延长线，确定倒车行驶的路线。汽车的右侧情况可通过内、外后视镜观察。

这种操作方法不适用于驾驶大型货车的驾驶人群。从左边一侧观看适用于小型汽车驾驶操作，沿着道路一侧观察倒车行驶线，看住一边，间断性地看一眼右后视镜，注意一下右后侧情况。

（2）看后视镜倒车。通过左、中、右后视镜看后面及车身两侧情况，进行倒车操作（见图 1-40）。

（3）看后风窗玻璃倒车。在驾驶室内向右后转头通过风窗玻璃向后看，左手握住转向盘上部，身体大幅度地向右后方转（不要只转头），后背靠向左侧车门（见

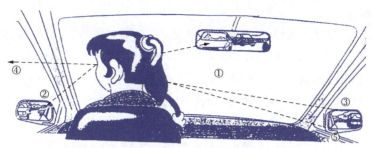

顺序为：①中→②左→③右→④左右盲区→⑤要不时地观察

图 1-40 看后视镜倒车

图 1-41）。通过后车窗观察时，尽量以远处的物体作为参考。由于驾驶人通过后车窗仍有许多看不到的地方，还要充分利用车外后视镜观察。

2. 倒车速度的控制

倒车时，一般速度控制在 5km/h 左右。倒车时保持比较慢的速度是非常重要的。因此，可以几乎不踩踏加速踏板，保持离合器半联动，使汽车慢慢地倒退（俗称"闷离合"）。如加速时，可轻踏加速踏板，速度保持在能随时停车的程度（见图 1-42）。降低速度行驶时，踩下离合器踏板，如有必要，再轻踩制动踏板。

看风窗玻璃倒车

图 1-41 看后风窗玻璃倒车

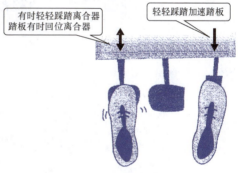

有时轻轻踩踏离合器踏板有时回位离合器   轻轻踩踏加速踏板

图 1-42 倒车速度的调整方法

3. 行驶路线确定和修正

驾驶人在倒车时应对准行驶方向，反复通过左侧车窗和后车窗进行观察。发现汽车偏离方向时，应及早调整转向盘进行修正，等到整个车体偏离后再进行调整就为时过晚了。不知该往哪个方向转动转向盘时，可以稍微倒一下车，根据行驶方向进行调整。

4. 长距离倒车技巧

（1）不易看清后方的情况。操作要点：左手握住转向盘上部，右手扶在副驾驶座背上，身体大幅度向右后转，后背转到左侧车门方向，朝后方看。

（2）不易把握转向盘的操作。倒车时如车向右转就往右打转向盘，车向左转就往左打转向盘。

（3）倒车通过弯道时，车身移动的情况及车轮通过的位置与前进时感觉不同。打转向盘后要赶快回正、转向盘不要转得太多。

三、倒车注意事项

（1）倒车前，必须了解车和道路的情况，在确保安全情况下进行倒车。尽量避免在道路较差、视线不良、人员较多、交通情况复杂的路段倒车。禁止在铁路道口、交叉路口、单行线、弯路、窄路、桥梁、陡坡、隧道等地以及交通繁忙的路段倒车（见图1-43）。

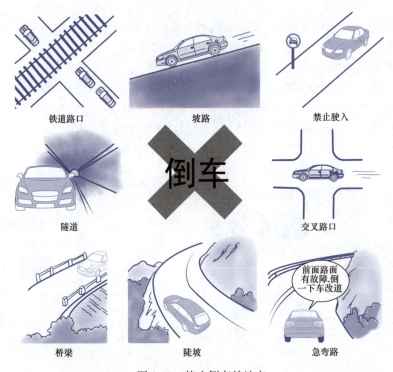

图 1-43　禁止倒车的地点

（2）倒车过程中，要稳住加速踏板，车速必须均匀，不可忽快忽慢，车速要尽可能的慢，不可超过5km/h，要防止倒车熄火或因倒车过猛而向后急冲，甚至造成事故。

（3）倒车时，既要顾后，又要瞻前，即车尾和前轮都要照顾到。在有障碍的路段倒车时，在后轮通过障碍后，要立即回头照顾前轮与障碍物的位置关系。

（4）倒车转弯时，由于轮差的存在，外侧前轮轮迹的弯曲度大于后轮。因此，在后倒过程中，在照顾全车动向的前提下，还要特别注意前外侧车轮以及翼子板是否会碰到路旁的物体或障碍物。

（5）倒车中，一旦感到碰撞到异物或车辆受阻时，要立即停车，看清楚后再决定是否继续后倒。

（6）倒车入位时尽量选择从左侧倒入（在条件许可的情况下），这样便于驾驶人观察。

（7）倒车时应尽量不影响其他车辆通行。如遇来车，应主动停让，附近有人或其他障碍时要小心，尤其对儿童更应提高警惕，提前鸣号，以防造成伤人事故。

（8）倒车时，如有人指挥（必须是内行人），应与指挥人员密切配合。驾驶人不但要倾听指挥人员发出的口令信号，而且自己应根据具体情况，掌握好方向，采取正确的措施。另外，指挥者不应站在车后倒退行步，而应站在车辆侧面，兼顾前后，以确保安全。

（9）夜间照明条件不良、视线不清、周围空间尺度掌握不准等，会给倒车添加难度，尤其是贴膜的车辆难度更大，所以应尽量挑选照明条件良好，周围空间宽敞、平坦的地点倒车，并且倒车距离不宜太长，最好是防止或减少在夜间倒车。

四、倒车易发生事故的情况

（1）倒车时，常常需要反向操作转向盘。操作比较难，有时会转错转向盘，应该充分注意。

（2）在城近郊区的普通道路上，很多驾车人根本没有仔细观察车辆周边的情况，就盲目地从停车位里或便道上往后倒车。

（3）在高速公路或城市快速路上，驾驶人对路况不熟，往往走错了路或者是错过了出入口，为图省事又不愿意绕行，便不管不顾地往后倒车，这是最典型的易出事故行为。

（4）有些跑长途货运的驾驶人，着急拉活儿，加上交通法规意识薄弱、思想麻痹，货物装卸完毕后连看都不看，就急忙发动着车往后倒车，造成严重后果。

（5）提防车后玩耍的儿童和宠物，尤其在小区可能有孩子、宠物或老人在车辆周围停留的路段，一定要下车检查，确保没有任何潜在危险。

（6）倒车驶出停车位避免剐蹭两侧车辆。倒车驶出停车位或在转弯处倒车时，车头会摆出来，容易发生剐蹭两侧车辆的情况。

（7）倒车时右脚一定要踏在制动踏板上，防止错踩到加速踏板上。尤其是自动挡车倒车时速度较快，必须将右脚踏在制动踏板上控制车速，以便在发现倒车空间不足或突发紧急情况时，能够及时停车，修正方向。

（8）车辆掉头过程中警惕后方来车。驾驶人在没有中央隔离带并且允许掉头的路上准备掉头行驶，在掉头之前已经对前方车流以及通过左侧后视镜对后方车流进行了观察，应注意车辆的盲区容易给驾驶人带来麻烦，特别是在后退的过程中，驾驶人应更加警惕原行驶方向车道内的车辆和行人，防止他们已经进入本车的盲区之中。

特别提醒

使用倒车雷达有盲区。

（1）过于低矮的障碍物。一般来说，低于探头中心 10cm 以下的障碍物就有可能被探头所"忽视"，而且障碍物离车距离越近，这一高度值也就会随之降低，危险性也随之增大。

（2）过细的障碍物。由于雷达探头发射的声波信号较窄，所以在探测较细的障碍物时存在着较大的盲区，一些道路上用来阻隔车辆的隔离桩以及电线杆上的斜拉钢缆都是危险物品。

（3）沟坎和不规则物体。雷达是用来探测障碍物的，车后如有沟坎或不规则物体，雷达通常不会做出反应。

（4）有些高层建筑地下车库的后墙是斜的或是弧形，也应特别注意，一定要搞清哪里离车体最近。

第九节 汽车掉头

一、掉头地点的选择

汽车掉头时，必须遵守交通规则，在确保安全的前提下，应选择交通流量小的交叉路口、平坦、宽广、路肩坚实的安全地段进行掉头。避免在坡道、狭窄的路段或交通繁杂的地方进行掉头。绝对禁止在桥梁、隧道、涵洞或铁路交叉道口等处掉头。

（1）掉头前应观察道路条件或交通情况，选择不妨碍其他车辆和行人通行，在允许掉头的安全路段进行掉头。掉头地点应尽量选择交流流量小、道路较宽、能一次完成掉头的地段和路口进行。

（2）在同向多车道行驶时，应根据交通标志或地面标线，在虚线车道线区域选择好允许掉头的车道（见图1-44）。

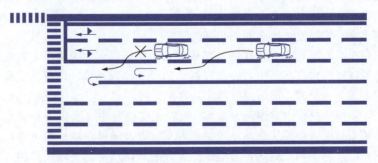

图1-44　选择进入允许掉头的车道

（3）在有车道线的区域掉头，一定要在车道线虚线区域内完成掉头操作（见

图 1-45），不得在实线区域掉头。

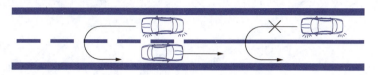

图 1-45 车道线虚线区域内完成掉头

（4）在人行横道、铁路道口、窄路、弯道、桥梁、隧道、陡坡及高速公路上禁止掉头（见图 1-46）。

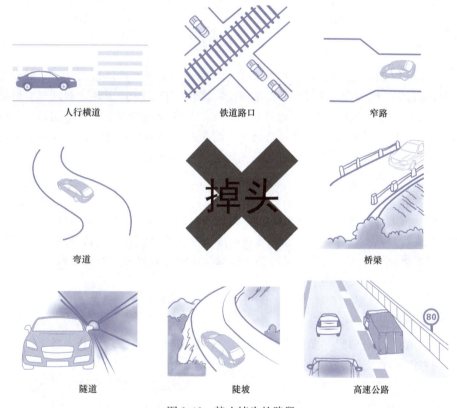

图 1-46 禁止掉头的路段

二、汽车掉头的方法

汽车驾驶人应根据不同的道路情况，应采用不同的掉头方法。常见的汽车掉头方法有一次顺车掉头、利用岔路口掉头、选择有平面或立体环岛处掉头等，可根据具体的交通情况和路面条件来选择不同的掉头方式。

1. 一次顺车掉头

一次顺车掉头（见图 1-47）适用于道路宽阔的路段或交叉路口。

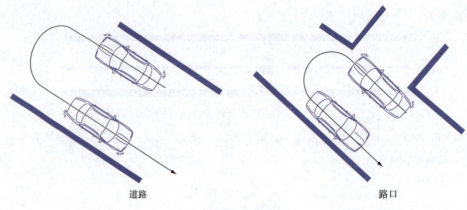

道路	路口

图 1-47　一次顺车掉头

掉头时，先打开左转向灯发出掉头信号，鸣喇叭起步，低速行驶，将车缓慢地驶向道路右侧，也可在汽车驶近掉头地点时，降低车速，并将车辆逐渐驶靠右侧路边，挂入中速挡或低速挡；观察道路情况，在确认安全的情况下，将转向盘向左转足，当车头驶向调转（前轮快要接近路边）时轻踏加速踏板，并将转向盘迅速向右转足，将前轮转至后退所需的新方向，关闭转向灯，继续行驶。

特别提醒

掉头的时候，一定要提前打开左转向信号，提醒后方以及对面车辆注意，千万不能在掉转车头的时候突然急打方向，这样很容易使其他车辆措手不及，极易发生碰撞事故。掉头一定要减速降挡，降低车速并完成掉头，并且方向打出时有多快，回轮也一定要多快。

2. 利用岔路口掉头

如果遇有交叉路口、院门口、岔路口，可根据路口条件采取直行右转弯倒车和左转向右倒车的方法实现迅速掉头。

（1）直行右转弯倒车掉头（见图 1-48）。汽车降速后沿道路直行驶过右侧路口后，平稳停车（驶过路口少许），停车后要求右侧车轮距路边在 0.30～0.50m，车正轮正。挂倒挡起步后，直线倒车，当右后车轮驶至路沿圆弧切线处时，向右转动转向盘，通过后视镜观察，使车后轮沿右侧路沿保持均等距离退入右侧路口，待汽车退入路口，回转转向盘停车。然后开左转向灯，起步并向左转向逐渐加速驶离路口，关闭转向灯。

（2）左转向右后倒车掉头（见图 1-49）。汽车驶入路口前减速的同时开左转向灯，向左转向驶入左侧路口右侧停车，关闭转向灯。停车后要求右侧车轮距路边在 0.30～0.50m。挂倒挡起步后，直线倒车，当右后车轮驶至路沿圆弧切线处时，向右转动转向盘，通过后视镜观察，使车后轮沿右侧路沿保持均等距离退入右侧路口，待车位退直，回正转向盘停车。然后挂起步挡，起步加速直行驶离路口。

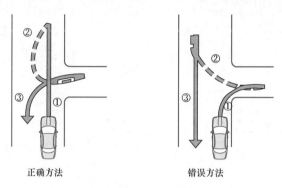

正确方法　　　　　　　　　　错误方法

图 1-48　直行右转弯倒车掉头

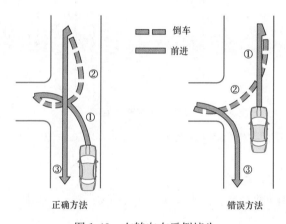

正确方法　　　　　　　　　　错误方法

图 1-49　左转向右后倒掉头

3. 顺车与倒车相结合的掉头

顺车与倒车相结合的掉头又称"两进一退"掉头（见图 1-50）。该方法适用于道路狭窄，不能一次顺车掉头的情况，可运用前进或后退相结合的掉头方法进行。在汽车前进和后退时，采用逆打方向的办法扩大掉转车头的角度，从而顺利掉头通过。

采用掉头，首先要选择合适的地点，将车辆减速靠向右边行驶，然后打出左转信号，观察后方以及对面车辆的行驶情况，准备掉头。掉头的时候，挂起步挡起步并迅速向左转动转向盘（将转向盘向左打满轮）。当估计汽车的左前轮快要碰触路边或者车头前沿将要接近障碍物的时候，在踏离合器踏板和制动踏板的同时，在汽车还没有完全停下来的时候，迅速向右回转转向盘，停车。

倒车时，观察周围情况以免碰上路桩、石墩等低矮路障，确认安全后，起步的同时迅速向右转动转向盘，待车头已朝向相反（与来时方向相比）方向后，迅速向左回转转向盘（应确保车后仍有安全距离），踩下离合器轻点脚制动，在汽车没有完全停下来时，迅速将转向盘向左反打至前进所需的方向，停车。然后，挂起步挡

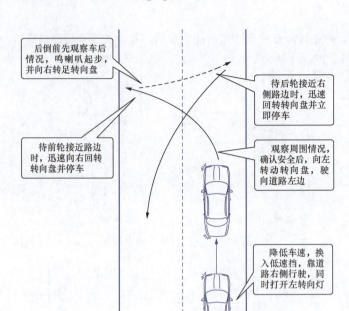

图 1-50　顺车与倒车相结合的掉头

起步逐渐加速行驶并关闭转向灯。倒车时，如果一次不能掉转通过，可以重复多次，直至将车头掉转。

4. 多次顺车与倒车相结合的掉头

多次顺车与倒车相结合的掉头又称"三进两退"掉头（见图 1-51），适用于较窄的路段和街道。

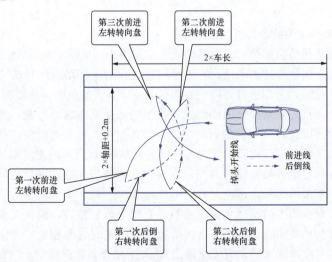

图 1-51　多次顺车与倒车相结合的掉头

经一次前进和后倒不能实现掉头时，可用顺车与倒车相结合的方法进行多次前进、倒车，直到能顺车驶离为止。

5. 选择有平面或立体环岛处掉头

（1）临近环岛时，开启左转向灯，驾车逆时针方向沿岛旋转。

（2）待车头折回时，开启右转向灯（立体环岛无须开灯），完成掉头。

6. 在一些特殊路段掉头

如果在倾斜路面或特别狭窄的路面掉头时，在使用脚制动时，还要配合使用驻车制动器，待车停稳后再挂挡前进或后退。操作时应一手紧握转向盘，一手紧握驻车制动器操纵杆，缓慢地放松离合器踏板，同时适当加油。当几乎完全松开离合器踏板时，放松驻车制动器操纵杆，汽车便会平稳前进或后退。

7. 避免违法掉头的方法

（1）机动车在有禁止调头或者禁止左转弯标志、标线的地点不得调头。在没有禁止掉头（左拐弯）标志、标线的路口时，无论前面是红灯还是绿灯，都可以合法掉头。但不得妨碍正常行驶的其他车辆和行人的通行。如果路口有明确的掉头标志牌，写有"左转绿灯亮时""红灯亮时"等提示用语，则必须按照标志上规定的信号灯时间掉头。

（2）除了路口外，路段中如果没有禁止掉头的标志和标线，同样允许掉头。需要特别注意的是，道路中心线如果是实线，无论是单黄线还是双黄线，都意味着"禁止掉头"。有的道路上标有"黄色虚实线"，即双黄线中的一根为实线，另一根为虚线，说明实线一侧禁止超车和掉头，虚线一侧则允许超车和掉头。

（3）在被护栏隔离的路段中，人行横道处一般不设置"禁止掉头"标志，但人行横道本身视同"禁止掉头"标志。凡在路段中人行横道处掉头的，一律按违反"在禁止掉头地点掉头"进行处罚。如果是路口的人行横道线，则不受此限制。

（4）交叉路口左侧第一条车道如果是直行车道（见图1-52），假如可以掉头，路段上会标明直行带导向箭头。如果没有这样的导向箭头，一般会设置禁止左转弯或掉头的标志。还有些车道，由于特殊情况，把最右侧车道设置成了左转（见图1-53），这个时候可以左转，但是不能掉头。

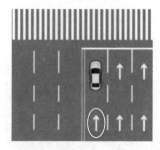

图 1-52　车辆所处的车道是直行车道

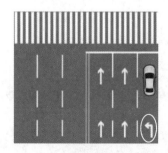

图 1-53　左转车道在最右侧

（5）有允许掉头标志，但注明"按灯掉头"的路口，只有绿灯时才可以掉头，掉头时要注意礼让对面直行车辆。如果设置有专门掉头指示灯，应该按照指示灯的指示掉头。

（6）在允许左转但没有专门掉头标志的路口，需要等左转绿灯亮时才可以掉头。

（7）在允许左转且没有专门掉头标志的路口，如果红绿灯不分左转和直行，那么需要等绿灯亮时才可以掉头，掉头时要注意礼让对面直行车辆。

（8）在允许左转但有禁止掉头标志的路口不能掉头。

（9）禁止左转路口。路口如有"禁止左转"标识，即使未悬挂"禁止掉头"标识，该路口也禁止掉头。

注意："禁止左转"标识，同时具有"禁止左转""禁止掉头"两种效力。

（10）两条左转线靠中间道。市区有两条左转弯车道的路口并不少见，根据"在没有任何指示牌和掉头线的情况下，只能在最内侧左转车道掉头"的规定，如果车辆处在靠近右侧的左转车道上，一般情况下是不可以掉头的。

（11）斑马线区域。斑马线即人行横道，是不允许掉头的，在允许掉头的路口掉头，也必须要避开斑马线（见图1-54）。

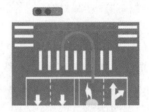

图1-54 禁止在人行横道掉头

如果路口有左转导向车道，那就需要沿着导向车道掉头，禁止穿行斑马线掉头；如果左转车道停止线前和斑马线之间是虚线，掉头车辆可直接在此空间左转掉头。

注意：掉头要跨越斑马线。

（12）停车线前方是虚线（没有掉头灯）。若看到停止线右侧有虚线，此时，在左转车道是红灯的情况下，即使没有掉头指示灯，也是可以掉头的，但不得妨碍行人和其他车辆正常通行。要注意是在虚线处掉头，不可以超过停止线（见图1-55）。

（13）停止线前是实线（有掉头灯）。若停止线前是实线，并且设置了掉头灯，这时只要按照掉头指示灯，然后过了停止线掉头即可（见图1-56）。

图1-55 停止线右边是
虚线（没有掉头灯）　　　图1-56 停止线左边是
实线（有掉头灯）

（14）停止线前是实线（没掉头灯）。当停止线前既没有虚线，也没有掉头指示时，应遵守左转信号灯的指示，亮绿灯方可掉头（见图1-57）。

 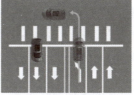

图1-57　停止线左边是实线（没掉头灯）

（15）停止线前是虚线（有掉头灯）。这种情况比较少见，一般是在车流量比较大的路口有所设计，看到这种既有虚线，也有掉头指示灯的，千万要遵守信号灯的指示掉头，否则将会直接以闯红灯判断违法了（见图1-58）。

图1-58　停止线前是虚线（有掉头灯）

（16）左转车道停止线前和斑马线之间为黄色虚线。这种情况下，左转灯变绿后可以不经过人行道，应直接在虚线处掉头（见图1-59）。

（17）有黄色网格线的路段（见图1-60），如果路中间没有隔离装置，安全前提下可以在网格线处掉头。

（18）双黄实线的道路中间出现黄色虚线（见图1-61），此处在安全前提下可以掉头。

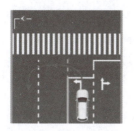  

图1-59　停止线前和斑马线　　图1-60　黄色网格线的　　图1-61　双黄实线的道路
　　之间为黄色虚线　　　　　　　路段　　　　　　　　中间出现黄色虚线

特别提醒

（1）掉头时不能压实线行驶（见图1-62）。如果车辆过早地在道路中心双实线处就开始掉头，车辆在掉头时越过道路中心双实线，是交通违法行为。因此，车辆在进入掉头车道之后，不要急于掉头，应该继续向前行至道路中心虚实线的部位，并且充分考虑到车辆掉头时左后轮的内轮差，在确保所有车轮不会碾压道路中心双实线的前提下，才能掉头。

（2）理解主标志和辅助标志设置的意义（见图1-63）。为了减少左转弯和掉头车辆对通行效率的影响，在交通高峰时段，有些路口、路段是禁止机动车左转弯和掉头的。所以，在这一时段车辆不要进入左转弯车道和掉头车道，以免出现交通违法行为。

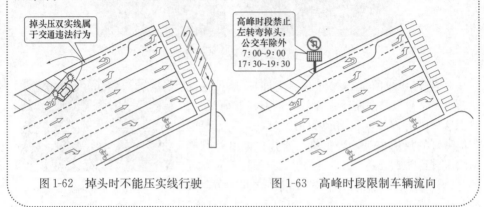

图1-62　掉头时不能压实线行驶　　　　图1-63　高峰时段限制车辆流向

三、掉头注意事项

（1）掉头时尽量选择广场、交叉路口或平坦宽阔、土质坚实的安全地段进行，避免在坡道、道路狭窄、路基较高或两侧有深沟等路面复杂的路段或交通繁杂的地方进行。倒车时车速不得超过5km/h。机动车掉头时，不得妨碍正常行驶的其他汽车和行人通行。

（2）机动车在有禁止掉头或者禁止左转弯标志、标线的地点，以及在铁路道口、人行横道、高速公路、桥梁、急弯、陡坡、隧道或者容易发生危险的路段，不得掉头。

（3）在有交通指挥人员的地方，事先发出掉头信号，得到指挥人员的许可并示意后，降低车速用低挡、鸣喇叭、慢车行驶掉头。

（4）如果路两边危险程度不同，应将车头朝向危险大的一边，以便于观察。一次掉头不成功时，可反复前进后退几次。车停住时，不可硬行转动转向盘，以防损坏转向机构。

（5）掉头过程中，每一次进退应低速行驶，各车轮接近路的距离不等，估计车位时，应以先接近路边的车轮为准。

（6）横过公路时，要认真观察道路上有无来车、行人及其他影响掉头的情况；在栽有树木的车行道的道路上掉头时，必须注意不使车辆碰到树干。

（7）应尽量避免在坡道、狭窄路或交通复杂地方掉头。在一些特殊路段掉头需要特别注意，如遇倾斜路面或特别狭窄路面，则在使用脚制动时还须使用驻车制动器，等车停稳后再挂挡前进或后退。

（8）在路口掉头是个相对危险的动作，在计划出行路线时尽量避免在路口掉头。如果要在路口掉头，除了要观察对面车辆的情况外，还要判断能否打一次转向盘就能完成掉头动作。如果路口较窄，不能一次完成掉头，可先向右打转向盘，让车往右靠点，甚至借用点右侧车道，当然这要观察好后面车辆的情况，确认安全后再往右靠，然后再打左转向灯开始掉头。

在路口掉头尽量不要采取倒车的方法。万不得已时，要在确认安全后方可倒车掉头。

（9）在城市街道掉头，一定要有耐心，等找到设有掉头标志的地方才可掉头。否则，很容易造成交通堵塞，稍有不慎就会发生剐蹭事故。

（10）高速公路严禁掉头。如果超过要驶离的路口，只能选择下一出口驶离，切不可慌张倒车，更不可冒险掉头、逆行折返。

 第十节　汽车停车与停放

一、汽车停车

1. 汽车临时停车

在道路上临时停车时，应选择在平坦、坚实、视线良好且不妨碍交通，又无禁止停车标志的路段选择停车地点。机动车在道路上临时停车，应当遵守下列规定。

（1）在设有禁停标志、标线的路段，在机动车道与非机动车道、人行道之间设有隔离设施的路段以及人行横道、施工地段，不得停车。

（2）交叉路口、铁路道口、急弯路、宽度不足 4m 的窄路、桥梁、陡坡、隧道以及距离上述地点 50m 以内的路段不得停车（见图 1-64）。

（3）公共汽车站、急救站、加油站、消防栓或者消防队（站）门前以及距离上述地点 30m 以内的路段，除使用上述设施的车辆以外，不得停车。

（4）车辆停稳前不得开车门和上下人员，开关车门不得妨碍其他车辆和行人通行。

（5）路边停车应当紧靠道路右侧，机动车驾驶人不得离车，上下人员或者装卸物品后，立即驶离。

（6）城市公共汽车不得在站点以外的路段停车上下乘客。

2. 停车的操作方法

停车前，应注意观察前方和后方道路交通情况，确定停车位置后，在不影响其他车辆正常行驶的前提下，松抬加速踏板，逐渐向道路右侧行驶，打开右转向灯。

停车时，先松抬加速踏板，之后迅速将右脚放在制动踏板上，并适当轻踏。感觉到制动器已经起作用时，再逐渐加力踏下制动踏板减速；当车速低于 10km/h 时，左脚移至离合器踏板并迅速踏下，使车身正直平稳地停靠在预定地点。注意即将停止时，稍抬制动踏板，再踩下制动踏板，使汽车停在预定的位置，保持车身与路肩小于 0.3m 的距离，然后向左回转转向盘调整车身位置。

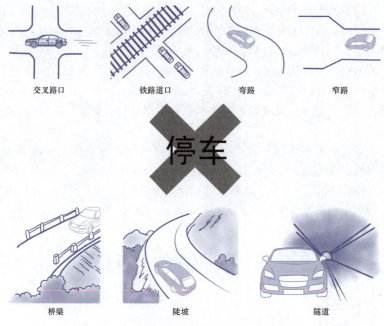

图 1-64 禁止停车地点

停车完成后，应拉紧驻车制动器操纵杆，将变速杆移至空挡位置，放松离合器踏板和制动踏板（见图 1-65）。

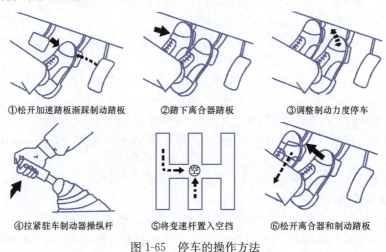

图 1-65 停车的操作方法

特别提醒

机动车在道路上临时停车应当遵守的规定：

（1）在设有禁停标志、标线的路段，机动车道与非机动车道、人行道之间设有隔离设施的路段，以及人行横道、施工地段，不得停车。

（2）交叉路口、铁路道口、急弯路、桥梁、陡坡、隧道、宽度不足 4m 的窄路以及距离上述地点 50m 以内的路段，不得停车。

（3）公共汽车站、急救站、加油站、消防栓或者消防队（站）门前以及距离上述地点 30m 以内的路段，除使用上述设施的车辆以外，不得停车。

（4）车辆停稳前不得开车门和上下人员，开关车门不得妨碍其他车辆和行人通行。

（5）路边停车时应当紧靠道路右侧，机动车驾驶人不得离车，上下人员或者装卸物品后，应立即驶离。

（6）城市公共汽车不得在站点以外的路段停车上下乘客。

二、汽车停放

1. 汽车停放的方法

一般汽车停放应选择交通规则允许的平坦、宽阔、交通情况简单的地段停车。在道路上停车时，应沿行进方向停在道路右侧，距人行道（路边、路肩）不超过 30cm。如果与其他车辆临近停放时，应与其保持 2m 以上间距，不准逆向停车。

车辆需要停放时，应遵守交通法规停车规定，按指定地点依次停放，注意保持随时驶离的间距。不得与其他车辆在道路两侧并停。不准逆向停车。

机动车停放时，须关闭电源，拉紧驻车制动器操纵杆，锁好车门。机动车停放时驾驶人要离开车辆，因此必须选择安全可靠、不妨碍交通的地点停车，也就是按照规定的地点停放。按照规定的地点停放，可分为停车场、停车泊位、在道路以外的空闲场地上停车 3 种情况。

2. 汽车停车入位的方法

汽车停车入位的方法有：进入平行式停车位、进入倾斜式停车位和进入垂直式停车位等 3 种。

（1）进入平行式停车位。平行式停车位的长度有限，如果是采用前进入位的方法，还要经过多次侧方移位，操作稍有失误，就会与前后停车位内的车辆碰撞。因此，一般采用倒车入位的方法（见图 1-66），让车辆与停车位边线平行，车身右侧与右方车辆相距 0.5~1m，倒车行驶，当后视镜与右车前后车门之间的立柱对齐时，将转向盘向右转至极限。待车身转动过 45°时，将转向盘左转至极限，车身完全进入停车位时，回正转向盘并停车。

（2）进入倾斜式停车位。如果倾斜式停车位的入口对应着车辆的行驶方向，如果条件允许，可以采用前进入位的方法。但是在车辆驶离停车位时不要过早打方向，以免车头与相邻停车位内的车辆剐蹭。

如果是在停车场内停车，当右侧停车位已经没有空位时，只好把车停在左侧的停车位。此时，停车位的入口与车辆行驶方向不对应，且停车场内的通道狭窄，就

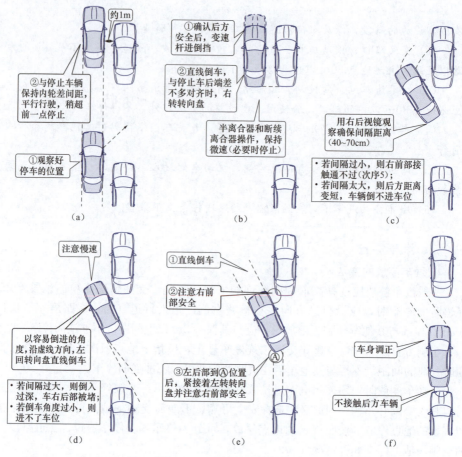

图 1-66 进入平行式停车位

应采取倒车入位的方法，（见图 1-67），贴近左侧路边向前行驶，当左后视镜与停车位左侧边线对齐时，将转向盘向右转至极限，待车身与停车位纵向边线平行时，回正转向盘并停车，然后直行倒车进入停车位。

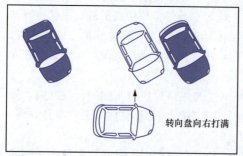

图 1-67 进入左侧倾斜式停车位

（3）进入垂直式停车位。垂直式停车位的通道一般比较狭窄，前行进入停车位比较困难。即使可以前进进入停车位，在驶离停车位时，也容易与左右两侧停车位内的车辆剐蹭。因此，大多采用倒车入位的方法（见图 1-68），这样在出停车位时，也更加方便快捷。

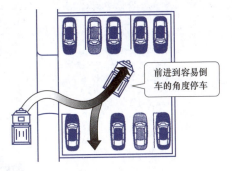

前进到容易倒车的角度停车

图 1-68　进入右侧垂直式停车位

在进入垂直式停车位时，让车身右侧与右方车辆相距 1.5m 左右，倒车行驶，当驾驶人与隔一个停车位的纵向中心线对齐时，向右将转向盘转至极限，待车身转过 90°时回正转向盘，继续倒车，使整个车身进入停车位。

停车场内的停车位划设有若干排，如果右侧的停车位已经占满，则只能把车停放在左侧的停车位。进入左侧垂直式停车位的要领与进入右侧垂直式停车位的要领大致相同，只是转动转向盘的方向有所不同。

特别提醒

注意事项

（1）进、出停车位时车速一定要慢，倒车时要事先确认停车位内是否有障碍。

（2）车辆曲线行驶时车头的横扫面积比较大，与停车位入口相接的通道一般较为狭窄，在前进入位困难的情况下，应采用倒车入位的方法。

（3）倒车时要小心谨慎，不要过于相信后视镜。倒车时，要把注意力重点放在车的尾部，同时还要兼顾到车头和车身两侧。

（4）在平行式停车位停车时，应注意与前后车辆保持适当的距离，这样便于前后车辆进、出停车位。如果在停车位的停车位置靠前或靠后，在其他车辆进、出停车位时，容易发生碰撞或剐蹭事故。

（5）在倾斜式停车位和垂直式停车位停车时，左右方向要居中。如果停车太靠左，驾驶人下车困难，开车门时还有可能碰到左侧停放的车辆。停车太靠右，又会影响右侧车辆上下人。

（6）当汽车在停车位内偏左或偏右时，可以通过侧方移位的方法来平移，如图 1-69 所示。如果进入停车位的位置偏左了，需要向右平移。向右平移时，无论是前进还是倒车，转向盘的转动都要按照右、左、右的顺序操作。但是要注意，这只是适量调整车位，转向盘的转动不要过量，以防止与左、右两侧的车辆发生剐蹭。如果进入停车位的位置偏右了，需要向左平移。向左平移时，无论是前进还是倒车，转向盘的转动都要按照左、右、左的顺序操作，同时还要注意转向盘的转动不要过量。

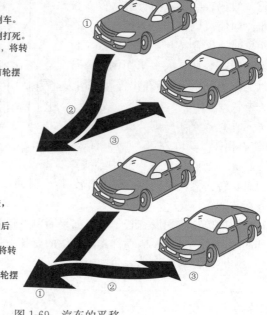

先前进到靠左侧，然后竖直倒车。

①向前起步后将转向盘向左侧打死。

②前进到空闲距离的1/3~1/2，将转向盘向右侧转动（回轮）。

③转动转向盘直到将车体和前轮摆正后，倒车

横移时转向盘的操作正直前进，然后倒车靠边。

①前进，停车，挂倒挡，起动后将转向盘向左打死。

②倒到空闲距离的1/3~1/2，将转向盘向右侧转动（回轮）。

③转动转向盘直到将车体和前轮摆正后停车

图 1-69　汽车的平移

3. 地下停车场停车方法及注意事项

（1）在车辆驶入地下停车场之前，一定要看清其限高标志。每一个地下停车场都有自己的限高标识，通常的地下停车场限高为 2~2.4m。有些车辆由于在车顶上有附加物品而超过了限制高度，如果贸然驶入地下停车场则是非常危险的。地下停车场一般设有入口通道和出口通道（见图 1-70），驾驶人出入要看清指示牌，不要从出口处进入停车场，也不要从入口处驶出停车场。

图 1-70　入口通道和出口通道

（2）地下停车场的进出口处安装有减速丘，地下停车场内的过道也安装有减速丘，车辆只有低速行驶才能平稳通过减速丘（见图 1-71）。地下停车场一般都是收费的，入口处设有值班岗亭，有的还有红外线打卡机。进入时，要注意岗亭人员是否递交相关卡片。驾驶人接到卡片时，注意阅读上面有关内容，如果标明了所驾车应停的位置号码，就应在指定停车号码处停车。

（3）地下停车场的进出口均是上下坡道（见图 1-72）。地下停车场的光线以及视

图 1-71 减速丘

野都不及地上停车场，因而在进入地下停车场之后一定要降速缓行，开启车灯，禁止鸣喇叭。进入地下停车场时，听从停车场人员指挥，沿着方向标志前进，并对车辆出入的路口进行仔细观察，以防走岔路或造成逆行，甚至引发碰撞。

（4）进入地下停车场，要注意观察指示牌，如果标志第一层车位已满，就不要浪费时间，尽快到下一层去找。

（5）停好车后，应记下停车位所在层数、区号及车位号，以便办完事后回来好寻找（见图 1-73）。

图 1-72 进出口均是　　　　　图 1-73 应记下停车位所在层数、
　　　　上下坡道　　　　　　　　　　　区号及车位号

（6）车上乘员可在进入车库前下车，也可到停车场内下车，一般停车场与上层建筑是用楼梯和电梯相连的，乘员可乘电梯进出。禁止人员从机动车出、入口进出。

（7）不要将贵重物品放在车中座椅上或行李箱中，以免招贼。在用中控钥匙锁车后，应再拉一下车门，检查是否真正锁上了。

三、汽车停放注意事项

（1）在设有禁停标志、标线的路段，在机动车道与非机动车道、人行道之间设有隔离设施的路面以及人行横道、施工地段，不得停车。

（2）交叉路口、铁路道口、急弯路、宽度不足 4m 的窄路、桥梁、陡坡、隧道以及距离上述地点 50m 以内的路段，不得停车。

（3）公共汽车站、急救站、消防栓或者消防队（站）门前以及距离上述地点30m 以内的路段，除使用上述设施的车辆外，不得停车。

（4）车辆停稳前不得开车门和上下人员，开关车门不得妨碍其他车辆和行人通行。

（5）路边停车应当紧靠道路右侧，机动车驾驶人不得离车，上下人员或者装卸物品后，立即驶离。

（6）车辆在行驶途中因故障需要停车时，应迅速将车移至安全地段，以免妨碍交通。如车辆无法移动，应在车辆前后设置标志，以引起过往车辆注意，防止发生碰撞事故。夜间停车或在大雨、大风、大雾的天气停车，还应打开示宽灯，如车辆有双闪报警灯装置，要打开双闪灯。

（7）在公路转弯处或在危险地段停车时，应在停车地点前后 100～150m 处设一个危险报警的醒目标志。夜间停车或在大雨、大风、大雾的天气停车，要打开示廓灯及尾灯，以显示停车目标。如有双闪灯装置的汽车，要打开双闪警报灯，以提醒过往汽车注意。

图 1-74　禁停标志的方向性

（8）在坡道上停车时应拉紧驻车制动器，把挡位挂入与溜移方向相反的挡位上，并用三角木或石块塞住车轮，以防汽车溜移而发生事故。

（9）禁停标志有方向性（见图 1-74），立在道路右侧，道路的右侧禁止停车，左侧可以停车；立在道路左侧则左侧禁止停车，右侧能够停车。

（10）地上有黄色网格线不能停车。

小提示

防止车停在泊位内还被处罚的方法

有的驾驶人发现自己已将车停在了正规的泊位，却还被贴了罚单。出现这种情况，通常是违反了以下三种规定。

（1）逆向停车。很多城市的交通管理规定，在道路临时停车泊位内停放的，应当依次按顺行方向停放。因此，未按顺行方向在道路临时停车泊位内停车的就可能被处罚。所以，驾驶人在停车时，要按泊位内导向箭头停放。

（2）停车不入位。很多城市的交通管理规定，在道路临时停车泊位内停放的，车身不得超出停车泊位。若停车越线、压线、跨线都会被处罚。所以，驾驶人在停车时，要将车正直地停在泊位内。

（3）超时停车。很多城市为了方便市民，解决停车难问题，交管部门在一些有条件的路段设立了临时停车泊位（见图 1-75）。这些停车泊位的开放和停用有时间限制。若停车超过停车限时，就会被处罚。所以，驾驶人在停车时，要注意看清标志牌上注明的时间和范围，不要超越时间和范围停车。

图 1-75　限时段或限时停车标志

第十一节　汽车灯光、警报装置的使用

一、灯光的使用

（1）前照灯的使用。

1）一般道路行驶使用远光灯照明。行车时，当看不清前方 100m 处物体时，应开启前照灯。车速在 30km/h 以内，可使用近光灯，灯光应照出 30m 以外；车速超过 30km/h 时，应使用远光灯，灯光应照出 100m 以外（见图 1-76）。

在有路灯、照明良好的道路上行驶时，应使用近光灯。同方向近距离跟车行驶时，应使用近光灯尾随。

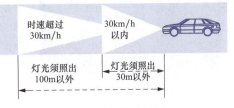

图 1-76　前照灯的使用

2）夜间通过急弯、坡道顶端、拱桥、人行横道或者没有交通信号灯控制的路口时，减速慢行，应交替使用远、近光灯闪烁 1～2 次，以提醒盲区行进的人、车做好避让准备。

3）在路口转弯时，应关闭远光灯，使用近光灯通过。

4）会车时，应关闭远光灯改用近光灯。并降低车速，使车辆靠右侧行驶，眼睛不要看对方的灯光，应观察自己前方的地形和行驶路线。

5）在夜晚会车时，如遇对向来车不做近光转换一直远光照射时，应当立即换成近光，可变换远、近灯光、发信号提示。切不可两车远光对射，使双方驾驶人都看不清路，很容易引起双方炫目而撞在一起。

6）超车时，应变换使用远、近光灯提醒被超越车辆，但转换次数最多不要超过两次，并且要把握好两车之间较为适宜的距离，待前车减速让车后将其超越。

7）夜路前方如遇自行车、行人较多时，一要减速慢行，二要增加远光灯、近光灯转换的次数，这样会将自行车、行人看得更为清楚。

8）通过有指挥信号的交叉路口，在距交叉路口 50～100m 的地方减速慢行，变远光灯为近光灯或小灯，转弯的车辆须同时开转向灯。

9）在雨、雾中行车，应使用防雾灯或近光灯，不宜使用远光灯，这样将会对路面看得更清楚一些，以免出现炫目的光幕妨碍视线。

10）机动车在夜间没有路灯、照明不良或者遇有雾、雨、雪、沙尘、冰雹等低能见度情况下行驶时，应当开启前照灯、示廓灯和后位灯，但同方向行驶的后车与前车近距离行驶时，不得使用远光灯（见图1-77）。机动车雾天行驶应当开启雾灯和危险报警闪光灯（见图1-78）。

图1-77　同方向行驶的后车与前车近距离行驶时，不得使用远光灯

图1-78　开启雾灯和危险报警闪光灯

11）在黄昏行车时，打开前照灯的时间宜迟不宜早。如果提前打开远光灯或近光灯，都会给对向来车驾驶人造成炫目，而且还影响自己的视觉。但是在较为颠簸的路段行驶，则宜提前打开前照灯，这样，路面坑洼会看得更清楚一些。

12）在黎明行车时，关闭前照灯宜早不宜迟。因为通过一段时间的夜路行车，眼睛已经有了较强的暗适应能力，黎明较早关闭前照灯不但不会影响观察，而且会对路上的物体看得更清楚。

（2）转向灯、示廓信号灯（小灯）的使用。

1）转向灯的使用。转向信号灯是用以指示汽车行驶方向的信号装置。通常是在汽车前、后两端的左、右两侧分别设置的黄色小灯。其用途如下：向右转弯、向右变更车道、超车完毕驶回原车道、靠路边停车时，应当提前开右转向灯（见图1-79）；

向左转弯，向左变更车道、准备超车、驶离停车地点或者掉头时，应当提前开左转
向灯（见图 1-80）。

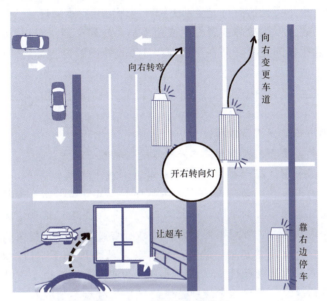

图 1-79　右转向灯的使用

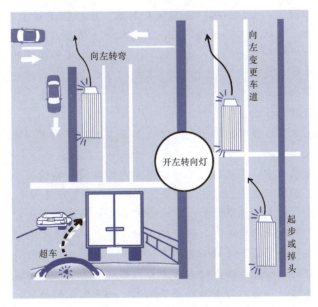

图 1-80　左转向灯的使用

2）汽车的示廓灯（小灯）的使用。汽车示廓灯是用以显示汽车宽度和所在位置
的信号装置。一般在汽车的前部设置于前照灯两侧，一边一个，在汽车的尾部设置

在车体两侧，与牌照灯同亮。

汽车在夜间路灯照明良好时，进入市区后，即便是在路灯很亮的街区行驶或靠路边暂时停放，也不要把所有灯光全部关掉，应保留开启示廓灯。

机动车在道路上发生故障或者发生交通事故，妨碍交通又难以移动的，应当按照规定开启危险报警闪光灯、并在车后 50～100m 处设置警告标志，夜间还应当同时开启示廓灯和后位灯。

特别提醒

如何运用汽车灯光进行求援？

运用闪灯的办法提醒前后方汽车及行人是一种较好的方法。

（1）大灯闪一下，提示前方汽车让出车道。在十字路口等车，当绿灯亮时，有时候会遇到前车纹丝不动的情况。也许是新手，因为紧张而起步慢；也许是前车驾驶人没有留意指示灯的变化，等红灯时走神了。在遇到这种情况时，狂按喇叭显然不是合适的做法，可以用闪大灯的方式代替"粗暴"的按喇叭，大灯闪一下，通常情况前车就能意识到，如果还没有动静就再闪一下，切忌连续闪大灯，容易引起前车驾驶人的逆反情绪。大灯闪一下也可用在前车由于一时走神或者对路况不熟，车速缓慢，挡住后车继续前进的路，此时后车驾驶人可以把大灯闪一下，提示前车驾驶人让道。

（2）大灯闪两下，表示不满。遇到强光闪眼，很可能是对方忘了关远光灯。夜间行车时，为了目及更远的视线范围，多数人会选择开启远光灯行车。然而在会车时，远光灯直射会晃到驾驶人的双眼，甚至会出现短暂的失明。因此，如果对向车道的汽车没有及时切换至近光灯，车友们可以在交会前的一段较远距离内闪两下大灯，提醒对方会车时要切换灯光，如果对方无动于衷，可以亮起双闪灯以表示不满，提醒对方切换近光灯。

（3）大灯闪三下，提醒前车进行检查。如果发现前车的车门没有关好、尾灯不亮、轮胎没气等情况，可以对前车连闪大灯三下，提醒前车停车检查汽车。

汽车在行驶过程中，车内的人很难发现车身外部的一些情况，譬如后备厢或车门存在异常、胎压不足等。这样随时会发生危险，甚至波及旁车。

（4）连闪大灯，表示拒绝旁边汽车的并道要求或提醒行人或非机动车其所处的是机动车道。遇到汽车变道时，如果双方没有达成一种无形的协议，则很容易发生剐蹭或者追尾的事件。此时变道汽车往往处于本车的左前方或者右前方，因此可使用前大灯的闪动是否告诉对方你是否同意变道是直接的方式。随意横穿马路的行人或者非机动车会对行车造成安全隐患。如遇到上述情况，我们应该减速并通过连续闪烁大灯来提醒行人或非机动车。

（5）阶段性亮制动灯，表示勿跟车太紧。在高速公路上开车，保持适当的安全距离是避免事故的有效方法。但有时候有的人在高速公路上喜欢跟车，而且保持的距离比较近，遇到这种情况，前车驾驶人一定会分散一部分注意力来"关注"后车，免不了要担心后车会不会因为制动不及时而撞上自己。前车驾驶人想办法给后车一点儿警告，告诉后车不要紧跟着自己，这时就要用到制动灯。即在后车距离自己车太近的时候，前车驾驶人可轻踩制动，用制动灯提示后车：离我太近了，应该远点。

（6）一声鸣喇叭、一下远光，表示请让一让。在行车过程中，及时把自己有急事的这个信息传递出去，对自身和周边汽车都是一种保护。对于其他汽车来说，合理避让，也是为自身安全着想。

（7）三下远光加双闪，表示紧急求救。在行车过程中要学会擅用灯光求救，其优势是操作简单而且传递范围广。

二、警报装置使用规定

警车、消防车、救护车、工程救险车执行紧急任务时，可以使用警报器、标志灯具；在确保安全的前提下，不受行驶路线、行驶方向、行驶速度和信号灯的限制，其他车辆和行人应当让行。

道路养护车辆、工程作业车进行作业时，在不影响过往车辆通行的前提下，其行驶路线和方向不受交通标志、标线限制，过往车辆和人员应当注意避让。

洒水车、清扫车等机动车应当按照安全作业标准作业；在不影响其他车辆通行的情况下，可以不受车辆分道行驶的限制，但是不得逆向行驶。

小提示

警车、消防车、救护车、工程救险车在执行紧急任务遇交通受阻时，可以断续使用警报器，并遵守下列规定。

（1）不得在禁止使用警报器的区域或者路段使用警报器。

（2）夜间在市区不得使用警报器。

（3）列队行驶时，前车已经使用警报器的，后车不再使用警报器。

特别提醒

机动车在道路上发生故障，需要停车排除故障时，驾驶人应当立即开启危险报警闪光灯，并将机动车移至不妨碍交通的地方停放。

机动车在道路上发生故障或者发生交通事故，妨碍交通又难以移动的，应当按照规定开启危险报警闪光灯并在车的前后50～100m处各设置警告标志扩大示警距离（见图1-81），夜间还应当同时开启示廓灯和后位灯。必要时迅速报警。

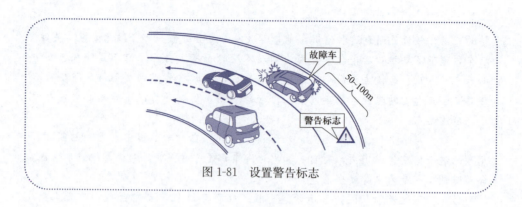

图 1-81　设置警告标志

🔘 第十二节　自动挡汽车驾驶

一、发动机的起动与熄火

1. 发动机的起动

发动机起动前，先查看驻车制动器操纵杆是否拉紧，然后踩下制动踏板，将变速杆置于 P 位或 N 位，转动点火开关钥匙起动发动机（见图 1-82）。然后，放松驻车制动器操纵杆，踩牢制动踏板。再慢慢地松开制动踏板，利用爬行功能起步。车动起来后，慢慢地踩加速踏板。自动变速器发动机起动后或正在使用空调时，由于发动机的转速快，会导致强烈的爬行现象。此时放松制动踏板不能太快。

①确认驻车制动器操纵杆拉起　　②确认变速杆位置　　③踩制动踏板　　④制动车钥匙起动

图 1-82　发动机起动前的操作

2. 发动机的熄火

踩下制动踏板，关闭点火开关，才能熄火发动机，然后拉紧驻车制动器操纵杆，并将变速杆移到 P 位。

二、汽车的起步与停车

1. 汽车起步

汽车起步前必须确认已踩下了制动踏板，将变速杆移到 D 位（倒车时移至 R 位）。然后，先推动驻车制动器操纵杆，使其彻底回位，接着再平稳地松开制动踏板，利用蠕动现象使车辆缓缓起步（见图 1-83）。

①右脚踏制动踏板　　②挂起步挡(D)　　③松驻车制动器操纵杆　　④平稳地松开制动踏板后，右脚踏加速踏板

图 1-83　汽车起步

特别提醒

当途中发动机熄火在 D 位时，发动机即不能起动，应必须将变速杆移到 P 位或 N 位，用 N 位起动发动机较安全。

2. 汽车停车

（1）临时停车。临时停车时，只用行车制动即可。注意与前车之间的距离，以防汽车"蠕动"可能造成碰前车的现象。若短暂停车，可在前进挡状态用制动器停车；若稍长时间停车，变速杆置于 N 位，拉紧驻车制动器操纵杆；若熄火停车时，在车辆停稳后，将发动机熄火，拉紧驻车制动器操纵杆，将变速杆置于 P 位。

若临时停车时间较长，应拉紧驻车制动器操纵杆，并将变速杆推入 N 位，同时松开制动踏板。

若是在较陡的坡道上停车，应拉紧驻车制动器操纵杆，并将变速杆置于 P 位。驻车制动的使用，不仅可以防止自动变速器挂入 P 位时锁止机构负荷过大，也能使 P 位更易于分离。

特别提醒

停车时如果放在 D 位或 R 位，无意间松开行车制动时会发生意外事故。

（2）汽车停放。当车辆需要静止停放时，抬起加速踏板，把右脚移向制动踏板，并慢慢踩下使汽车停止。停车后，强有力踩牢制动踏板，把变速杆置于 P 位上，拉起驻车制动器操纵杆，将变速杆置于 P 位，最后关闭发动机点火开关（见图 1-84）。

三、汽车的行驶与换挡

1. 一般道路行驶

在一般道路行驶时，应将挡位选择在 D 位（并打开超速挡按钮 O/D）。为节省燃油，应将换挡模式选择开关置于经济模式或标准模式位置。

行车中若误将变速杆挂入 N 位，应立即松开加速踏板，使发动机转速降到怠速时，再将变速杆置于所需挡位，继续加速行驶。

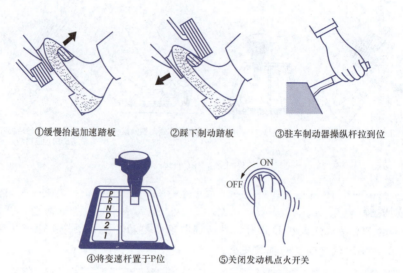

①缓慢抬起加速踏板　　　②踩下制动踏板　　　③驻车制动器操纵杆拉到位

④将变速杆置于P位　　　⑤关闭发动机点火开关

图 1-84　汽车停放

小提示

（1）手自一体变速器的换挡方法。手自一体化变速器就是手动换挡和自动换挡结合在一起，也就是自动变速箱加上了手动控制的功能，使驾驶员可以人为地强制变速箱升挡或降挡，更便于超车或节油（见图1-85）。从挡位来看，除了P、R、N、D这些挡位以外，多出了M挡手动模式，某些车型的手自一体变速箱的手动模式被标注为"S"，这只是名称的区别，实际操作方式没有差异。

图 1-85　手自一体变速箱挡位及操纵杆

手自一体变速器切换到M挡（手动模式）的换挡方法如下：

手自一体车切换到M挡（手动模式），不需要等车停下来才能切换，随时都能从D挡换到M挡，换挡时，只需要拨动换挡杆或者方向盘的换挡拨片或者按换挡按键就可以。

此外，手自一体的自动挡和手动挡可以在行驶中随时切换（不需要停车或减速），这两个挡位往往是左右挨着的，向左或向右一拨挡杆就能切换，并在仪表盘上显示（见图1-86）。当D挡切换到手动挡时，车辆会根据速度给手动挡分配一个挡位，然后就可以自己控制挡位了。如果中间不想使用手动挡了，只需随时拨回到D挡即可。

图 1-86　挡位在仪表盘上显示

为了让车辆有更强的动力，可以使用手动挡模式，把挡位限制在低挡，通过提高发动机转速来提升动力，轻松在陡坡上起步和行驶，比如出地库、遇到陡坡时。在连续走山路时不论是连续上坡还是下坡，手自一体的手动挡也很有用，上坡时通过低挡位高转速可以获得更强的动力，下坡时通过降低挡位利用发动机制动来控制车速，避免长时间踩脚制动，防止脚制动片过热而失灵。

（2）HDC的正确使用。HDC即陡坡缓降控制系统，该系统一般以按钮形式控制，按钮通常安装在变速杆后方。当汽车在陡坡上要停降时，按下HDC按钮，指示灯亮为绿色，表示陡坡缓降控制系统进入待命状态。当该灯显示为绿色闪烁时，表示当前正处于陡坡缓降控制状态，再一次按下HDC按钮，该灯熄灭，表示陡坡缓降控制系统功能解除。驾驶人驾车下陡坡时应按下HDC按钮，让车牵制地下坡，下坡结束，到普通道路时，再关闭HDC开关。

（3）ESP的正确使用。ESP即车身电子稳定系统，目前已在汽车上广泛使用。其作用是当汽车即将失稳的时候，做出快速反应，对不同的车轮施加不同的制动力，从而迅速地将汽车调整回相对平衡的行驶状态。它综合了ABS（防抱制动系统）、BAS（制动辅助系统）和ASR（加速防滑控制系统）三个系统。装有ESP的车辆都有ESP开关，当遇到湿滑路面、斜坡道路等影响汽车稳定性时，应打开该系统开关，使该系统进入工作状态。该系统开关一般以按钮形式安装在自动变速杆后方，按钮上有黄色指示灯，如果在行驶中该灯闪烁，表示系统正在实施控制以辅助驾驶人，如果该灯在行驶时点亮，表示系统存在故障。

2. 坡道行驶

坡度不大时可用D位，否则用2位或1位，下坡最好用发动机制动，车速应低于30km/h，或选2位或1位即可获得强有力的发动机制动效果。

因处于D（正常行驶）位的发动机牵阻不起作用，下坡时车速会越来越快。为防止出现这种情况要换挡到2位，并同时使用制动。仍无效时换到1位，并用力踩制动。

特别提醒

（1）切忌在车速很高的情况下从 D 位换入 S 位或 L 位，否则会引起发动机强烈的制动作用，使低挡换挡执行元件受到较剧烈的摩擦而损坏。应在车速下降以后再从高挡位换入低挡位。

（2）在换入 L 位后，不要猛踩加速踏板，否则容易使发动机的转速过高，造成自动变速器中的摩擦片磨损加剧和自动变速器润滑油温度过高。

（3）超速挡的使用。在高速公路或隔离设施较好的快速公路行驶，可使用超速挡行驶。

（4）换挡模式的选择。许多自动挡汽车设有换挡模式，驾驶人可利用换挡模式开关，根据实际道路情况，选择不同的换挡模式。

1）正常模式。正常模式适用于各种正常的驾驶条件，车辆以较好的经济性运行，指示灯"SPT"和"雪花"都熄灭。

2）运动模式。适用于赛车运动式的驾驶，自动换挡时发动机的转速很高，优先保证行驶动力性能和加速性能。选择运动模式后，指示灯"SPT"点亮。

3）雪地模式。较平和的驾驶模式，自动换挡时发动机转速低，适用于风雪泥泞、比较湿滑路面行驶。选择雪地模式后，指示灯"雪花"点亮。

指示灯"SPT"和"雪花"交替闪烁，表明自动变速器有异常情况，应及时到专业维修机构进行检修。

（5）车速不超过 60km/h 时，用低于 D 位的挡位，可使加速灵活，避免发动机产生积炭；而车速超过 60km/h 时，要使用 D 位行驶，不但省油而且具有良好的加速性。

3. 自动挡汽车的制动

自动挡汽车除紧急情况下的紧急制动外，主要靠加速踏板调节速度。如果遇到情况要先松开加速踏板，并随时做好踩制动的准备。手动挡车在这种情况下车速会立即下降，而自动挡车则因发动机制动不起作用而不会导致突然减速。因此，操作时必须注意比手动挡车要提前松加速踏板，并做好踩制动的准备。为此，应尽可能提前把握前方状况。

自动挡车在 D 挡位时发动机不起牵阻作用的，只有在低速挡时发动机才起牵阻作用。因此，必须要靠提前并且用力踩制动来弥补。

特别提醒

自动挡汽车脚制动失灵的应急措施

（1）沉着冷静。无论是自动挡还是手动挡的车，发生制动失灵时，要先沉着冷静，保持清醒的头脑。松油门降低车速；打开双闪提醒后方的车辆，避免发生追尾等其他交通事故；拉手制动，自动挡汽车不能拉手制动，但电子手制动是将机械手制动改进的结果，也可以用作紧急制动。

1）如果是手自一体化的自动变速器，松开油门同时，将挡杆切换到手动模式（M），然后将挡杆向减号（M－）方向拨动一下，这个操作就是降挡。在降挡的瞬间，会发现转速表瞬间升高（一般会超过 5000r/min），然后快速下降。当转速下降到在 3500r/min 后再降挡，挡位降低后，转速下降后车速也会下降。当车速低于 10km/h 的时候，可以尝试拉手制动（不要在一开始的时候就拉手制动，而且拉手制动时也不要一次性拉到底，一旦钢丝崩断了就没救了），将车辆完全停住。

2）如果是自动挡的车辆，必须将 D 挡挂入 L 挡等低挡位，除非需要紧急制动，否则要先踩着脚制动换低挡，然后再间歇性拉手制动，不要一下刹死，否则会由于惯性的作用，极容易使车辆产生侧翻发生意外。

（2）若在脚制动和手制动同时无法作用的情况，那么应该保持冷静，只能依靠前保险杠的两侧和车身一侧去剐蹭路边墙体或者其他障碍物，逼停失控的车辆。

（3）在汽车遇到脚制动失灵，紧急的情况下，驾驶员也可以将脚制动踏板踩下去，强制脚制动，然后将挡杆推到 N 挡，也就是空挡的位置，尝试靠边停车。但这是很危险的，在没有办法的情况下才能使用，因为在行驶中的车辆一旦使用 N 挡，可能会损坏变速箱。

假如汽车有 ABS 功能，那么直接将踏板踩到底，不管是手动挡还是自动挡车型，油门总会被脚制动所制服。

四、使用自动变速器注意事项

（1）发动机起动时，应将变速杆置于 P 位或 N 位，同时踩下制动踏板并拉紧驻车制动器操纵杆，以防意外事故发生。

（2）汽车行驶时，除非必要，不要将加速踏板猛踩到底，因为这样会出现立即强制性地换入低挡，即"强制低挡"，容易使发动机的转速过高，从而造成自动变速器内摩擦件的磨损和自动变速器油（ATF）的温度的升高，对自动变速器的使用不利。

（3）汽车行驶时，特别是高速行驶时，不能选用 N 位滑行，这很容易烧坏变速器，因为这时变速器输出轴转速很高，而发动机却以怠速运转，ATF 油泵供油不足，润滑状况恶化，易烧坏变速器，有些驾驶人为了节油，而选用 N 位滑行，结果只能是得不偿失。

（4）汽车超车时，往往要迅速踩下加速踏板，利用"强制低挡"来提高汽车的加速能力。但要注意的是：一旦车辆的加速要求得到满足时，应立即松开加速踏板，否则，对自动变速器的油液和摩擦件使用不利。

（5）汽车下坡时，除踩制动踏板外，同时可利用发动机制动。当车速降至

30km/h 时，可将变速器杆置于 1 位或 2 位，使汽车获得最有效的制动。

（6）汽车高速行驶时，不允许将变速杆自 D 位拉向 2 位或 1 位，否则会"强制低挡"，加快自动变速器内摩擦件的磨损和 ATF 温度的升高。

（7）汽车在滑溜路面行驶时，应选用雪地模式起步，应将变速杆移入 2 位或 1 位，以适应附着条件的需要。

（8）汽车被牵引时，应将变速杆置于 N 位，而且车速不得超过 30km/h，每次连续被牵引的距离不得超出 80km，否则，自动变速器内部会因无法润滑而容易损坏。

特别提醒

最好采用专用牵引车索引，并将汽车前桥架托在牵引车上。

第十三节 电动汽车驾驶

纯电动车的行驶与停车部分操作方法与传统汽车没有什么区别，但在起动和驾驶电动汽车时，一定要注意到它与燃油汽车的不同之处，主要有电动汽车无声起动，电动汽车行驶噪声小，大雨、暴雨天气应尽量减少出行三点。驾驶电动汽车的基本方法如下：

（1）启动车辆。钥匙打到"ON"挡，仪表背景灯全部亮，低压接通；接着钥匙打到"Start"挡，听见"嘀"的响声，并可以听见电池组内继电器闭合的"哒"声 2 次，电池组高压接通，仪表表盘上显示"READY"绿灯，车辆进入可以行驶状态。

（2）放下手制动，换挡操纵机构手柄置于"D"挡，右脚轻踩电子加速踏板，车辆开始行驶。

（3）如果需要制动，右脚踩制动踏板，完成制动。

（4）如果需要加速，右脚均匀用力，逐渐踩下电子加速踏板，车辆开始加速；如果保持匀速行驶，电子加速踏板保持在某一开度即可。

（5）电动汽车无离合踏板，行驶过程中挡位一直置于"D"挡即可。

（6）如果需要倒车，应踏下制动踏板，将换挡操纵机构手柄打到 N 挡，待车辆停稳后再将换挡操纵机构手柄打到"R"挡，选挡后松开制动踏板，车辆缓速行驶，完成倒车。

（7）如果需要爬坡，为安全起见，请注意不要爬过陡的路面（坡度＞25%）。

一、电动汽车的起动

1. 电动汽车的换挡方式和挡位设置

电动汽车的换挡方式有变速杆式和旋钮式电子换挡两种类型（见图 1-87）。如北汽 E150EV 电动汽车使用的是变速杆式，EV200 电动汽车使用的是旋钮式电子换挡。

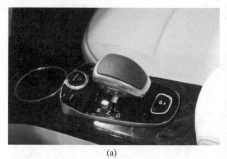

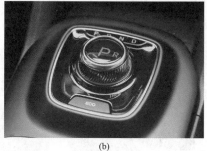

(a)　　　　　　　　　　　　　　(b)

图 1-87　电动汽车的两种换挡方式

(a) 变速杆式；(b) 旋钮式

（1）变速杆式。变速杆有三个位置：D、R、N。

前进挡 D。用于正常行驶，在换 D 位之前，先踩制动踏板，否则挡位选择无效。

倒挡 R。在选择倒挡前，确保车辆处于静止状态，然后踩下制动踏板，轻轻压下手柄，再挂挡。

空挡 N。在选择空挡前，确保车辆处于静止状态。

（2）旋钮式。

前进挡 D。在旋到 D 位之前，先踩下制动踏板，否则挡位选择无效。

倒挡 R。在选择到倒挡前，确保车辆处于静止状态，踩下制动踏板，将旋钮旋至 R 位。

空挡 N。在选择空挡前，确保车辆处于静止状态。

经济模式 E。旋至 E 位时踩下制动踏板，会有制动能量回收功能。左侧 E＋和 E－在 E 位有效，表示制动能量回收强度。

有的电动汽车设置有"Sport"运动模式挡位（见图 1-88），让驾驶者感受拥有更强的动力表现。建议行驶在山路、高原等特殊路况时选择 Sport 运动模式。有的混合动力汽车增加了"B"挡位（见图 1-89），B 挡位是低速挡，常用于连续下坡路段（用于发动机制动）。

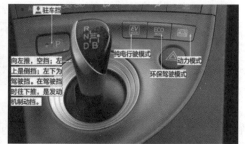

图 1-88　设置 Sport 挡位　　　　图 1-89　混合动力电动汽车挡位

2. 电动汽车起动方法

电动汽车的起动开关（见图 1-90）有采用点火锁（有钥匙）与带智能进入和启动系统的点火开关（即无锁匙起动按钮）两种方式。

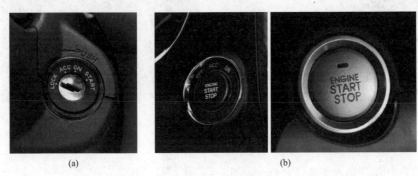

(a)   (b)

图 1-90　起动开关

(a) 点火锁开关；(b) 带智能进入和启动系统的点火开关

（1）点火锁开关（有钥匙）。

LOCK：拔下起动钥匙，锁转向盘锁止，此时大多数电路不能工作。

ACC：转向盘解锁，个别电器和附件可以工作。

ON：高压通电，所有仪表、警告灯和电路工作。

START：READY 绿灯点亮，高压通电。

起动方法如下：

1）插入钥匙，踩住脚制动，挡位在 P 或 N，启动发动机。当钥匙转动到 ON 挡时，至少停 3～5s 使整车通电并完成自检，系统自检后"READY"灯点亮，表明车辆准备完毕，可以行驶。检查 SOC 电量表。电量表分为十个格，每格表示 10% 的电量。蓝色代表放电，绿色代表充电。

2）当钥匙打到 ON 的时候，报警灯会自检，自检完成以后如果系统正常，故障灯为熄灭状态。观察仪表显示正常后，再转动钥匙至 START 位置。应踩着制动踏板转动钥匙门至 START 位置。

3）电动汽车刚起动时会有"嗡嗡"的响声，这是水泵的声音，不影响正常使用。

4）变速杆处于驻车挡或空挡（P/N）位置才能起动汽车，当变速杆处于其他位置时，车辆无法起动。

5）旋至 D 位。松开驻车制动，挂入前进挡，再缓慢的放松脚制动踏板，车辆即可行驶。

不同品牌车型的电动汽车在仪表显示上也会有不同，比如同样是运动模式，有些车的仪表显示的是（SPORT），而有些显示的是（POWER）。

（2）带智能进入和启动系统的点火开关（一键启动开关）。汽车智能进入和启动系统简称 PEPS，其点火开关使用的是带智能进入和启动系统的点火开关。只要随身携带智能钥匙，比如将其放在口袋中，无需操作钥匙或锁孔，就能锁止和解锁车门；当钥匙在车内时，按下"ENGINE START STOP"开关（一键启动开关），可以切换点火开关模式、启动发动机或关闭发动机。

停车状态下，不踩离合踏板（手动挡车辆）或者制动踏板（自动挡车辆），直接按压一键启动开关，可切换开关模式。每按压一次一键启动开关，开关按照一定的顺序进行模式切换。

注意：一键启动的按钮或旋钮必须在接收到智能钥匙的存在时才能起动，这种感应距离一般在50cm左右。一般情况下智能钥匙中也有我们通常所说的带有锯齿或凹槽的钥匙，它的作用是防止一键启动功能发生故障时，利用机械启动方式进行启动。

有的汽车还可根据开关上的工作指示灯颜色确认开关的状态（见图1-91）。

图1-91　一键启动开关上的指示灯

· 启动发动机时，如果一键启动开关的绿色指示灯闪烁，则表明电子转向锁解锁失败，此时左右轻轻转动转向盘，即可解除锁定。

· 如果一键启动开关上的琥珀色指示灯闪烁，这表明一键启动系统存在故障，应立即关闭发动机。

注意：当驾驶人将钥匙转到起动挡或按下起动按钮时，电动汽车是没有声音的，电机并没有因此开始运转。只要驾驶人不踩加速踏板，电机就不会开始工作。这是与燃油汽车不一样的，燃油汽车在将钥匙转到起动挡或按下起动按钮时，发动机就开始运转并发出声响声。

二、电动汽车起步与熄火

1. 起步

起步前应系好安全带，察看车辆周围情况，确认安全后，将挡位从N挡旋至前进挡D挡，打左转向灯，松开手制动，右脚慢慢松开脚制动，轻轻踩下加速踏板，车辆起步行驶。待车子开到大路上之后，关掉转向灯，右脚踩油门即可开始行驶。

2. 熄火

需要熄火时可先踩紧脚制动，将挡位拧到N挡的位置（一般电动汽车都会要求旋至空挡时踩紧脚制动，否则会认为是挡位误操作）。随后拉上手制动，松掉脚制动。按下引擎按钮，让仪表盘上"READY"的字样消失，随后再按引擎按钮，直到按钮上面的灯熄灭。

注意：灯一定要熄灭才是熄火了，亮黄灯不行。

三、电动汽车的换挡

（1）当车辆静止时，驾驶人进行换挡操作必须同时踩下制动踏板才能换挡成功。如果未踩下制动踏板，仪表显示当前换挡旋钮的挡位并闪烁，说明挡位选择无效。此时需换至 N 位，重新进行换挡操作。

1）前进挡 D。在旋到 D 位之前，先踩下制动踏板，否则挡位选择无效。

2）倒挡 R。在选择倒挡前，确保车辆处于静止状态。然后，踩下制动踏板，将旋钮旋至 R 位。

3）空挡 N。在选择空挡前，确保车辆处于静止状态。

4）经济模式（能量回收模式）E。在车辆下坡路段，旋至 E 位时踩下制动踏板，会有制动能量回收功能。左侧 E＋和 E－在 E 位。

（2）车辆运行中，当车速低于 5km/h 并不为 0 时，驾驶人进行换挡操作，D～R 位、E～R 位或者 R～D 位、R～E 位不需要踩制动踏板。但是除非必要，否则不要在行驶时按下换挡旋钮。

（3）禁止在车辆行驶时，挂入 N 挡滑行，电驱动系统可能会受到严重损坏。

注意：

1）在驾驶过程中，请勿将手放置在换挡杆上，手的压力可能导致换挡机构的过早磨损。

2）启动汽车前请确认手柄处于 N 挡位置。

3）在汽车运行过程中请勿换挡。

四、电动汽车的行驶

（1）正常道路行驶：变速杆置于前进挡（D 位）时，将通过加速踏板控制汽车加减速度和自动换挡。

（2）陡坡起步行驶：在特别陡的坡道上起步时，先拉上驻车制动手柄，将变速杆置于 D 位，踩加速踏板的同时松开驻车制动手柄，使汽车不会向后滑行。

（3）在不良的道路（碎石公路）上行驶时必须减速，一般不得超过 20km/h。

特别提醒

（1）车辆未停稳时不切换挡位。

（2）禁止驾驶人员同时踩下制动和加速踏板。

（3）车辆在转弯过程中应尽量减速，禁止急转弯。

（4）车辆在制动过程中应避免紧急制动。

（5）行驶过程中，如果组合仪表上乌龟灯亮，车辆应尽快寻找最近的停靠点停车或充电，不得继续行驶。

（6）车辆出现故障不能行驶时，搬运车辆时要抬高驱动轮，用拖车搬运。如果不得不用绳子，轮胎接地牵引的情况下，务必使车辆尽量低速行驶。

（7）在汽车行驶时不要拔出启动钥匙，否则将会导致方向锁止，不能转向而发生危险。

（8）当电动汽车行驶时，或插电式混合动力汽车以纯电模式行驶时，汽车发出的声响极小。遇到行人、骑自行车者等，要尽量离他们远些，必要时可鸣喇叭示意。

五、电动汽车停车与拖拽

1. 停车

（1）拉起驻车制动手柄或驻车制动阀手柄。

（2）将挡位开关置于空挡。

（3）拧转起动开关钥匙至"LOCK"（锁固）位置。

（4）取走钥匙。

（5）关闭所有的窗户并锁上所有的门。

（6）检查并确保灯已熄灭。

（7）如将汽车停放在斜坡上且无人看管时，必须垫好车轮挡块。

（8）不要将无人照看的儿童单独留在车内，因为儿童可能会操作汽车上的控制装置而导致事故。

（9）中途停车，要选择合适、安全的停车地点。

（10）每次停车都必须关闭电源开关，拔出钥匙，将挡位开关扳至空挡位置，并将驻车制动器拉起。

2. 拖拽

电动车需要拖拽时，应先将变速杆置于中间（N挡）位置并解除驻车制动。否则反拖电机，会造成电机和控制器烧毁。

（1）车辆在需要求援时，应首先选择专业拖车公司或者进行悬吊牵引（前轮抬起），不得盲目自行拖拽，以免对车辆造成不可逆的损坏。

（2）如果没有专业拖车设备，建议使用硬拖，选择合适的拖车杠，拖挂前需要将电机控制器与电机连接的3根高压电缆断开并用绝缘罩或绝缘胶带将线头（电缆头）包扎并固定之后再进行拖车；短距离拖车时，不需要断开电机电缆或驱动轮未着地的情况下也可慢行拖挂牵引，前提为车速不得超过5km/h。

小提示

夏季、冬季使用电动汽车时应注意事项

（1）在夏季。

---

1) 雨季行驶时汽车发生故障无法行驶后，应当靠边停车支起三脚架等待救援，严禁自行检修。

2) 请勿驶入深水中，以免发生漏电短路事故。

3) 当汽车被积水浸泡时，不要考虑继续行驶，应迅速断电并离开车内，尽量不要与车身金属接触，以免发生触电。

4) 避免高温充电，因动力蓄电池温度特性，汽车高速行驶后，建议停放30min后，在阴凉通风处进行充电。

5) 暴雨打雷时，尽量不要充电；汽车在露天或者地势较低的地方充电时，如遇下雨应立即终止充电，以免积水高度超过充电口而发生短路。

6) 避免汽车曝晒，应将汽车停放在阴凉通风处，以防车内温度过高，发生意外。

7) 前机舱内严禁使用高压水枪清洗，严禁用高压水枪直接从前格栅向机舱内喷水。

(2) 在冬季。

1) 纯电动汽车在冬季低温行驶后，应该及时充电，避免因长时间停驶导致动力蓄电池温度低，造成用电浪费和充电延时。

2) 汽车充电时，应该将汽车尽量停放于避风朝阳且温度较高的环境存放；充电时预防雪水淋湿充电接口，更不要将充电插头直接暴露在雪水下，以防止发生短路；避免因冬季气温较低导致充电异常情况的出现。

3) 汽车充电开启后，检查充电桩充电电流，若充电电流达到12A以上，则表示充电已开启。

第十四节　汽车载运与牵引驾驶

一、机动车安全载运

1. 机动车载物

机动车载物不得超过机动车行驶证上核定的载质量，严禁超载；装载物长度、宽度、高度不得超出车厢（见图1-92），载运货物不得遗撒、飘散。具体规定如下：

(1) 重型、中型载货汽车，半挂车载物，高度从地面起不得超过4m，载运集装箱的车辆不得超过4.2m。

(2) 其他载货的机动车载物，高度从地面起不得超过2.5m。

(3) 摩托车载物，高度从地面起不得超过1.5m，长度不得超出车身0.2m。两轮摩托车载物宽度左右各不得超出车把0.15m；三轮摩托车载物宽度不得超过车身。

(4) 载客汽车除车身外部的行李架和内置的行李舱外，不得载货。载客汽车行李架载货，从车顶起高度不得超过0.5m，从地面起高度不得超过4m。

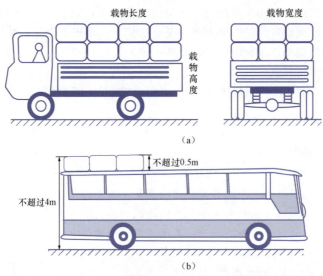

(a)

(b)

图 1-92　装载物长度、宽度、高度的规定
(a) 货车；(b) 载客汽车

特别提醒

（1）机动车运载超限的不可解体的物品（见图 1-93），影响交通安全的，应当按照公安机关交通管理部门指定的时间、路线、速度行驶，悬挂明显标志。在公路上运载超限的不可解体的物品，应当依照《中华人民共和国公路法》的规定执行。

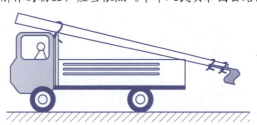

图 1-93　运载超限的不可解体的物品

（2）机动车载运爆炸物品、易燃易爆化学物品以及剧毒、放射性等危险物品，应当经公安机关批准后，按指定的时间、路线、速度行驶，悬挂警示标志并采取必要的安全措施。

2. 机动车载（客）人

（1）机动车载人不得超过核定的人数，客运机动车不得违反规定载货。机动车行驶时，驾驶人、乘坐人员应当按规定使用安全带。

公路载客汽车不得超过核定的载客人数，但按照规定免票的儿童除外，在载客人数已满的情况下，按照规定免票的儿童不得超过核定载客人数的 10%。

（2）附载押运、装卸人员规定。载货汽车车厢不得载客。货运机动车需要附载作业人员的，应当设置保护作业人员的安全措施。在城市道路上，货运机动车在留有安全位置的情况下，车厢内可以附载临时作业人员1～5人。载物高度超过车厢栏板时，货物上不得载人。

（3）摩托车后座不得乘坐未满12周岁的未成年人，轻便摩托车不得载人。

特别提醒

不准载人的规定

（1）货运汽车挂车、拖拉机挂车、半挂车、平板车、起重车、自动倾卸车、罐车不准载人。但拖拉机和设有安全保险或乘车装置的半挂车、平板车、起重车、自动倾卸车，经车辆管理机关核准，可以附载押运或装卸人员1～5人。

（2）机动车除驾驶室和车厢外，其他任何部位都不准载人。

二、机动车牵引挂车规定

牵引驾驶有汽车拖带挂车或汽车拖曳汽车行驶，即拖挂驾驶。

（1）机动车牵引挂车。

1）载货汽车、半挂牵引车、拖拉机只允许牵引1辆挂车，挂车的灯光信号、制动、连接、安全防护等装置应当符合国家标准。驾驶员必须取得牵引车驾驶执照。载货汽车所牵引挂车的载质量不得超过载货汽车本身的载质量（见图1-94）。

2）小型载客汽车只允许牵引旅居挂车或者总质量700kg以下的挂车（见图1-95）。挂车不得载人。

图1-94 牵引挂车规定

图1-95 小型载客汽车牵引规定

3）大型载客汽车、中型载客汽车、低速载货汽车、三轮汽车以及其他机动车不得牵引挂车。

（2）机动车牵引电动汽车。

电动汽车的驱动系统连接电机，故在牵引车辆时，使车轮转动将产生电能。对于这类车辆的牵引，必须严格遵守制造厂商的规定，采用正确的牵引车辆方法（见图1-96），否则可能损坏车辆的三相驱动电动机或变速单元。无论是混合动力汽车还是纯电动汽车，都应尽量采用平板拖车，即将车辆全部平放在拖车上，然后再牵引。

混合动力汽车与纯电动汽车牵引方法见表1-2。

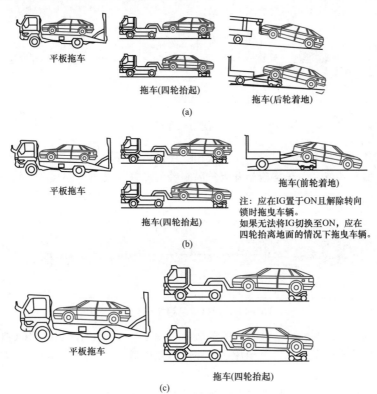

图 1-96　正确牵引车辆方法

（a）前置前驱车辆；（b）前置后驱车辆；（c）四轮驱动车辆

表 1-2　　　　　　　　　混合动力汽车与纯电动汽车牵引方法

项目	前置前驱车辆	前置后驱车辆	四轮驱动车辆
拖车（前轮着地）	×	○	×
拖车（后轮着地）	○	×	×
拖车（四轮着地）	×	×	×
拖车（前轮抬起）	○	○	○
平板拖车	○	○	○

注　○表示可拖曳车辆；×表示不可拖曳车辆。

（3）牵引故障机动车规定。

1）被牵引的机动车除驾驶人外不得载人，不得拖带挂车。

2）被牵引的机动车宽度不得大于牵引机动车的宽度。

3）使用软连接牵引装置时，牵引车与被牵引车之间的距离应为 4～10m（见图 1-97）。

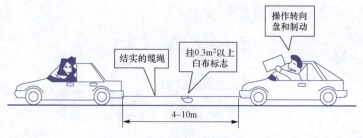

图 1-97　使用软连接牵引

4）对制动失效的被牵引车，应当使用硬连接牵引装置牵引。

5）牵引车和被牵引车均应当开启危险报警闪光灯（见图 1-98）。

图 1-98　开启危险报警闪光灯

6）转向或者照明、信号装置失效的故障机动车，应当使用专用清障车拖曳。

7）小型载客汽车只允许牵引旅居挂车或者总质量 700kg 以下的挂车，挂车内不得载人。

8）汽车吊车和轮式专用机械车不得牵引车辆。摩托车不得牵引车辆或者被其他车辆牵引。

特别提醒

（1）载货汽车、半挂牵引车、拖拉机只允许牵引 1 辆挂车。挂车的灯光信号、制动、连接、安全防护等装置应当符合国家标准。

（2）小型载客汽车只允许牵引旅居挂车或者总质量 700kg 以下的挂车。挂车不得载人。

（3）载货汽车所牵引挂车的载质量不得超过载货汽车本身的载质量。

大型、中型载客汽车，低速载货汽车，三轮汽车以及其他机动车不得牵引挂车。

扫码测一测
本章的内容你掌握了吗?

第二章

一般道路驾驶技巧

 第一节 一般通行规则

一、右侧通行原则

我国汽车实行的是右侧通行的原则（见图2-1），即机动车、非机动车实行右侧通行。一切在道路上行驶的车辆，除有特殊规定的车辆外，一律在中心线的右侧通行；机动车朝同一方向行驶时，按低速车置右侧行驶。

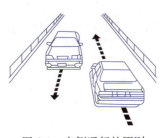

图2-1 右侧通行的原则

二、各行其道原则

各行其道原则是指车辆、行人按照道路的划分，在各自相应的道路部分内通行。通常情况下，以道路中心为基准依次向右排列，分别为机动车道、非机动车道、人行道（见图2-2）。

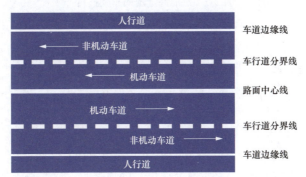

人行道	车道边缘线
非机动车道 ←	车行道分界线
机动车道 ←	路面中心线
机动车道 →	车行道分界线
非机动车道 →	车道边缘线
人行道	

图2-2 划分为机动车道、非机动车道、人行道

道路划分为机动车道、非机动车道和人行道的，机动车、非机动车、行人实行分道通行。没有划分机动车道、非机动车道和人行道的，机动车一般在道路居中偏右通行，非机动车紧靠道路右侧通行，行人在道路两侧通行。

在道路同方向画有 2 条以上机动车道的，左侧为快速车道，右侧为慢速车道。

在快速车道行驶的机动车应当按照快速车道规定的速度行驶，未达到快速车道规定的行驶速度的，应当在慢速车道行驶（见图2-3）。摩托车应当在最右侧车道行驶。

有交通标志标线明行驶速度的，按照标明的行驶速度行驶。慢速车道内的机动车超越前车时，可以借用快速车道行驶。

在道路同方向画有2条以上机动车道的，变更车道的机动车不得影响相关车道内行驶的机动车的正常行驶。

道路画设专用车道的，在专用车道内，只准许规定的车辆通行（见图2-4），其他车辆不得进入专用车道内行驶。

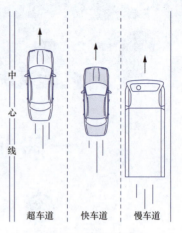

图2-3　各行其道

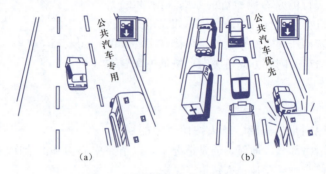

图2-4　只准许规定的车辆通行

特别提醒

　　机动车驶进、驶离非机动车道或有非机动车借用机动车道时，必须注意避让非机动车。

三、遵守交通信号原则

　　车辆、行人应当按照交通信号（见图2-5）通行，遇有交通警察现场指挥时，应当按照交通警察的指挥通行；在没有交通信号的道路上，应当在确保安全、畅通的原则下通行。

四、优先通行原则

　　先行权是在以本车道为首要条件，在道路共享的情况下，在本车道依法行驶的车辆或在人行道内依法规定通行的行人具有优先通行的权利，优先通行原则主要有：①直行车、右转弯车优先；②丁字路口右侧无路的直行车让放行车；③优先标志道路车优先；④大道路车优先；⑤右侧无来车优先；⑥执行任务的车优先（见图2-6）。

图2-5 按照交通信号通行

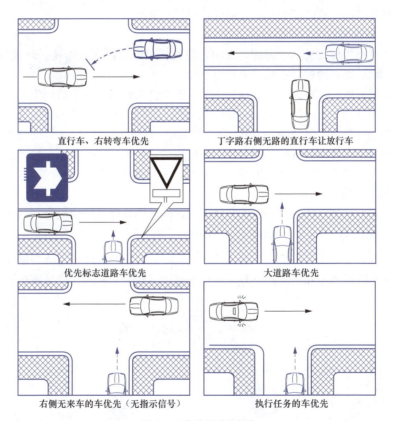

图2-6 优先通行原则

五、确保安全的原则

安全原则是全方位的，任何条件下均应确保安全。对于没有具体规定的，车辆及行人的通行，必须在确保安全的原则下通行。

第二节 道路交通动态情况的判断与处理

一、处理道路交通动态情况的一般要求、原则与方法

1. 道路交通情况处理的一般要求

（1）处理情况要有预见性。应当做到及时发现情况、预见性的分析判断和提前采取措施。采取措施要有提前量，尽量避免迫不得已时再去踩制动踏板、打方向。

（2）处理情况要有针对性和灵活性。处理情况时，必须根据不同的情况、地点和条件，采取不同的方法。

（3）处理情况注意连续。交通情况常常是连续出现，接踵而来的。必须注意不断地发现新情况、判断新情况，及时处理好后续情况。

2. 处理情况的一般原则和方法

（1）运用机件要灵活。处理情况时，应根据当时的距离、车速、环境等，运用方向、制动、加速踏板、喇叭灵活加以处理。

（2）先近后远。首先处理近处的情况，防止出现顾远不顾近的现象。

（3）先制动、方向后挡位。一旦发现对行车安全有影响的情况时，首先要放松加速踏板，适当运用制动减慢车速，同时掌握好方向，需要绕行时，应提前转动转向盘。当情况允许继续行驶时再变换合适的挡位，避免只顾换挡不顾制动、方向。

（4）先动态后静态。要集中精力，密切注意动态情况的状态及其趋势，及时对其加以判断和处理。

（5）先人后物。首先避开行人和骑车人，然后再处理其他情况。

二、行人动态情况的判断与处理

由于混合交通比较严重，交通情况比较复杂，行车时应注意正确判断道路情况，掌握各种车辆的动态和行人的特点，选择合适的行车方式和路线（见图2-7）。

图2-7 遇到行人的驾驶方法

（1）在道路上正常行走的人。遇到这种情况就不要鸣喇叭不止，可以正常行驶速度通过。

（2）行车中遇少年儿童和成人在道路上玩耍时，应提前减速，必要时应停车避让，不能用鸣喇叭的方法驱赶，待情况稳定、方向明确后，低速通过。儿童和成人在道路两侧时，应注意儿童的动向，预防其突然横穿公路奔向成人（见图2-8）。

图2-8　应注意儿童的动向，预防其突然横穿公路奔向成人

（3）老年人视力不足，听觉不灵，行动迟缓，常常不能正确估计车速和自己横过公路的速度，准备横穿时犹豫不决，有时行至中途看到左边有车开来时又突然退回。遇到老年行人时，应降低车速、鸣喇叭，等待老人或残疾人避让后，再缓行通过，并随时准备停车。

（4）女性在路上行走较为迟缓，喜欢成群结队，拖儿带女，预防突然跑向对面同伴，避免发生意外事故。

（5）行人突然遇到暴雨、雨、雪时，交通秩序容易混乱。汽车在行驶中要减速慢行，随时注意观察和掌握人为避风雨奔跑的动态。尤其是对撑雨伞和穿雨衣的行人更要注意，因为他们的视线和听觉均受到不同程度的影响，不能及时发现汽车（见图2-9）。

图2-9　特殊气候、季节时的行人

冬季因寒冷，行人戴棉（皮）帽且将帽耳放下，视线、听觉均受到影响。遇到以上情况，要鸣喇叭减速，注意行人动向，做好随时停车的准备，谨慎通过。

（6）外地行人动态的判断。外地行人多出现在车站和码头，而且携带行李，行动困难，再加之人地生疏、交通不熟，往往东张西望。在很远处看见汽车驶来，就急忙闪躲到道路的一边，但待汽车临近时，又觉得自己所处的地方不安全，以致惊慌失措，左、右徘徊，甚至会向道路对面跑去，从而发生事故。遇到这种类型的行人时，必须认真观察、提前减速，并设法使车辆在离他们较远处驶过。切勿在车辆接近时突然鸣喇叭警吓，以免对方盲目躲闪，造成事故。

特别提醒

人车混行道路的安全驾驶

（1）控制好车速，做好随时停车的准备。

（2）保持与前车的适当距离。

（3）注意非机动车道上的车辆和行人。

（4）在关注前方路况的同时，也要关注前方左右两侧的路况。

（5）做好随时停车、随时处理紧急情况的准备。

（6）道路拥堵导致车辆停在路中间时，驾驶人尤其要注意行人可能在车流中间穿行。一般当看到有很多行人穿行马路时，就应预料到可能会有更多人穿行，更要注意行人横穿马路时可能带来的安全隐患。

三、机动车动态情况的判断与处理

（1）小型汽车动态的判断。小型汽车轻便灵活，功率大，行驶速度快，加速性、制动性和操纵的稳定性都好，在会车或超车时应主动让车。微型汽车体积小、灵活性好，速度快，超车多，经常出入医院、车站、码头、公园等处。行驶中遇有此类车辆，应多观察其动态。若在交叉路口遇见时应预防其绕越；遇其超车时，若条件许可，应主动让路、让速、让超。

（2）公交车辆动态的判断。公共汽车体积大，载客多，起步慢，起步和停站的次数多；在早晚客流高峰时，公共汽车的速度较快；上下乘客时，车前车后急穿道路的行人较多；进出站时，非机动车辆绕越的也比较多。因此，在绕越停靠站的公共汽车时，应放宽横距，勤鸣喇叭，并严格注意非机动车和行人的动态，做好随时制动停车的准备。

（3）载货汽车动态的判断。普通载货汽车一般多装满载，平均车速较高，有的驾驶人喜欢抢行，见前车车速略慢就急欲超越。普通载货汽车一般都比较坚固，不怕小擦小碰，在人车混合的道路上，不少载货汽车往往居中行驶，有的甚至还借用对方的运行车道，在行驶中，如果遇有这类载货汽车时，应多注意观察其动态，并根据情况，采取相应的有效措施。此外，还要注意观察载货汽车的装货情况，看有无体积大的或突出的东西伸出车厢，防止擦剐。

平板车车身长，体积大，载重多，所载货物往往超高、超宽、超长，行驶时灵活性差，多走在道路中间，转弯角度大，借道现象普遍。在行驶中与平板车交会时，应提前礼让，并保持一定的安全横距，以防相擦。若遇到车速较慢的平板车或牵引车时，要耐心驾驶并与之保持较大的安全前距，跟随前进，最好不要并排行驶，以免发行意外。只有在确保安全的情况下，方可超车，切忌急躁，以免发生事故。

（4）军用车辆动态的判断。军用车辆任务急、速度快、驾驶风格较好，但新驾驶人较多，行车经验缺乏，特别是在进入市区后，对道路不太熟悉，经常会突然改变行驶路线。行驶中遇有军用车辆时，应主动礼让，驶近路口时，应密切注意其行驶方向，并与之保持较大的前距，以保证行车安全。

（5）摩托车动态的判断。摩托车速度快、稳定性差，具有自行车和机动车的双重特点。驾驶摩托车的多数是年轻人，其中还有一些人没有经过严格的技术训练，对交通规则也一知半解，再加上摩托车的速度快、声音小，不知不觉就会来到行人或车辆的跟前，因此，对行车安全构成了很大的威胁。汽车驾驶人在驾车过程中，必须对摩托车给予高度重视，密切观察其动态，保持足够的前距和横距。遇到他们还是避远点好，以确保行车安全。

特别提醒

多车道行车注意事项

（1）保持与前车的距离，控制好车速，防止追尾事故的发生。

（2）变更车道时，一定仔细认真观察，坚持"打转向灯，看后视镜，再并线"的操作顺序并线。

（3）不能连续变更车道，这是因为在车身有一定角度时，通过后视镜是看不到后方车辆的。

（4）尽量不要跟在重型货车、大型客车等大型车的后面，因为大型车会遮挡驾驶人的视线，使其不易发现前方的情况。

四、非机动车动态情况的判断与处理

（1）自行车和电动自行车动态的判断。一般来说，老年人比较稳重，车速较慢；年轻人则比较冒失，车速也快；女性则比较谨慎，处理情况比较犹豫，而年轻女性则两者兼有。

1）正常骑车者。正常的骑自行车者，听到汽车声应有明显的避让表示。对于已经让路的自行车不要鸣号不止，但需照顾骑行情况，通过时尽可能保持较大的侧向距离。

2）不正常骑车者。有些人自认为骑车技术熟练，与汽车竞驶或争道抢行。遇此情况，切不可急躁抢行，应主动减速鸣号，选择路线谨慎行驶。

3）骑车技术不熟练者。骑车技术不熟练者，本来就容易跌倒，听到喇叭声或看

到汽车临近更是惊慌失措，欲下不能，左右摇晃。遇此情况，应减速行驶，不可靠近，并随时做好停车准备。

4）还有些骑车者载重带人，遇到道路高低不平或乘坐者突然跳车而意外失稳跌倒。行车中要注意此种情况的突然出现。

（2）遇人力车时。人力车行进比较缓慢，避让也不灵活、及时，特别是重车上坡或通过坑洼路段时更是费力缓慢。因此，遇到人力车要提前鸣号警告，要是遇到装载长料物资的人力车时，要估计到在车辕拉向路边的同时，车尾部而会扫向路中，而造成碰撞的危险。在人力车下陡坡和窄路地段，应提前减速避让，待人力车过去后再通过。

（3）遇到畜力车、牲畜时。畜力车速度慢，牲畜听到异响容易受到惊吓，难控制。因此，遇到畜力车时，应在较远处鸣号，以告诉赶、骑牲畜的人，及早稳住牲畜，做好必要的准备，避免汽车临近时牲畜乱跑。特别在山区、乡村的牲畜往往害怕汽车，若发现牲畜两耳直立，行走犹豫，则应降低速度，做好停车准备。在转弯或超越畜力车时，应给畜力车留有足够的路面，防止畜力车摆动或停不住而发生碰剐。

特别提醒

摩托车、电动自行车、非机动人、行人在与机动车发生碰撞时更容易受到伤害。在道路上违反交通法规的行为较多。非机动车和行人的危险举动主要有不遵守信号灯，在视线受阻的交叉路口或小路口等不减速或不进行安全确认直接莽撞冲出，喜欢在车流空当外钻来钻去，在机动车道行驶且行驶中突然改变方向。自行车大多在夜间没有反光标识，不容易被识别，喜欢并排骑行，稳定性差容易摇晃甚至跌倒，遇到特殊天气时会着急赶路而顾此失彼，雨衣、雨伞等装备影响视听，行人和骑车人有时因边听音乐边赶路而忽视了机动车。

 第三节　路面的选择、车速控制、跟车与变更车道

一、路面的选择

在汽车行驶过程中，应根据路面及道路上的各种动态、障碍物等情况，合理地选择行驶路线，尽可能地保持直线匀速行驶，应尽量避免颠簸、偏重的路面，以减少汽车机件磨损和燃料消耗，减轻驾驶人的疲劳，确保行车安全。

（1）没有划分机动车道的道路。在没有划分机动车道的道路上机动车应在道路中间行驶。在超车、会车时，应按规定让有通行权的车辆先行，对面有来车，须让出中心线靠右侧道路行驶，并注意右前方非机动车和行人的安全。

（2）划有分道线的道路。在划有大型和小型机动车道的道路上，小型客车在小型机动车道内行驶，其他机动车在大型机动车道内行驶；变更车道时，要提前打开转向指示灯，确认安全后方准变更行驶车道，变更车道后应及时关闭转向灯。

如果道路同方向划有 2 条以上机动车道的，则左侧为快速车道，右侧为慢速车道。变更车道的机动车不得影响相关车道内机动车的正常行驶。慢速车道内的机动车超越前车时，可以借用快速车道行驶。无特殊需要，尽量减少变更车道的次数。

（3）遇到凹凸不平的路面，尽量避开凹坑、凸起物、尖石、异物等，视有无来车、坑、物的大小等情况，采取绕行、低速单轮下坑、低速双轮下坑等方法平顺通过。不能车到坑前突然转动转向盘避让，以防发生侧滑、侧翻和对其他车辆造成危险。减速应提前，避免在下坑时使用紧急制动，防止载荷前移，损坏机件。通过连续凹凸不平路面或"搓板"路时，要适当降低车速，稳住油门，匀速行驶。

（4）行驶中遇有会车或让超车等情况，应主动减速，并靠道路右侧行驶，过后再驶入道路中间行驶。长时间偏向道路一侧行驶，将会加重一侧轮胎、钢板弹簧、车架等机构的负荷，造成不均衡的磨损或损坏。

特别提醒

所谓合适的路面位置，就是尽量远离车流，争取在开阔地带独自行驶。车辆周围越空旷就越安全，万一发生紧急情况时避险逃生的机会就越大。

二、车速与车距控制

1. 车速控制

速度选择要根据车型、环境、交通和气候条件，以及驾驶人的技术水平、生理、心理等因素来确定。一般地讲，只要在道路条件下，车辆状况和环境条件允许下，在不违反交通法规规定的情况下，应尽可能选用高速挡，以充分发挥车辆的机动性。

（1）汽车在设有中心双实线、中心分隔带、机动车与非机动车分隔设施的城市道路上，应在交通法规规定的最高限速范围内行驶（见图 2-10）。

图 2-10　最高限速行驶

（2）在城市其他道路上行驶，应按照限速规定行驶（见图 2-11）。

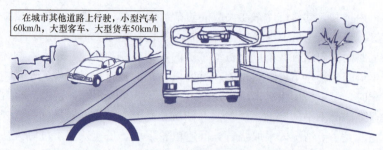

图 2-11　限速行驶

（3）汽车在设有中心双实线、中心分隔带、机动车与非机动车分隔设施的公路上行驶，最高时速不得超过交通法规的限速规定（见图 2-12）。

图 2-12　交通法规限速

（4）在其他道路上行驶，也不得超过最高限速规定。其他道路上行驶，小型汽车 70km/h，大型客车、大型货车 60km/h。

（5）在良好的道路上，通常以高挡位保持经济车速行驶，经济车速一般是厂定最高时速的 40%～60%。对于初学的驾驶人来说，行驶速度不宜超过 35km/h。车速过高，会造成视野变窄、操作难度增大，使经济性变差，易发生交通事故；车速过低，则会降低运输效率，增加运输成本。

（6）汽车在行驶中需要减速时，应适当松抬或完全松抬加速踏板，利用发动机的牵阻制动逐渐降低车速；不能达到减速要求，则可辅以行车制动器来达到减速的目的。加速时必须根据情况直接加速，或减一级挡位后加速，以保证发动机有足够的动力；小范围内调整车速，只需适当踏下或松抬加速踏板即可。

特别提醒

行车遇下列情况之一，最高车速不准超过 30km/h。

（1）通过胡同（里巷）、铁路道口、急弯路、窄路、窄桥、隧道时。

（2）掉头、转弯、下陡坡时。

（3）遇风、雨、雪、雾天能见度在 30m 以内时。

（4）在冰雪、泥泞的道路上行驶时。

（5）喇叭、刮水器发生故障时。

（6）牵引发生故障的机动车时。

（7）进出非机动车道时。

2. 车距的控制

行驶车辆与前车、左车（物）、右车（物）之间的距离，称为行驶间距（见图 2-13）。其中，与前车的行驶间距叫纵向间距；会车时与左车（物）的距离、超车时与右车（物）的距离称为横向距离，也称横向间距。如果行车间距过小，就可能导致撞车、剐碰其他车辆或物体、行人的事故。

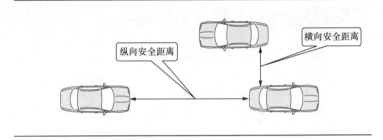

图 2-13　汽车行驶间距

（1）纵向行车间距。判断跟车车距是否合适的方法主要有以下 3 种。

1）车距简易控制法。安全车距简易控制法就是在路面状况良好的情况下，可以用速度表上当时速度的读数减去 15 后所得的数字来控制距离。如：

40km/h　　　40－15＝25m 以上。

60km/h　　　60－15＝45m 以上。

2）时间简易控制法。即保持自己车到达前方车需要 2～3s 时间的方法。在前方路边选一静止物，如标志牌、停止的汽车等，当前车达到这一位置时，后车驾驶人开始默念"一秒钟、两秒钟、三秒钟"，如果念完时自己的车刚好到达（或尚未到达）这一位置时，说明与前车之间的距离是合适的；如果未念完车就驶过了这一位置，那就是跟车距离太近了，应该减慢车速，加大车距。

3）车速简易控制法。在通常情况下，当时车辆的行车速度的千米数（距离）就相当于最小跟车距离（见图 2-14）。如以 60km/h 速度行驶，两车的距离至少应保持 60m。

（2）横向行车间隔。车辆横向间距大小与顺行、并行、会车、超车等安全操作有着直接影响。同方向行驶车辆之间的横向间距要偏大一些，相对方向行驶的车辆横向间距相对要偏小一些。一般车速在 40～50km/h，同向行驶车辆的横向最小安全距离为 1.0～1.4m；对向行驶车辆的横向最小安全距离为 1.2～1.4m；汽车与人行道间距离应为 0.5～0.8m。不同车速下的横向最小安全距离和车辆至路边的最小距离见表 2-1。

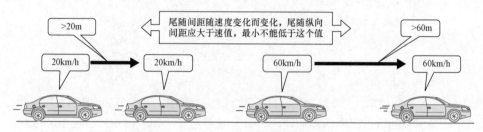

图 2-14 尾随车辆的间距

表 2-1 不同车速横向最小安全间距和车辆至路边的最小距离

两车相同车速/(km/h)	横向最小安全间距/m	车轮至路边的最小距离/m
20	0.5	0.5
30	0.57	0.6
40	0.64	0.7
50	0.69	0.8
60	0.74	0.9
70	0.79	1.0
80	0.84	1.1
90	0.89	1.2
100	0.94	1.3

三、安全跟车与变更车道

1. 安全跟车

跟车最重要的是把握好与前车的距离，距离不能太远也不能过近，无论在什么条件下跟车行驶，必须保持当前车突然紧急制动时，后车随之制动而不与前车相撞的停车距离。

（1）安全跟车的方法。

1）保持足够的安全距离（见图 2-15）。在汽车运行中，跟随车辆行驶必须保持一定的安全距离，而且要根据车速、环境的变化及时加以调整：在城市街道上驾驶汽车，车速较慢时，跟车距离可小一些；在高等级公路、高速公路上行驶，

图 2-15 保持足够的安全距离

车速快，跟车距离必须增大。不同车速下的跟车距离见表 2-2。

表 2-2　　　　　　　　　　　不同车速下的跟车距离

车速/(km/h)	跟车距离/m	车速/(km/h)	跟车距离/m
慢行	5	70	65
20	10	80	80
30	15	90	95
40	25	100	>100
50	35	>100	大于车速数值
60	50		

注　上述数值仅供一般道路条件下驾驶参考，特殊道路和特殊天气条件行车时要适当加大跟车距离。

2）控制好车速。行驶速度必须与前车相适应，通常以加速踏板控制为主，加速踏板使用要平稳，发现车距过近，稍松一点加速踏板，车距过大稍深踩加速踏板即可。要逐渐改变车距，避免出现车速忽快忽慢的现象。

3）观察情况要全面。在跟随车辆行驶时，视线被前车所阻挡，视距缩短，视野变窄，视点容易集中在前车的尾部，对其他的交通情况难以及时发现，影响行车安全。因此，行驶中观察情况要灵活，既要掌握前车的动态，也要注意及时发现前车之前的交通情况，以增加处理情况的主动性。

4）随时准备减速或停车。每一辆车都要与车流或车队保持一致，跟车时前车随时都有减速或停车的可能，尾随车辆必须提高警惕，随时准备减速或停车；前车的制动灯突然闪亮时，必须及时松开加速踏板，并根据前车的情况运用制动果断采取措施。

5）当前车因处理交通情况停车时，尾随车辆要依次停放，不得随意超越，以免造成交通堵塞。如果前车是因故障或其他原因靠边停车，可提前开左转向灯，鸣喇叭超越前车。

6）跟车行驶由于注意力集中，容易造成驾驶疲劳，途中要适时休息恢复精力，以保证安全。

特别提醒

（1）尾随行车不要与前车正对跟进，应当将车身向左错开行驶，以能看到前车前方部分交通情况为宜（见图 2-16）。

图 2-16　车身向左错开

（2）跟车时不仅要注意前车制动灯，还应注意前面隔一辆车的制动灯。前面隔一辆车的制动灯一亮，前车也要进行制动，随时可以停车。所以这时应该将脚离开加速踏板，随时准备踩踏制动踏板。

（3）从后视镜得知跟行车跟得过近时，应采取轻点制动踏板的方法对其进行提醒。

（4）在跟随前车行进中，尽量避免使用紧急制动，以防后面的其他尾随车辆因避让不及造成事故。

如果自己的车需要紧急制动时，应想到会不会对跟行车造成影响。踩下制动踏板的右脚，在还未用力时迅速抬高一下，随之再用力踏下，如此操作会使制动灯两次闪亮后车速才开始骤减，给跟行车提供准备的时间。

（2）安全跟车的技巧。

1）小车跟随大型汽车行驶。因为看不见前面的交通情况，所以要保持较大的车间距离（见图2-17）。在通过交叉路口时，大型汽车的高度往往会挡住前方的交通信号灯。如果前方大型车辆进入路口时已经是绿灯灯尾或黄灯亮起的阶段，那么直接跟随大型车辆通过交叉路口的车辆就很有可能闯了红灯。可适当靠近车行道左侧边界线行驶，以便观察前面的交通情况。在繁华路段车速较低时，行驶间距也不能太小，至少应保持能看清前车的各种信号与岔路口的指挥灯信号。

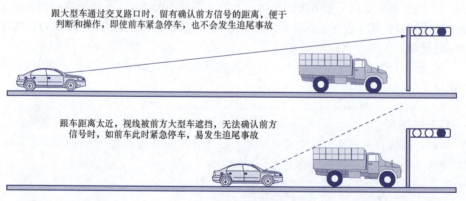

图2-17　小型车跟大型车行驶

2）大型车辆尾随小型车辆。大型车驾驶室较高，视线较好和便于观察，可随时采取预见性措施，比较安全。但是，大型车辆（尤其载重时）与前车必须保持足够的安全间距，避免因前车紧急制动、后车尾随过近、措施不及而发生碰撞（见图2-18）。

3）极低车速尾随。车速极低的情况下，尾随距离可适当缩短，一般以双眼能看到前车后轮着地位置为合理极限间距。此时两车间距5～8m。前车的驾驶人应随时注意观察尾随车辆的动态，尽量避免紧急制动，防止尾随车辆因制动不及时造成危险（见图 2-19）。

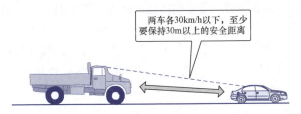

图 2-18　大型车辆尾随小型车辆

图 2-19　极低车速的跟车车距

4）跟随出租车。尽量不要从出租车右侧超车，以防出租车未打开变更车道的右转向灯，突然驶向右变更车道。可有意拉大与出租车的跟行距离，并密切注意其行驶动态。可以超越时，从左侧超越，超越时要给足信号，等待其做出让超表示后再超车。超越出租车或与出租车会车时，应有意拉大两车间的横向间距，并做好制动停车准备。

5）跟随外地车辆。尽量不要跟随外地车牌的车辆，因为前方的车辆为外地车牌，应注意到前方城市快速路的匝道出口和外地车辆。外地车辆驾驶人很可能对路线不熟悉，会随时停车查询路线，有时会在发现临近高速公路或城市快速路匝道入口时，突然减速、变更车道而驶入匝道，或在城市快速路上快到出口时突然减速、变更车道而驶出匝道。同时，外地车辆驾驶人因为长时间驾车，容易因疲劳而忽略路边的各种提示信息，加大了交通事故的风险。

6）不宜跟随贴有实习标识的车辆行驶。当驾驶机动车跟随贴有实习标识的车辆行驶时，应注意新手开车上路可能既不熟悉车况和操作，也不熟悉路况，非常容易发生危险。

特别提醒

　　如果前车驾驶人是新手，就不要故意鸣笛催促，因为催促可能会使新手驾驶人更加紧张，容易导致操作失误；更不要故意从其车前较近位置并线进去，以防其因惊吓突然转动转向盘撞上其他车辆或导致车辆熄火。遇见新手驾驶人最好的处置方式是不要鸣笛催促，跟在其后方并与其保持足够大的距离，在条件允许时并线到其他车道，超车完毕返回原车道时也要保证其前方有足够的安全距离。

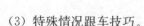

(3) 特殊情况跟车技巧。

1) 雾中跟行。要掌握好与前车间的纵向距离。雾中跟行会使观察范围缩小，注意点更加明确。因有前车引领，提供参照，不用担心会驶下路缘。

2) 夜间跟行。夜间跟行不宜开启远光灯，否则前车会因后视镜反光影响驾驶。

3) 雨雪天跟行。应加大纵向间距，否则前车甩起的污泥浊水会扑到前窗玻璃上。因路面湿滑，制动距离延长，如果跟行纵距太近，容易发生追尾事故。

4) 沙石、搓板路面跟行。因制动距离延长、沙尘阻挡视线，所以必须加大与前车之间的纵向距离。其距离应根据扬尘情况而定，跟行车应避在扬尘区以外。

5) 上坡路跟行。汽车上坡路车速较慢，可适当缩短跟行距离，如前车或快或慢时，自车可选一个较低挡位，匀速跟进。但在前车停车时，则应拉大与前车的距离，以防前车起步时后溜。

6) 下坡路跟行。应适当延长两车前后间的距离。因下坡时车身质量会形成一种向下的推力，加快行驶速度，使制动距离延长。如果跟行纵距太近，前车紧急制动时，很容易造成追尾事故。

特别提醒

跟车注意事项

(1) 跟车时，驾驶人要精力集中，时刻注意前车动向，无认前车在哪种情况下停车，都应从容应付，将自己所驾车辆安全、及时地停下来。

(2) 跟车时，应保持适当的车间距离。若车距过小，则视角变小，视线不良，盲区增大，且前车紧急制动时易发生追尾事故；若车距过大，则很容易被后边的车辆超越而"插队"，自己的车便会"掉队"，跟不上前车。如果所有车辆跟车距离都过大，会影响道路交通流量，特别在城区行驶时这点更为突出。

(3) 在遇转弯或前车超车时，要注意观察、判断，以防突发情况到来时措手不及。

(4) 在上坡路段行车或过立交桥时，遇到行车缓慢时走时停的情况，一定要留出跟车距离，以防前车起步时后退。特别是那些超载的大货车，最好不要跟在它后面，而且要留出比正常距离长的空间，以在其后溜时有充足的处理空间。

(5) 遇到雪、雨、雾天和路面结冰时的跟车距离应为一般情况下的 2.5～4 倍。在坡道、冰雪路面上行驶时，一般要延长 1.5～3 倍才比较安全。

(6) 警惕跟随车辆的异常状态。驾驶人正驾车行驶在城市道路上，当发现前方的车辆不时会在车道内出现左右摇摆的情况时，应意识到前方是一辆行驶状态异常的车辆，驾驶人可能处在酒精麻痹、疲劳驾驶、甚至毒驾等状态，对紧急情况可能不会做出有效的避险操作，甚至察觉不到危险状况。此时，驾驶人应密切注意前车动态，与前车保持足够的安全空间，不要进入前车的危险范围内。即使前车毫无征兆地发生事故，驾驶人也能在自己留出的安全空间内从容应对。

2. 变更车道

（1）变更车道的方法。

1）变更车道前，要通过内、外后视镜观察后方道路交通情况。

2）正确使用转向灯，如向左侧变更车道时，就应将左转向指示灯接通（见图2-20）；如向右侧变更车道时，就应将右转向指示灯接通，提示其他车辆注意。在开转向灯 3s 后转动转向盘。

3）变更车道时，应正确判断车辆安全距离，控制行驶速度，不得妨碍其他车辆正常行驶。

4）变更车道时，不允许连续变更两条以上车道（见图2-21），也不允许长时间骑轧车道分界线、骑轧车道中心实线或者车道边缘实线。

5）变更车道完毕后，关闭转向灯。

（2）变更车道的技巧。

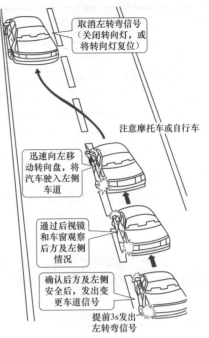

图 2-20　正确使用转向灯

1）交叉路口变更车道。提前观察道路交通标志和路面标线，根据需要行驶的方向选择行驶车道，按导向箭头方向在进入实线区前按导向箭头方向选择转弯、直行的车道；在进入导向车道前变更车道时，应提前打开转向灯，注意观察后视镜，确认安全后，变更车道。不得在进入导向车道后变更车道（见图2-22）。

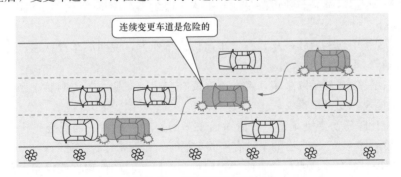

图 2-21　不要连续变更车道

2）左转、右转变换车道。左转时，注意左后方的车辆的速度和距离，通过内外后视镜观察左后方汽车的距离，判断是加速变换车道还是减速变换车道。确认安全后变换道路，必要时要转头直接看后视镜盲区部位。

右转时，要充分利用内外后视镜和眼睛直接观察确认右后方的安全后，再向右侧转弯。

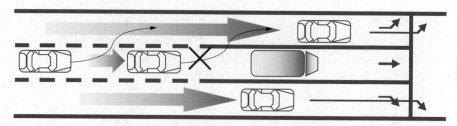

图 2-22　不得在进入导向车道后变更车道

特别提醒

　　右转时有将自行车卷入的危险可能，要十分注意自行车的行驶。向右侧变换道路时，要充分利用向外后视镜和眼睛直接观察确认右后方的安全。

　　3）汇入车流时变更车道。汇入车流前，应先通过后视镜观察左、后方正常行驶的车辆。汇入车流时，应注意选择汇入时机，在不影响其他车辆正常行驶的情况下安全汇入。

　　a. 汇入车流的车距选择。汇入车流前，应注意车流动态，适当减速，选择好汇入时机，不要影响其他车辆行驶。

　　b. 汇入车流的车距选择。当车跟在大型车辆后面行驶时，视线易被大型车遮挡，不易看清前面的交通情况，所以要注意保持较大的安全距离。驾驶人可采取"偏左侧错位"行驶的方法，以便观察前面的交通情况，选择适当的车距。

　　c. 变更车道前，对后续来车的反应与确认：车流量大的路段变更车道，要注意观察后续来车，后续来车速度降低时，汇入；后续来车速度不降低，不能汇入。判断方法如下：

　　从后视镜中观察后续来车，感觉车速快或车变大，说明后车没减速，此时应减速让其先行，不得汇入。

　　从后视镜中观察后续来车，感觉速度没有变化或车变小，说明后车已减速，此时应尽快提速，变更车道。

　　4）避让障碍物变更车道。看清对面来车的速度和距离，判断是先行还是等待（降低速度或停车）。在自己的车道有停放车辆时，对面来车优先通行。

　　a. 如果对面来车离自己前方障碍物较近时，应及时降低速度或停车，让对面来车优先通行。

　　b. 若对面来车离自己前方障碍物较远时，要提前变更车道通过，不得在临近障碍物时突然转向绕行。

　　在自己的车道有停放车辆时，对面来车优先通行；在单向二车道的道路上，首先看清后续车的速度和距离，然后判断是先行还是等待。防止相邻的车道有来车阻滞变道而造成制动停车或强行变更车道，发生碰撞事故。

特别提醒

变换车道应注意事项

（1）雨雪天尽量不要变更车道，在弯道上更不要变更车道。

（2）变更车道时留意平行车辆给别人留出时间（见图2-23）。城市交叉路口通常会设置导向车道，要求车辆在驶近交叉路口之前，根据自己的行驶方向选择对应车道。变更车道前，除了要观察待驶入车道内的车流状况，还应考虑到其他车道内是否也有车辆计划变更车道。如果碰巧两辆车都准备变更到同一车道内，且彼此都没有考虑其他车道的情况，那么就很容易发生剐蹭事故。

图 2-23　变道时给别人留出时间

第四节　汽车会车、超车与让超车

一、汽车会车

汽车会车前，应观察对面来车及道路和交通情况，适当选择会车地点。会车时应选择道路较宽处，当道路宽度受限时，应选择双方右前方均无障碍处会车。适当降低车速，把稳转向盘，同时保持两车间留足够的侧向距离。会车时应遵守交通法规，本着"礼让三先"（先让、先慢、先停）的原则，各自靠道路右侧通过或停车避让。会车后视情况逐渐驶回原路线正常行驶。

汽车交会时，行驶路线应确保与对方来车有足够的侧向距离，右轮应在坚硬路面上，并不剐碰右侧其他物体。

（1）在一般的双车道公路上，车辆交会路面较宽，可适当加大横向间距，不降速交会。交会后，注意从后视镜中观察确定无车辆超越时，再缓缓驶入道路中心。

（2）如果来车速度较慢或离障碍物较远时，应果断加速超越障碍物后，驶入右侧；也可根据需要适当降低车速，在超越障碍物前与来车交会。

（3）在两车之间出现障碍物时，应让距离较近、车速较快、前方无障碍的一方先通过，不得抢行（见图2-24）。

（4）若障碍物在来车前方。应注意观察对方的动向。当对方车辆强行超越或打开左转向灯示意时，应立即减速或停车让行，切不可抢行造成"三点并排交会"，如图2-24所示。

特别是在道路不太宽而障碍物却又较大的地方，若不是障碍物而是自行车、行人的话，则更加危险。

（5）在狭窄坡道上会车时，下坡车应当让上坡车先行。如果下坡车已行至中途而上坡车还未上坡时，则下坡车先行。在狭窄的山路上会车时，离山体较远的一方车辆先行（见图2-25）。

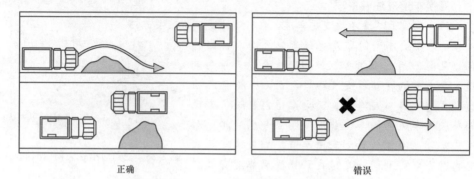

正确　　　　　　　　　　　错误

图 2-24　超越障碍物前与来车交会

不靠山体的车可以优先通行

靠山体的一方的车，靠向路边让行

图 2-25　离山体较远的一方车辆先行

特别提醒

（1）防止会车时撞到行人。会车时很容易撞到横穿道路的行人。

（2）防止会车时与尾随车相撞。会车时与来车的尾随汽车相撞的原因多是未判断对方来车数量，与前车交会后立即驶向路中或急速通过障碍。

（3）夜间会车时，除了减速靠边，还要特别注意行人，因为晚上视线不好，对于来车能注意到，但是路边的行人往往处于驾驶人视线盲区，因此要仔细看好车后的行人和非机动等。

二、汽车超车

（1）超车的方法（见图2-26）。汽车超车前要注意观察前方交通情况、交通标志和标线，并通过内、外后视镜观察后方和左侧交通情况。正确判断前车车速，选择平直宽阔、视线良好、左右均无障碍且前方路段150m范围内没有来车的路段超车。

确认可以超车后，开启左转向灯，发出超车信号，示意被超车辆。离前车 20~30m
处鸣喇叭（如在不准鸣喇叭的城市和夜间可连续开闭前照灯示意）通知前车。在确
认前车让超后，与被超车保持一定横向安全距离，从左边超越。待前车让行后，与
被超越车辆保持安全距离从左侧超越。超越前车后，应继续沿超车道行驶，在超过
被超车 20~30m 后，打开右转向灯，再驶入正常的行驶路线。严禁超后立即向右
（左）变更车道。

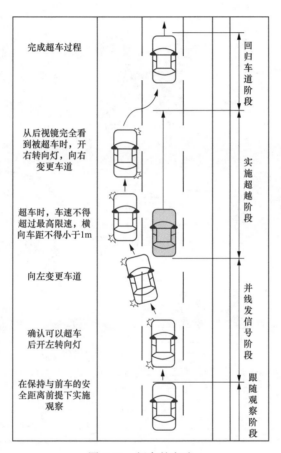

图 2-26　超车的方法

超车失败时，应立即减速，同时打开右转向灯，做好变更车道准备。车速降低后，
观察被超车与后方道路交通情况，适当转动转向盘向右变更车道，正常行驶后关闭转
向灯。

（2）遇有以下情况坚决不超车（见图 2-27）。

1）前方路况复杂，自己发出超车信号后，前车没有做出让超表示时。

2）对前车前方路况不明，对前车去向无法判断时。

3）前方正在左转弯、掉头、超车时。

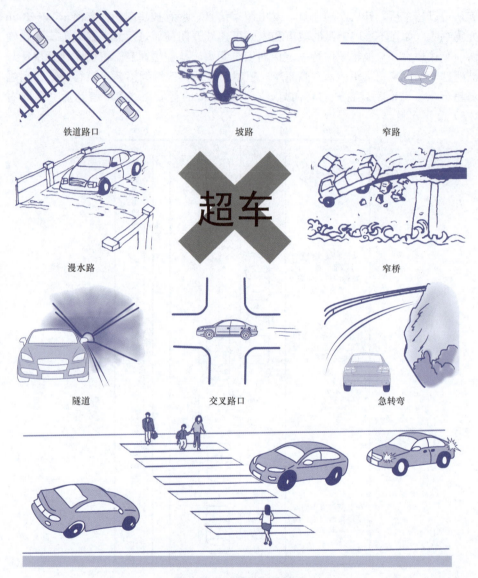

图 2-27　不能超车的情况

4）前方道路右侧有岔路口，应防在超越的同时，岔路上有汽车或自行车驶来，迫使被超越汽车向道路左侧避让，导致与被超越汽车相撞。

5）前有弯道、坡顶或拱桥顶端时。

6）前方路左或路右有停放的汽车，但无法判断停放汽车是否会起步驶向路中，且又无法知晓停放汽车的背后有无人、车突然驶出时。

7）超车过程中与对面来车有会车可能时。

8）前车正在进行超车时。

9）行经交叉路口、人行横道、漫水路、漫水桥时。

10）通过胡同（小巷）、铁路道路、急弯路、窄路、窄桥、隧道时。

11）前方道路有通往乡村的岔路、小道，但无法判断从这些岔路小道有无正在驶出路口的汽车时。

12）下长坡或下陡坡时两车速度接近，超车用时过长时。

13）遇风、雨、雾天等恶劣气候，能见度在 30m 以内时。

特别提醒

（1）绝对不可以从右侧超车。所谓右侧超车，是指同一车道的后车，并到右侧车道，超越前车后，再并回原车道（见图 2-28）。右侧超车是违法行为，也是十分危险的行为，极容易造成交通事故。

图 2-28　右侧超车

有一些情况比较容易与右侧超车混淆，比如以下几种行为。

1）车辆一直在自己的车道行驶，超过了其他车道前面的车辆（见图 2-29）。由于车辆未变道，仍在自己的车道行驶，没有变道超车的动作，故不属于右侧超车。

图 2-29　在自己车道超过其他车道前面的车辆

2）在右侧车道行驶，变道超越了左侧行驶的车辆后，沿左侧车道行驶（见图 2-30）。由于车辆未回到原来的右侧车道，故也不属于右侧超车。

图 2-30　变道超越左侧行驶的车辆后沿左侧车道行驶

3）在同一车道行驶，变道行驶到右侧车道，超过前车后，并未回到原来的左侧车道（见图 2-31）。这种情况同样不属于右侧超车。

图 2-31　超过前车后在右侧车道继续行驶

上述几种行为，虽然都不属于右侧超车，但是还是要提醒大家，不要随意超车，尤其是高速路上和上下班高峰期，可能会造成拥堵，甚至发生剐蹭事故。

（2）在超越中，如发现道路左侧有障碍物或因横向间距小而有刮擦可能时，要慎用紧急制动，以免车辆侧滑发生碰撞。应该使车辆尽快减速，稳住方向，让两车在最短的时间内分离，待有机会时再超。

（3）有时，前车靠右不是为后车让路，而是为躲避路中间的障碍或坑洼，或者是要与对面来车交会，这时若冒险超车，就会发生危险。

（4）预防停驶车辆突然开车门。在超越停驶车辆时，一定要预留出车辆开门的横向间距。特别是一些贴有太阳膜的小型汽车，看不到车内人员时，若横向间距有限只能低速通过。

（5）严防右边超车。超车要靠左边，有些驾驶人行路心急，左边没有条件超越，见右边有机可乘，便抱侥幸心理超越，这是十分危险的行为。

三、让超车

让同方向行驶的车辆超越的过程为让超车。汽车在行驶中，应该看后面有无车辆尾随，如发现有车要求超越，则根据道路、交通情况来估计是否允许让后车超越，做到礼让、平稳、安全（见图2-32）。

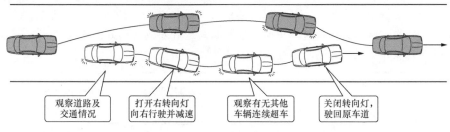

| 观察道路及交通情况 | 打开右转向灯向右行驶并减速 | 观察有无其他车辆连续超车 | 关闭转向灯，驶回原车道 |

图 2-32　让超车全过程

（1）行车中发现后车发出超车信号后，应根据道路、交通情况来决定是否减速让路。如果前方的道路的交通情况具备让车条件，应及时打开右转向灯，应主动选择合适路段减速靠右行，必要时用手势或开右转向灯示意让后车顺利超越。千万不要故意不让车，甚至在被超越时故意加速等。

（2）后车超越后，应注意观察后视镜，确认后方无其他车辆超车时，开启左转向灯逐渐驶回正常的行驶路线，然后关闭转向灯，向前行驶。

（3）让车时的注意事项：

1）让超车必须让路并让速。

2）让超车后，必须确认后方无其他车辆跟随超越后，再驶入正常行驶路线。特别要防止超车时因前方情况变化，而在超越后突然向右侧挤靠情况的发生。

3）让车过程中，不得进行任何形式的超越，不得突然向左侧变更行进路线。遇有突然情况，如出现障碍物等，只能制动减速或者停车，待后车超越后再绕行。

4）返回要适时。后车超越后，应通过后视镜仔细观察有无连续超越的车辆，待看清无连续超越的车辆后才能回转方向进入正常行驶路线，若立即向左回转方向，则有可能与后面连续超越的车辆相碰。

特别提醒

（1）不可一遇有车超车马上就让车，如果汽车行驶在道路条件和交通情况不允许的时候，不要勉强让超。应另选择合适的路段让车。在确保本车安全的前提下才能让车。

（2）缩短并行时间。后车在超越过程中，如因动力不足或前方突然出现情况，使两车长时间并行时，应主动减速，给对方超越创造条件，尽量缩短两车并行时间。

（3）让车不当的表现。

1）让车不主动。当发现后车超越信号时，长时间不让车，这会引起后车驾驶人的不满、反感和急躁，遇到性急的驾驶人，采取强行超车的行动就会导致事故发生。

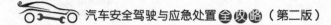

2）让车不坚决。让车应果断，不可犹豫不决，有的驾驶人在发现后车超越的信号后，既感到让车时机不好，但又做出了让车的行动，待后车准备超车时，又决定不让车，将车又驶回道路中间，给超越车造成威胁（见图2-33），这样的情况如果是在双车道上就容易出事故。

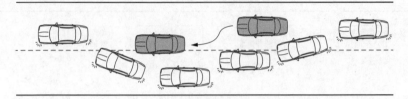

图 2-33　让车不当

扫码测一测
本章的内容你掌握了吗？

第三章

城 市 道 路 驾 驶

一、一般道路驾驶

在城市道路上驾驶一定要精力充沛，思想高度集中，耐心谨慎，沉着机警。应熟悉道路情况，掌握各种路线的行驶要求。在快速路行驶，车速高，要保持合适的行车间距；在其他干路行驶，应随时预防行人、自行车横穿道路，因而汽车的行驶速度不能过高，以免发生交通事故。要随时随地控制好车速，做好制动或停车的准备，以防出现突然情况，而发生意外事故。

（1）各行其道。在城市道路上，车辆应按"各行其道"的原则行驶，不可争道、不可越道抢行。在没有设分道线的街道上，如对面无来车，则保持在路的中间行驶。当车行至繁华街道以及街巷、里弄路口时，必须减速行驶，以防车辆行人突然横穿道路。若遇自行车争道抢行或有汽车竞驶，驾驶人应耐心让路，并适当加大与自行车或汽车的横向间距，以免发生事故。

（2）行车时，驾驶人要善于观察。既要注意十字路口的车道分道线的指示牌，确定自己行车、停车的车道，同时要注意路旁的警告、指示标志，观察路面分道线和路面情况，环顾左右车辆的动态情况，还必须观察前方车辆、行人的距离和动态变化，通过后视镜观察后面车辆的动态距离等。只有这样，才能行驶自如，确保安全自行车。

（3）行车时，驾驶时要善于变道。切不可临近十字路口才选择车道变换。应该在距红绿灯200m外时要有意识地观察上方的车道指示牌，然后打开转向灯，再从后视镜中观察后面来车的距离、动态，在确保安全的前提下，采取斜线变换车道。要杜绝想转就转、急打方向或开转向灯与打方向同时进行的危险动作。

在车流量大的路段尽量不要变更车道。

（4）跟车驾驶时，驾驶人要集中精力，保持适当车距，随时注意前车动态（见图3-1）。通常，前车转弯、变线、减速时，会出现转向灯、制动灯闪亮提示后车，但有时也有的前车不开转向灯，就突然猛拐或急制动，特别是在出租车或"小公汽"后面跟行时，因其招手即停，随意性很大，更要小心。在公交车后面跟行时也应拉大车距，随时注意其到站停车。

人多、车多、会车、制动、停车、换挡、尾随行驶频繁

图 3-1　集中精神和控制好车速

特别提醒

　　跟车是城市道路驾驶最主要的一种方法，但是不能将注意点固定在距离本车最近的前车上，应以 2～3 辆前车为目标，及时观察路面和前方道路的交通情况。

　　以下两种类型的车最好别跟：①遮挡视线的车，比如大货车、公共汽车、大客车和车膜颜色很深的车（见图 3-2）；②行驶不平稳的车，比如教练车、出租车、犹豫的外地车和改装车，这些车行驶速度忽快忽慢，或急停或急加速，对跟车造成很大不便，容易发生交通事故。

跟在大型车辆之后应保持较大的车距，过路口时必须减速行驶，随时做好停车准备

在大客车后方的车看不到信号灯，黄灯亮时大客车可能会加速越过停止线，后车若不注意，极易闯红灯

图 3-2　跟车别跟大客车

　　（5）控制车流速度。随时注意观察前车之间的道路交通情况，尽量与前车保持同步操作，从而避免汽车在车列中间距忽大、忽小，车速忽快、忽慢，或被横穿公路的行人、车辆阻挡而中断行驶。

　　（6）在城市驾驶中一般不提倡超车。驾驶人在超车前应注意观察，看是否存在不宜超车的因素。实施超车时要判断准确，果断，超车前先打开转向灯，再将车驶离车列半个车位，并且要使汽车保持足够动力，必要时采用用减挡的方法提速，短时间内完成超车。当情况变化，超车无法完成，需要退出超车通道返回车列时，一定要打开右转向灯与后车沟通，并且轻踩制动踏板、慢转向、观察好后视镜，徐徐并道返回车列。

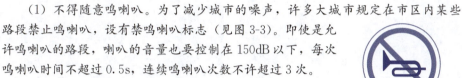

特别提醒

注意事项

（1）不得随意鸣喇叭。为了减少城市的噪声，许多大城市规定在市区内某些路段禁止鸣喇叭，设有禁鸣喇叭标志（见图3-3）。即使是允许鸣喇叭的路段，喇叭的音量也要控制在150dB以下，每次鸣喇叭时间不超过0.5s，连续鸣喇叭次数不许超过3次。

（2）不得随意停放车辆。随意停放车辆会阻碍城市交通，严重时会造成交通堵塞。为此，在城市道路上临时停车，要按顺行方向靠道路右边停车，当妨碍交通时必须立即离开。

图3-3　禁鸣喇叭标志

不准将车辆停在禁止停放的路段，禁止停放路段提示标线（见图3-4）。

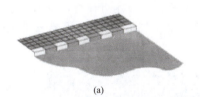
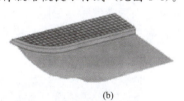

（a）　　　　　　　　　　　　　　　　（b）

图3-4　禁停路段提示标线

（a）禁止长时间停车线；（b）禁止停车线

（3）城市快速路谨防车辆穿插。驾车行驶在城市快速路上，前方车辆较多，且车流行进速度较快，要求驾驶人在相对较短的时间内处理更多的信息，作出更快的决策。高速行驶中只要保持好跟车距离，前方遇有紧急情况一般都能够从容应对，不过，侧向车辆的异常状态需要格外小心，特别是高速公路或城市快速路的出入口区域，一定要提前观察周围情况，做好减速准备。

二、通过人行横道

车辆行经人行横道前，必须提前减速，让人行横道内的行人优先通行。行人正在通过人行横道时应减速、停车耐心等待，特别是遇到老人、盲人、体弱多病者走人行横道过马路时，不要按喇叭催促，更不可冒险绕行，以免发生意外。

1. 通过有行人信号灯的人行横道

（1）人行横道绿灯亮时，车辆必须停在停车线外，被放行的行人在人行横道上享有先行权，应该让行人优先通过。

（2）如果行人在人行横道线或机动车道快跑、慢行、止步站立、徘徊或推拉东西时，机动车驾驶人要耐心等待，特别是老人、盲人等，不得用鸣喇叭逼催，应该及时停车让行，切不可冒险抢行或绕行，以免发生意外，见图3-5。

2. 通过没有行人信号灯的人行横道

驾驶机动车在没有交通信号灯和交通标志、标线的道路遇行人横过道路时，要及时减速或停车避让（见图3-6），应在确保行人安全的前提下通过。

图3-5　要耐心等待，切不可冒险抢行或绕行　　　图3-6　做好避让和停车准备

3. 夜间通过人行横道

夜间通过人行横道时（见图3-7），应当减速、要改用近光灯，按喇叭通过。遇对面来车没有关闭远光时，应及时减速，预防在两车灯光的交织和有看不见的行人正在通过。

图3-7　夜间通过人行横道

特别提醒

注意事项

（1）在驾车通过人行横道前，不能只注意已在人行横道中的行人，还要留意即将进入人行横道的其他行人。

（2）右转弯通行时，更要注意礼让通过人行横道的行人。

（3）如果看到人行横道前有停止的车辆时，一定要停车，不要盲目通过（见

图 3-8），因为前车可能是停车避让行人。不要在人行横道及附近直行超车和变向超车，尤其要提防有些行为缓慢的人可能还滞留在人行横道上。

图 3-8　一定要停车，不要盲目通过

特别提醒
车礼让，人快走
（1）行人横过马路时一定要注意观察路面交通情况，一是要遵守信号灯的指示通行；二是行人应尽量加快通行速度，尽快通过人行横道。
（2）对于有信号灯控制的斑马线，行人闯红灯横过马路，正常行驶的机动车未停车避让不属于斑马线不礼让。若行人因闯红灯而受伤，需对自己的损害承担相应的责任。

小提示
常见的 4 种违法情形
（1）遇行人行经人行横道，鸣笛催促抢行的。
（2）遇行人队伍行经人行横道，强行穿插，造成行人行进中断的。
（3）同方向有两个以上车道，已经有机动车停车礼让行人，其他机动车仍强行通过的。
（4）机动车通过机动车信号灯（圆屏灯）或者右转黄闪路口时右转弯未避让绿灯放行的。

三、通过公共汽车站、学校与小区

1. 通过公共汽车站
（1）驾驶机动车通过公共汽车站，要提前减速行驶，注意观察车站内候车人的动态，与公共汽车保持安全间距，谨慎驾驶，做好随时停车的准备。
（2）驾驶机动车超越停在公共汽车站的车辆时，要减速鸣喇叭慢行，夜间可以

图 3-9　超越停驶的公共汽车

通过切换远近光灯来提示与公交车保持较大的安全间距，预防公共汽车突然起步或上下车的乘客从车前或车后横穿道路，做好随时停车的准备，避免发生交通事故（见图 3-9）。

（3）不得占用公交专用车道，距离公交车站 30m 内不能停车。在公交车专用车道（见图 3-10）内，只准许规定的车辆通行，其他车辆不得进入专用车道内行驶。在有时间限制的场合，只有在标志、标线划定的时间内不允许其他车辆通行，在限定的时间以外其他车辆也可以在专用车道上行驶。在允许其他车辆在专用车道行驶的时间内，如果遇有规定的车辆在专用车道内通行，其他车辆应当让规定的车辆优先通行。

图 3-10　公交专用车道

2. 通过学校门口

（1）学校门口行人、非机动车较多，尤其是上学和放学时交通更为拥挤，应缓慢行驶通过，注意前方有学校的交通标志（见图 3-11）。

（2）行经学校门口，应提前减速慢行，不要鸣喇叭，注意观察学生动态，主动让行过往学生，尤其在上学或放学时段，应随时准备避让横过道路的学生和儿童。遇有学生列队横过街道，应主动礼让，确保学生能安全有序通过（见图 3-12），确保安全。遇到学生嬉戏、奔跑、打闹时，要迅速减速，适当鸣喇叭，待其动向稳定后再正常行驶。

图 3-11　前方有学校的交通标志

图 3-12　行经学校门口提前减速慢行

特别提醒

　　驾驶车辆行至学校附近或有注意儿童标志的路段时，一定要及时减速，注意观察道路两侧及周围的情况，时刻提防学生横过道路。

　　3. 通过狭窄街道及小区

　　通过狭窄街道时应正确判断和估计街道宽度，既要注意观察前后交通动态，又要顾及车轮的位置，切忌猛打猛回转向盘。应严格控制车速，防止从小巷中突然窜出行人。

　　在人员稀少的街道行驶时，不能麻痹大意，更不能开快车；在人多车多道路行驶时，不要急躁，要控制车速，随时做好制动和停车准备。

　　进入胡同、小巷时，应降低车速，勤鸣喇叭，尽量在道路中间低速行驶，注意观察胡同、小巷内车辆和行人的动态，随时做好采取应急措施或停车的准备，以防从一侧胡同、小巷有车辆和行人穿越。

　　驾驶机动车在居民居住区、单位院内，要低速行驶，注意避让行人；有限速标志时，按照限速标志行驶。

四、通过交叉路口

　　1. 通过有交通信号灯控制的交叉路口

　　在城市道路的交叉路口，应降低车速（见图3-13）。可在距离路口30～100m处放松加速踏板，让汽车平衡地减速，以便处理路口有可能出现的突发情况。

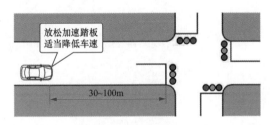

图 3-13　降低车速

　　在有信号灯控制的交叉路口，应尽早注意交通标志和交通信号灯，按指示行驶（见图3-14）。若需转向，应提前变道、开转向灯。

　　遇交通警察指挥时，应服从交通警察的指挥。不能抢信号起步，不能突然加速强行通过或闯红灯。

　　机动车通过有交通信号灯控制的交叉路口，应当按照交通信号灯、交通标志、交通标线或者交通警察的指挥通过。

　　（1）在画有导向车道的路口，按所需行进方向驶入导向车道（见图3-15）。

　　（2）向左转弯时，靠路口中心点左侧转弯。转弯时开启转向灯，夜间行驶开启近光灯。

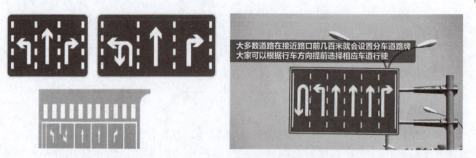

图 3-14　注意交通标志和交通信号灯

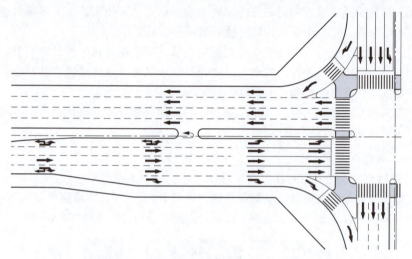

图 3-15　驶入导向车道

（3）遇放行信号时，依次通过。

（4）遇停止信号时，依次停在停止线以外（见图 3-16），没有停止线的，停在路口以外。

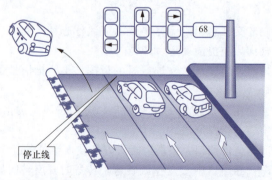

图 3-16　依次停在停止线以外

102

在停车等待信号灯放行时，一旦被追尾或发生意外，驾驶人无法立即做出避让等处理措施。为了防止这种情况的发生，建议在交叉路口前停车等待时，距离停车线或与前车保持 5m 的距离，避免本车被追尾后冲入路口内撞上行人或再追撞前方车辆。

（5）向右转弯遇有同车道前车正在等候放行信号时，依次停车等候。在前车等候放行信号时，右转弯的后车不得从前车的左侧或右侧绕行，应当停车等候（见图 3-17）。

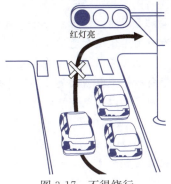

红灯亮

图 3-17　不得绕行

小提示

通过有交通标志或信号的平面交叉路口时应注意的事项

（1）控制行车速度，在行近平交路口时，须在距路口 50～100m 的地方减速。

（2）注意平交路口的交通标志和信号，服从指挥，绝对不能在停车中抢信号起步，更不能突然加速强行通过。

（3）严禁在绿灯即将转换为红灯时，加速抢行，以免接近路口时，因红灯亮采用紧急制动，而造成追尾事故。

（4）遇放行信号，应注意避让在人行横道上的行人和已在路口行驶的汽车，及时起步加速，安全通过。

（5）尾随前车通过路口时，应提高警惕，保持车距，防止因前车突然减速而发生事故。

（6）为了保证在平交路口停车后能及时起步，停车时不要关闭发动机。当黄灯闪亮时，应做好起步准备，允许通行的绿灯一亮，即应起步。

（7）如果要在平交路口转弯，应注意左右两侧汽车的动态，提前发出转向信号。进入导向车道，夜间须将远光灯改用近光灯，减速慢行，认真观察，小心通过。

特别提醒

信号灯变化的判断与预测

（1）信号变化的判断。一般在距离路口 50m 处，驾驶人应稍抬加速踏板控制车速，并注意信号灯是否变化，做好随时停车的准备，避免行至路口紧急制动或冒失通过闯黄灯或红灯。当距路口 10m 左右为绿灯时，则可加速通过，即使信号灯在此时变化，车辆也有足够的时间通过交叉路口。

（2）要准确预测信号灯的变化，从远处看到信号灯时，应判断信号周期。

1）绿色信号灯。不一定能通过，对变成黄色信号灯的时间进行判断，随时都要准备减速、停车。若信号灯由红灯刚变为绿灯，说明有较充足的准许通行时间，可以随车流速度通过路口。

红灯变绿灯时勿着急起步。如果观察不足贸然起动，很可能引发险情。绿灯通行时一定要密切关注周围车辆动态，一旦有车辆出现异常情况或强行通行，提前观察可以避免险情的发生。

2）黄色信号灯。根据到达交叉道口的距离、速度，判断是前行还是停车。

3）红色信号灯。停车。从远处看已经是红灯时，预测变成绿灯的时间，从而把握行驶车速。

（3）若在远处看见信号灯为红灯，可以推测信号灯由红灯变为绿灯的时间不会太长。此时，可根据跟车距离及与路口的距离，放松加速踏板或适当制动减速，但不要过早停车，这样可以减少通过路口的时间。

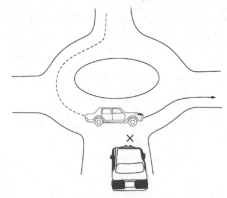

图 3-18　让已在路内的机动车先行

2. 通过没有交通管制的交叉路口

（1）通过没有交通管制的交叉路口的方法。

1）准备进入环形路口的让已在路口内的机动车先行（见图 3-18）。

2）向左转弯时，靠路口中心点左侧转弯。转弯时开启转向灯，夜间行驶开启近光灯。

3）在设置有减速让行交通标志及停车让行交通标志（见图 3-19）的路口，主流方向的汽车车速比较高，让行方向的汽车一定要按照让行交通标志的规定，确实观察路口内交通流的情况，确认安全之后，才能进入交叉路口。

图 3-19　减速让行及停车让行交通标志

4）没有交通标志、标线控制的，在进入路口前应停车瞭望，非公共汽车让公共汽车先行，让右方道路的来车先行（见图 3-20）。

5）转弯的机动车让直行的车辆先行（见图 3-21），相对方向行驶的右转弯的机动车让左转弯的车辆先行（见图 3-22）。

（2）路口右转弯技巧。在没有交通管制的交叉路口行驶，必须在距路口 30～

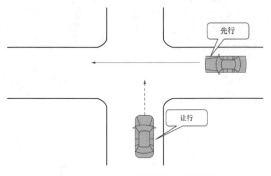

图 3-20　让右方道路的来车先行

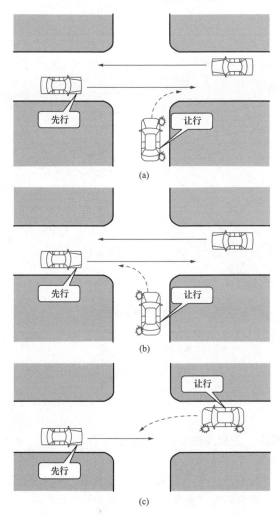

图 3-21　转弯让直行

（a）右转车让左侧直行车；（b）左转车让左侧直行车；（c）左转车让相对方向直行车

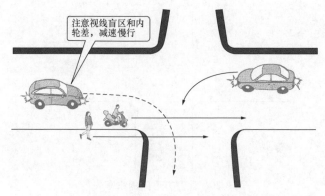

图 3-22　右转弯车让左转弯车

100m 处减速慢行，在离路口 30m 处打开右转向灯并降低车速，确认安全后尽量将车靠右侧行驶，接近路口时注意各方向车辆的动态，转弯后关闭转向灯（见图 3-23）。

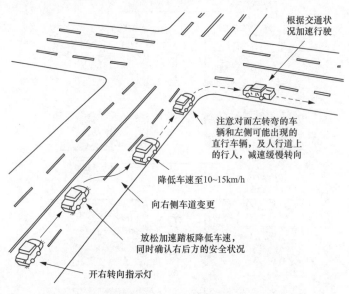

图 3-23　右转弯技巧

特别提醒

大货车、运渣车、工程运输车右转弯盲区夺命

（1）大货车底盘高，车身大，坐在驾驶室的司机很难看到车头下方的情况，货车前方 1.2m 范围内为盲区；货车右侧 1.5m 以内基本都看不见；货车左侧 1.2～2m 范围内为盲区；货车后侧，要保持安全车距 4m 以上距离。

（2）大货车、运渣车、工程运输车的驾驶座椅离右车窗普遍较远，因此，当车辆在此类车辆右侧经过时，驾驶员很难发现。当大货车、运渣车、工程运输车右转时，因为内轮差的原因，右侧的视野盲区非常大，俗称"死亡弯月"（见图 3-24），极易将在货车右侧行驶的机动车或非机动车卷入轮下。因此，大货车、运渣车、工程运输车右转在路口右转时，必须要先停下 5s 再起步（见图 3-25）。这是因为货车停下后，可以更好地观察到车辆右后方的情况，也能给右侧行驶的车辆提个醒，可以保护右侧小汽车或非机动车行人的安全。所以，当遇到前面货车、运渣车、工程运输车停车等待，后方的轿车千万不要着急催促，图 3-24 中框出的警示语也是给后方车辆看的。

图 3-24　右侧视野盲区

图 3-25　工程运输车右转弯停车再起步

　　（3）路口左转弯技巧。在路口左转弯时，提前开启左转向灯，进入左转弯车道或靠道路左侧行驶（见图 3-26）；左转弯时不得妨碍直行的车辆和被放行的行人通过，同时应注意对向右转弯的车辆及左侧人行横道内的行人。在不影响其他车辆和行人正常通行的情况下，沿中心圈左侧低速向左转弯。

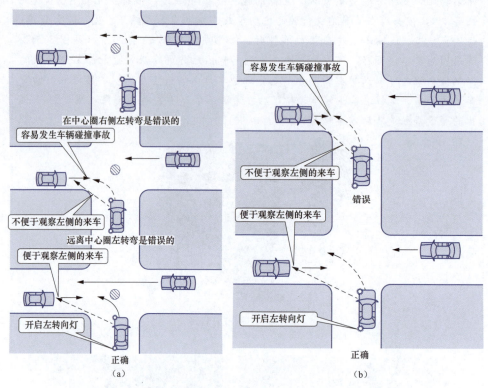

图 3-26　路口左转弯技巧
（a）沿中心圈左侧低速向左转弯；（b）向左转大弯

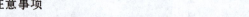

特别提醒

注意事项

（1）禁止在划有导向车道的路口不按所需行进方向驶入导向车道。

（2）禁止左转弯时与对向左边直行的机动车和非机动车抢道。

（3）禁止在有指示箭头信号灯的地方，在所需转向箭头灯未亮时实施转弯。

（4）禁止在转弯时不开启转向灯，夜间行驶时不开户近光灯。

（5）观察信号灯信号，禁止遇放行信号时不依次通过。

（6）遇停止信号时，应依次停在停车线以外，禁止越过停车线停车。

（7）在绿灯亮时允许右转弯的交叉路口，右转弯汽车是借道行驶，右侧直行的非机动车或行人主动让行，禁止鸣喇叭或与非机动车和行人争道行驶。

（8）向右转弯遇有同车道前车正在等候放行信号时，禁止不依次停车等候。

（9）个别地段规定绿灯亮时禁止右转弯（让非机动车和行人直行）而在红灯亮时允许机动车右转弯（非机动车和行人禁止通行），因此汽车右转弯时要注意观察路边标牌是否有些类规定，若有规定，则应按当地规定行驶，禁止不了解具体规定就转向，以免违章。

特别提醒

（1）驾驶机动车在有导向箭头的路口左转弯时，要提前按导向箭头指示向左变更车道。同时，注意观察前方和左侧车道内的情况，不能影响左侧车道内左转弯车辆通行。

（2）在有交通信号灯控制的路口，要提前进入左转弯车道或靠道路左侧行驶，等待放行信号。有左弯待转区线的路口，如果是在直行时段（直行绿灯亮时），左转弯的车辆应该直接进入左弯待转区［见图3-27（a）］。直行绿色信号灯熄灭，绿灯或绿色左转箭头灯亮时，靠路口中心点左侧低速转弯，左转弯时段终止，禁止车辆在左弯待转区内停留。

如果直行信号灯、左转信号灯均为红色时，车辆应该在左转弯导向车道内等候放行信号［见图3-27（b）］。等到下次直行信号绿色信号灯点亮，车辆才能越过停止线，进入左弯待转区。

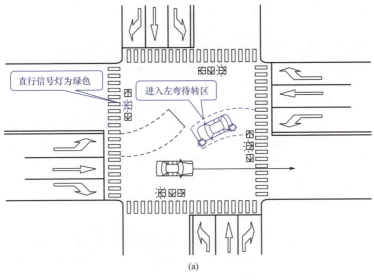

(a)

图 3-27　在有交通信号灯控制的路口右转弯（一）

（a）在直行绿灯亮时进入待转区

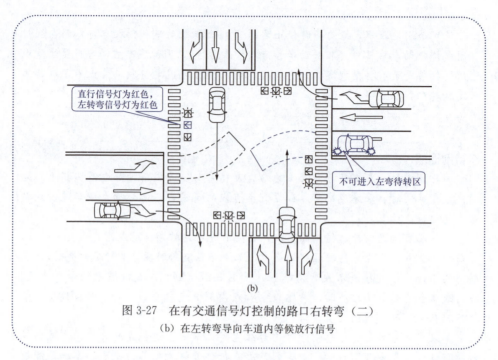

直行信号灯为红色，
左转弯信号灯为红色

不可进入左弯待转区

图3-27　在有交通信号灯控制的路口右转弯（二）

（b）在左转弯导向车道内等候放行信号

特别提醒

在城市道路上驾驶时尽量不要尾随公共汽车

（1）公共汽车见站就停，尾随其后会影响正常通行。

（2）公共汽车外形较大，尾随其后不便观察前方的交通情况。

（3）公共汽车到站后，经常会有赶车的行人突然横穿道路，易造成危险。

3. 通过交叉路口时应注意的事项

交叉路口是车辆与车辆、车辆与行人相互交会比较集中且容易发生交通事故的地方。汽车在交叉路口行驶时应注意以下事项：

（1）在通过交叉路口时，必须严格遵守交通法规，注意观察交通信号和交通标志，服从交通警察指挥。

（2）注意观察各方来车和行人的动态，并将车速降低到最安全的程度，随时做好停车准备。

（3）在干路上行驶时，应注意支线路口进出的车辆，预防支路车辆争道抢行。

（4）由支路进入干路时，应严格执行让车规定，选择合适的切入时机，低速逐步驶入干路。

（5）在交叉路口转弯时，应密切注意左右两侧车辆的动态，选择正确的转弯行驶路线，不能侵占逆行道或非机动车道。

（6）通过狭窄、视线盲区较大的路口时，必须减速慢行，防止有行人或非机动车等突然横穿。

（7）若前面已有车辆停车等待信号，则应依次停车等候，右转弯的车辆不得从前车左侧绕行。

（8）严禁在绿灯即将转换为黄灯时加速抢行，以免接近路口时因红灯亮而采取紧急制动，造成追尾事故。

（9）遇放行信号时，应注意避让在人行横道上的行人和已在路口行驶的车辆，并及时起步和加速，安全通过。

（10）尾随前车通过路口时，应提高警惕，保持车距，防止因前车突然减速而发生事故。

（11）汽车在通过交叉路口遇到交通阻塞时，应当依次停在路口等候，即使绿灯亮，但前车未驶入路口，也禁止驶入路口内，车辆在遇有前方机动车排队等候或缓慢行驶时，应依次排队，禁止从前方车辆两侧穿插夹塞儿或超越行驶，禁止在人行横道、网状线区域内停车等候。遇到车道减少的路口、路段，若前方机动车停车排队等候或缓慢行驶，则应遵循每条车道一辆车依次交替驶入车道减少后的路口、路段的原则，禁止紧跟前车与邻近车道车辆抢行。

特别提醒

严禁"闯绿灯"

所谓"闯绿灯"，即不依次通行。这种处罚的情况较为特殊，主要出现在有信号灯的交叉路口拥堵时，有些驾驶人在明知车辆积压，根本就无法通行的情况下，只要自己行驶方向的信号灯是绿灯，就全然不顾往路口挤，不但自己无法通过，也使得拥堵的范围不断加大。出现此情况，只要有交警在现场指挥，已明确放行车辆不得再前行时，驾驶人还往前挤，就会被交警现场处罚。

为避免出现这种"闯绿灯"被罚的情况，驾车行至设有信号灯的拥堵路段时，一定要看清绿灯放行时有没有交警在现场指挥。若有在现场指挥的交警，则应按交警指挥的信号行进，就不以信号灯为依据了；若没有交警在现场指挥，也要看放行后自己的车辆能否通过路口，如果不能通过，就应主动退让一步，让积压路口的车辆离去，等下一个绿灯亮路口畅通时再行进。

1. 绿灯不能过，属于"闯绿灯"的几种情形

《中华人民共和国道路交通安全法实施条例》第五十三条规定：机动车遇有前方交叉路口交通阻塞时，应当依次停在路口以外等候，不得进入路口。

机动车在遇有前方机动车停车排队等候或者缓慢行驶时，应当依次排队，不得从前方车辆两侧穿插或者超越行驶，不得在人行横道、网状线区域内停车等候。

（1）在拥堵路口行车。

1）车辆经过交通信号灯或者交通标志控制的路口时，遇到有行驶方向路口交通堵塞时，不得进入路口（见图3-28）。若车辆还继续行驶到路口，这种情况即属

于"闯绿灯"行为。

2) 同样，当绿灯亮起，左转堵塞时，左转不得前行（见图3-29）。此时直行和右转可正常行驶。

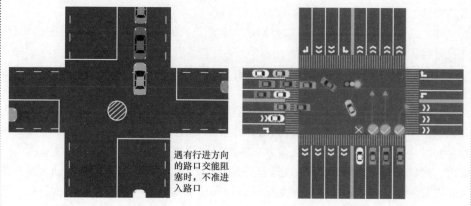

图3-28　在拥堵路口行车

遇有行进方向的路口交能阻塞时，不准进入路口

图3-29　左转堵塞时，左转不能前行

3) 当前方都堵死时，左转右转和直行都不得继续行驶（见图3-30），必须在路口外等候，直至路口畅通。

4) 同样，当直行道路堵塞，直行不能继续行驶（见图3-31），左转右转正常行驶。

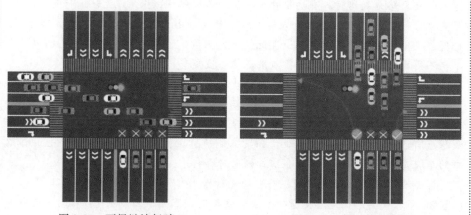

图3-30　不得继续行驶

图3-31　直行道路堵塞

（2）停在黄色网格线内（见图3-32）。当前方为绿灯时，将车子停在路口的黄色网格线范围内，由于黄色网格线内是禁止停车区域，因此这种情况属于"闯绿灯"行为。

（3）没有让行（见图3-33）。在绿灯情况下，直行车辆没有让行上一个红绿灯期间内就遗留在路口中间行驶过来的左转弯车辆。这种情况同样属于"闯绿灯"行为。

图 3-32　停在黄色
网格线内

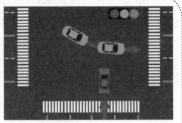

图 3-33　没有让行遗留在路口
中间的左转弯车辆

注意：

如果车辆进入路口后，在下一个红绿灯周期之内无法离开路口，并对路口其他方向的车辆产生阻碍，影响了整个路口的通行秩序，就属于"闯绿灯"行为。

建议行驶到路口时如果发现前方路口通行困难，路口内有轻微压车的情况时，可以选择减速慢行，观察行驶。如果发现前方路口三分之一或者二分之一被车辆占据，驾驶人员需依次停在路口以外等候，有交通警察指挥时需按交警指挥通行。

如果后方车辆鸣笛催促，车主需保持平和心态。

2. 不认定为"闯绿灯"的情形

（1）服从交通警察或者警务辅助人员的指挥，驾驶车辆进入路口的。

（2）因避让执行紧急任务的警车、消防车、救护车、工程救险车而驾驶车辆进入路口的。

五、通过环岛与立交桥

1. 通过环岛

环岛是交通事故的多发地点，驾车通过时必须按照相关规定谨慎驾驶。进入环形交叉路口（非右转）时，不需要开转向灯，但驶离环形交叉路口时要开（见图 3-34）。

开右转向灯驶离
环形交叉路口

进入环形交叉路口
不需要开转向灯

图 3-34　通过环岛

（1）驶入环岛之前要松开加速踏板，右脚放在制动踏板上，先使车辆减速，车速不要超过 20km/h，手动变速器一般不要高于 3 挡。

（2）如果是右转弯，接近环岛之前就要打开右转向灯，按一般路口右转弯处理，注意避让斑马线上的行人和车辆。

（3）直行和左转弯或者掉头时先驶入环岛，不要打开转向灯。在驶离环岛的上一个路口前打开右转向灯。严禁从内侧车道驶出环岛（见图 3-35）。

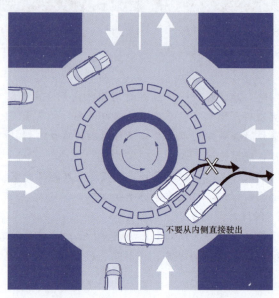

不要从内侧直接驶出

图 3-35　严禁从内侧车道驶出环岛

（4）驶入环岛时，要集中注意力于左侧车辆，驶入环岛后和驶离环岛时，要注意右侧车辆，保持安全距离。

（5）如果环岛是分车道的，则靠近环岛的车道是快车道。要遵守变换车道的原则，不可一次变更两条车道。离开快车道时，一定要提前打开右转向灯，先变更车道，然后才可以驶离环岛。

（6）在环岛行车，享有第一优先权的是驶离环岛的车辆，享有第二优先权的是在环岛内绕环岛行驶的车辆，最后是驶入环岛的车辆。

（7）一般是驶入环岛不需要打开转向灯，而驶离环岛的时候一定要打开转向灯。而在环岛内行驶，只要变换车道，就要打开转向灯，这与在直路上行驶一致。

特别提醒

注意事项

（1）通过环岛的各个路口时，都要密切关注是否有直行的车辆进入车道。如果有车辆进入，并有可能与自己发生冲突时，应主动避让。

（2）环行时，最好随流而行，不要慢行或超车。有车从两侧超越时，要做出避让。

（3）在面积较大的双车道环岛行驶时，进入环岛后应驶入里侧车道，在到达要去的路口时提前打开右转向灯，缓转方向盘，变道驶入外侧车道，然后再驶入要去的路口。

（4）一般驾驶人在驶入及驶离环岛时，常常会忽视两旁车辆动向，采用先到先走的规则来处理环岛，从而导致车辆方向位置错误，互相争位夺路及在内围位置引起挤塞。驾驶人应在接近时，采取忍让等正确的方法处理，在离开时保持正确的行车位置并注意指挥灯信号。

2. 通过立交桥

立交桥是将平面道路交叉利用桥体设施改变为立体交叉，通过上跨或下穿、匝道分流、环形连通，将行至路口的车辆按照各自去向进行疏导，避免和减少平面交叉时的交织与冲突，从而提高通行速度，加大交通流量。

（1）公路立交桥的形式多种多样，大致可分为分离式立交桥、完全互通式立交桥、部分互通式立交桥和环形立交桥（见图 3-36）。

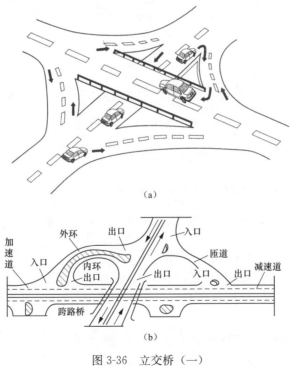

（a）

（b）

图 3-36　立交桥（一）

（a）分离式立交桥；（b）互通式立交桥

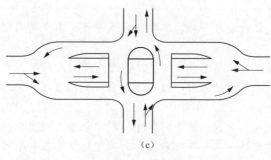

图 3-36　立交桥（二）
(c) 环形立交桥

　　通过立交桥前应注意观察立交桥的形式，并注意指路标志和指示标志所指引的方向。立交桥的指示标志是指车辆在立交桥上的行驶标志。

　　(2) 注意观察并识别立交桥上的交通标志，确认出口位置。如果对路段不熟悉，车辆行驶速度又比较快，驾驶人必须在远离立交桥时就留意观察道路前方的指路标志，指路标志是一种整体式指示标志（见图 3-37），注有方向地点说明，同时反映出该路口来车不同去向的通行方式。驾驶人从中可对立交桥的类型及通行方法有一个全面的了解。

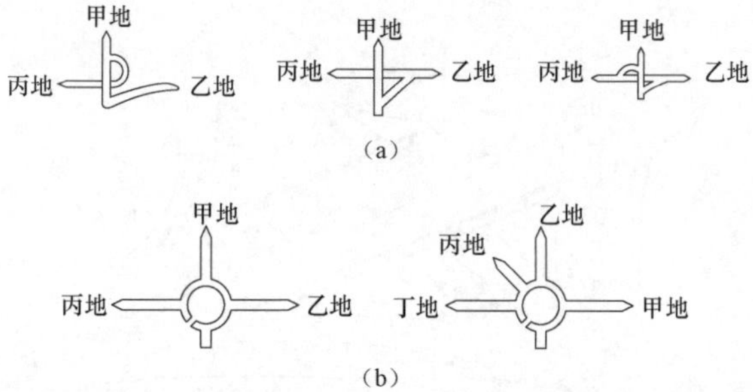

图 3-37　指路标志
(a) 互通式立交桥指示的通行方式；(b) 环形立交桥指示的通行方式

　　通过立交桥时，必须按照道路规定的行驶速度或限速标志的规定行驶，确保行车安全。

　　(3) 车辆直行时，从立交桥上或桥下按直接行驶的方向行驶，在通过立交桥的过程中，要注意为驶入或驶离的车辆留出右侧车道。

　　(4) 车辆右转时，应先打开右转向灯，然后按照交通标志和标线的指示减速行驶。

　　(5) 车辆左转时，必须先驶过跨线桥，不能逆行直接左转。驶过跨线桥后，打开右转向灯，按照交通标志和标线的指示减速行驶，一次右转再一次右转或一次右转再一次左转后，便可达到左转的目的。

在立交桥上禁止倒车和停车，如果汽车行驶至立交桥上时发生了故障，必须想办法将车辆移走，以免影响其他车辆通行。

（6）在双向通行的道路上行驶时，不能跨压中心线，应抬起加速踏板，做好制动准备，适时地控制车速。

（7）进入立交桥匝道前要降低车速，开右转向灯进入右转弯的车道行驶，避免影响其他车辆的正常行驶。

（8）由匝道驶入主干道或次干道时，为了便于主、次干道和非机动车道上的车辆及行人观察，应打开左转向灯，尤其是在傍晚路灯照明之前，同时应注意不能直接驶入中间车道，以免影响在快车道或中间车道上正常行驶的车辆，造成追尾或侧面碰撞事故。

（9）行经主干道与匝道的入口处，应注意观察匝道上的通行状况，直行车应注意匝道上的车辆，并尽量避免进入匝道行驶。

（10）行驶途中走错桥或路线，要沉着冷静，按已驶入的路线行驶，且不可逆行、掉头、倒车和转弯行驶。

（11）在立交桥主干道慢车道上直线行驶时，应注意前方车辆的行驶状态，如制动灯、转向灯和临近匝道出口时的速度等，保持足够的行车距离，随时做好制动的准备，以防前车紧急制动。

特别提醒

（1）立交桥上最容易搞不清楚的是左转和掉头的方法。立交桥形式多种多样，关键是要看好路标，选好路线。

（2）行驶方向出错时。感觉到经过的道路有错误时，不能紧急停车，也不能改变行车路线。这时应将车停在安全地点，看地图或向他人询问，然后回到正确的道路上。

（3）爬越较长的立交桥坡道时，为了保持足够的动力迅速而稳妥地上坡，必须注意观察坡道的交通情况。如果条件允许，可提前在 100m 左右处采用高速挡加速上坡，或提前换进低 1 挡位并加速上坡。上坡时，设法与前车保持 30m 以上距离，以防前车倒退时发生冲撞。

（4）在下立交桥坡道时，一般应将车速控制在 30km/h 以内。如果下较陡而长的坡道时，应先在坡顶踩制动踏板，检查制动作用是否良好，确认情况正常时再与前车保持安全距离缓缓行驶。

（5）如果在桥上抛锚，要设法将车移走。无法可使时，可报告交通管理部门，用清障车将车拖走。

六、通过潮汐车道和可变导向车道

潮汐车道和可变导向车道（见图 3-38）多用于高峰时段车流集中的路段。潮汐车道是改变汽车南北或东西行驶方向的，可变导向车道则只改变汽车直行或转弯（右转或左转）行驶方向。

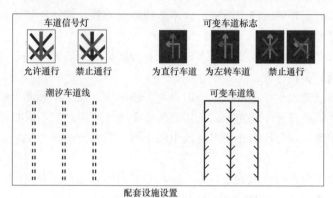

图 3-38　潮汐车道线与可变导向车道线

需要注意的是，潮汐车道和可变车道路面无地面标志、标线或箭头图标，都是空白的。

1. 通过潮汐车道

根据早晚不同的交通流量，可对有条件的道路开通潮汐车道，通过改变车道灯

图 3-39　潮汐车道标线

指示的方向来控制主干道的行驶方向，调整车道数量，提高车道使用效率。比如早上从城外去市区的车多，可以通过增加往市区方向的车道，减少往市区方向的车道来缓解交通压力，缓解交通。晚上，对面的车道可以用来转移车辆出城。潮汐车道标线通常由两条平行的黄色虚线构成（见图 3-39）。

通过潮汐车道方法如下。

（1）看好交通指示牌。潮汐车道一般都有明确的指示牌（见图 3-40），在行驶时要看清楚指示牌所写的注意事项，这样在行驶时能避免违章通行。

图 3-40　潮汐车道（可变车道）

当潮汐车道上方的车道指示标志如图 3-41 所示，为白色箭头符号时，车辆可以进入潮汐车道行驶；当潮汐车道上方的车道指示标志为红色叉形符号时，禁止车辆驶入潮汐车道。

图 3-41　车道指示标志

在没有信号指示灯的时候一般都会有交通警察在路口进行指挥，这时要听从交通警察的指挥。

（2）盯好红绿信号灯。在潮汐车道上行驶，一定要看好主路上的红绿灯。

当车辆到达交叉路口时，要注意观察交通信号灯，只有在信号灯为绿灯时，直行车辆才能通过交叉路口。

图 3-42　交通指示牌

（3）留意潮汐车道的启停时间段。"潮汐车道"不全是全天通行的，因此走潮汐车道要注意观察交通指示牌的提示，如图 3-42 所示，以便了解在不同时段潮汐车道的行驶方向。

（4）潮汐车道的可变车道为实线，不能随意变道、越线、随意掉头。

要防止在施划有潮汐车道的路段违规超车。当潮汐车道上方为红色叉形符号时，即使潮汐车道是空闲的，也不准利用潮汐车道超车。

（5）潮汐车道误闯注意事项。如果不小心误闯了潮汐车道，即不该驶入时驶入了，这时对面会驶来大量车辆，不要慌张，也不要逆行或者后退，应立即开启双闪警报灯，然后慢慢等待信号灯变化。

另外，有关部门考虑到对道路状况的影响，一般会选择在早晚两次出行高峰出现之前和结束之后进行变道，如果此时正好经过正在进行变道的路段时，一定要放慢车速，观察挂在高处的车道指示牌，分清车道后选择正确车道行驶。

特别提醒

（1）留意红色和绿色信号灯。因为潮汐车道可以改变信号灯，在这样的道路上行驶时，一定要看好红绿灯，也就是主干道上的红绿灯。当直线上的信号灯变绿时，潮汐车道标志上的信号灯也会变绿，然后就可以驶入潮汐车道等待了。

（2）与潮汐车道贯通的交叉路口，可能会有一些特殊的通行规定（见图 3-43），

图 3-43 特殊的通行规定

为了便于潮汐车道的设置，将转弯和掉头的车道施划在道路的外侧，在这样的路口，需要左转弯或掉头的车辆，要事先进入右侧的车道，只有在交通信号灯为红灯时，左转车和掉头车才能进入路口通行。

（3）"潮汐车道"的车道标志与信号灯不同步时，通过路口时要按照交通信号灯指示通行。

小提示

潮汐车道与双向通道的图标分辨方法

（1）观察图标形状。潮汐车道的图标通常是一个黄色的三角形，中间有一个双向的箭头，两侧有虚线。而双向通道的图标是一个简单的双向箭头或者其他形状（见图 3-44）。

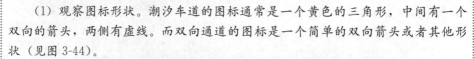
双向交通用以提醒车辆驾驶人注意会车，注意潮汐车道是根据早晚交通流量不同情况，试点开辟某一车道不同时段内的行驶方向的变化，从而缓解交通压力。

双向交通

注意潮汐车道

图 3-44 双向通道与潮汐车道标志

（2）注意图标位置。潮汐车道的图标通常位于道路的上方或侧面，而双向通道的图标则可能位于道路的中央分隔带上。

（3）查看辅助标志。在一些地区，可能会有辅助标志来帮助驾驶员区分潮汐车道和双向通道（见图 3-45）。例如，可能会有关于潮汐车道的具体时间段和行驶方向的标志。

图 3-45 辅助标志

2. 通过可变导向车道

可变导向车道是一种可以根据交通流量变化调整指示方向的车道。它不同于普通的车道指示线，其外观特征为车道内侧绘有多条"锯齿状"的斜线，类似于放倒的"非"字（见图3-46）。

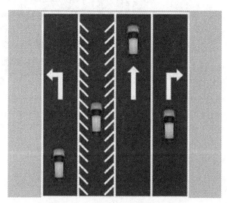

图 3-46 可变车道标线

可变导向车道的特点是进入该车道后有不止一个车道走向，如有的路口情况允许右转和直行（即右转和直行合并为一个车道），或者调头和左转合并为一个车道（一般用于左侧车道）。可变导向车道有着灵活性，只要进入车道直行就是直行，左转就是左转。如果走错了路，那就是"不按道行驶"违法了。

通过可变导向车道的方法如下。

（1）看好指示牌，注意辨别可变车道。可变车道的标线比较特殊，除了两条实线外，还有一些平行的短线。在驾车接近可变车道时，务必提前观察上方的LED导向指示牌（见图3-47）。为了避免走错车道，需提前根据车道行驶方向标志或显示屏指示的方向来选择车道。

图 3-47 提前观察导向指示牌近规定选择车道

（2）看好信号灯。只有可变车道绿灯亮起才可驶入可变车道，当车辆驶入可变导向车道之后，还要注意观察前方路口的交通信号灯（见图 3-48）。只有在与可变导向车道对应的交通信号灯为绿灯时，可变导向车道内的车辆才能通过路口。

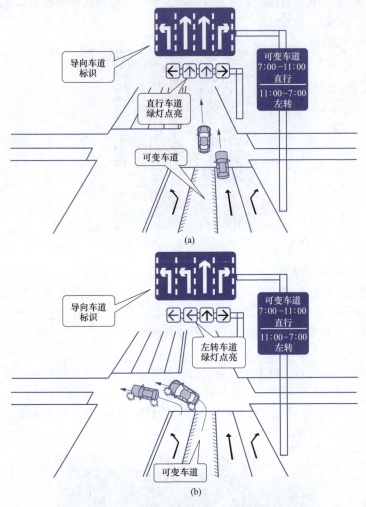

图 3-48　注意观察前方路口的交通信号灯

(a) 直行车道绿灯点亮；(b) 左转车道绿灯点亮

（3）看好行驶时间段。可变车道不是全天通行的，注意可变车道开放的时间段，一般的都会指定在早上 7 点到 9 点施行，按照规定的时间段行驶。

> **特别提醒**
> **注意事项**
> （1）在交通高峰时段，交警可根据实时的路面交通流量状况随时调整车道的

导向。驾驶者则应根据车道上方的指示牌进入相应的车道，这样能够有效地增加拥堵方向的车辆通行能力，从而显著减轻关键路段的交通拥堵问题。

（2）在可变车道内，不允许变道和超车。如果不想走可变车道，一定要提前在虚线处变道。

（3）锯齿车道不是虚实线车道，可变车道内的标线全部都是实线，不允许压线。

（4）如果不小心驶入了可变车道，记住不能倒车或掉头。如果是可变车道转弯和直行走错了，应该按照道路指示走下去。比如该车道是直行车道，而你要左转却走了该车道，那么不要停在路口等待左转，会阻碍该车道后方需要直行的车辆通行，这一整条车道的车都被挡住了，因为是实线无法变道。

（5）如果车辆进入的时候是直行，结果指示标志变成了右转车道，那么车辆进入可变车道的时候是什么导向，就按照该导向行驶。也就是说进入的时候是直行，那么就直行，进入时是左转车道那么就左转。相反，进入时是直行你左转了或者进入是左转你却直行了，这种会按照不按导向车道行驶进行处罚。

（4）借道左转车道。所谓"借道左转"（见图3-49）是指借用对向车道来进行左转。一般设置在车流量大且路口较宽阔的地方，是为将要左转的车辆准备的，也是为了给左转的车辆节省时间，从而缓解交通压力。

在接近路口的地方，中央隔离带会开一个缺口，并划有车道线，车辆通过此缺口可驶向对向车道，等待左转，到了对向车道这一小段属于合法的逆行。并不是任何时候都可以进入借道左转车

图3-49　借道左转车道与标志

道的，在中央隔离带上会有一个小红绿灯，有的还会有文字辅助说明，只有是绿灯时才可以驶入。红灯驶入会影响对向车道的通行，是违法的。

特别提醒

（1）借道左转就是一个临时的左转车道，设置在了对向车道上。左转车辆也不是什么时候都可以进入待转区的，必须要遵循借道左转信号灯进入左转待行道，到了前方停止线的地方需要停车等候，当大路口的左转灯亮起时才可以左转。也就是说，进不进看借道左转指示灯，过不过马路看十字路口红绿灯。

（2）如果是最后进入的借道，那么要抓紧驶离，不要被卡在该车道而没有左

转成功。因为下个信号灯就是该车道的直行，会有大量车通行，如果逆向停在那

图 3-50　设置有网格线

里是非常危险的，也影响通行效率。所以当借道信号灯变成红灯后，一定不要进入了，一是违法，二是可能就没有时间左转了，会被卡在该车道。

（3）在借道左转车道转弯处的地面一般都有黄色网格线（见图 3-50），就是为了防止车辆停留，从而阻碍了其他车辆进入"借道左转"区域，而且这些地方往往都有摄像头，在网格线的范围内是绝对不允许停留的，否则就要被扣 2 分、罚款 200 元。

七、通过施工路段

汽车通过施工路段时，应当注意警示标志（见图 3-51），减速行驶。若有施工人员指挥时，也应当在施工人员的指挥下慢行通过。

图 3-51　施工路段注意警示标志

（1）道路交通高峰时间，车流量较大，施工路段可能会大面积占用道路，致使车道变少，造成车辆通行缓慢，赶路心切的驾驶人随意掉头、改道行驶，会造成车流量加大，秩序混乱。因此，高峰时间，驾驶车辆应尽量绕开施工路段，不要随意掉头、插队，避免再度造成大面积突发性交通堵塞。

（2）在施工路段（尤其是高速公路）行驶时应注意，如果道路限速标志标明的车速与车道行驶车速的规定不一致，应按照道路限速标志标明的车速行驶。所以，在经过限速标志标明车速的施工路段，以现场限速要求为准。也就是说，在经过施工路段时，施工路段的特殊限速标志是优于一般限速标志的。驾驶人在施工路段只要行驶速度不高于临时设置的交通标志标明的时速，就不会有违章之忧。

（3）施工路段环境复杂，危险性随之增加（如高空坠物、建筑结构松散等原

因），因此不宜停车逗留，应尽快驶离。驾驶重型货车需要在施工区域停留时，驶入驶出前应认真观察周围情况，有条件的应当安排人员下车指挥，涉及转弯的还要注意内轮差，避免将其他道路交通参与者卷入车下或与建筑物、公共设施等发生碰撞。

（4）夜间通过时，应注意红灯标志和施工工人穿戴的反光服，必要时停车察看情况，不可冒险前进。

八、城市道路驾驶应注意的事项

（1）严格遵守交通管理规定。行车中小心闯红灯、随意压线、随意停车、随意掉头、随意超车、随意倒车，应在遵守交通管理规定的情况下通行。许多大城市规定在市区内某些路段禁止鸣喇叭，设有禁鸣喇叭标志。即使是允许鸣喇叭的路段，喇叭的音量也要控制在 150dB 以下，每次鸣喇叭不超过 0.5s，连续鸣喇叭不许超过 3 次。

（2）严格按规定车道行驶。城市道路功能划分比较明确，首先是人与车分离，设有人行道和车行道；其次是车与车分离，设有非机动车道与机动车道，在机动车道中还按慢速置右的原则进行速度分道或是车型分道，部分城市设有公交专用道，有的城市还规定空驶的出租车在最右侧机动车道上行驶。

城市道路上画有很多交通标线，这些标线有的是可以压（越）的，而有的是不可以压（越）的；道路中心的单实线、双实线（白色或黄色）是不能压（越）的；道路中心的虚线，在超车和转弯时可以短时间压（越）线。

（3）严格控制行驶速度。车辆的行驶速度应根据道路、交通等条件确定。汽车在城市行驶，有别于其他路段，要在处理好道路条件与车速关系的同时，有意识地控制汽车的行驶速度。车辆在通过繁华交叉路口、行人稠密地区、铁路和街道交叉地点，转弯、掉头、上下桥，遇大风、雾天等能见度在 30m 以内的天气，经过积水、结冰路段，行驶中遇有喇叭发生故障或下雪、下雨时刮水器损坏等情况时，最高时速不得超过 15km/h。

（4）变换车道超车时，应观察前车情况，预防其突然改换车道而导致自己措手不及，同时要注意准备驶入车道内有无车辆正常行驶，驶入驶出原车道时都必须提前开启转向灯。

（5）在设有中间隔离装置（水泥隔离墩、铁栏杆等）路段上行车时也要留意，防备有人横跨隔离设施，遇有信号停车时车辆不得停在人行横道内。

（6）注意避让执行任务的警车、消防车、救护车、工程抢险车辆，注意礼让外宾车队。

（7）严禁随意停放车辆。随意停放车辆会阻碍城市交通，严重时会造成交通堵塞。为此，在城市道路上需临时停车时，要按顺行方向靠道路右边停车，当妨碍交通时必须立即离开，不准将车辆停止在禁止停放的路段。

（8）夜间行车是违章高发时段，通过交叉路口时，绝不可以因为无交通民警而放松警惕，红灯不可闯，遇违法行为的车辆和行人时要主动避让。

1）注意横过马路的行人。夜间在城市里行车，要注意从左侧横过马路的行人。特别是我国城市道路上的路灯几乎都在道路两侧，道路中心线附近光线很暗，此情况下更应注意。

2）控制车速。夜间行车，视线不良、路界不清，常会使汽车偏离正常运行轨迹或遇到意外情况采取措施不及，因此，严格控制车速是确保安全的根本措施。驾驶人应降低行驶速度，保持中速行驶，以增加观察、决策和做出反应的时间。增加跟车距离，准备随时停车，以防前后汽车相碰事故的发生。

3）注意路障。夜间在城市里行车，要注意道路障碍、道路施工指示信号灯等，在阴暗地段，路况不容易辩清时，必须减速。遇到险要地段，应停车查看，弄清情况后再行驶。

4）注意车况。汽车在夜间行驶途中，要适时观察仪表的工作情况。发动机和底盘有无异响或异常气味等。

5）在有路灯的道路行驶。夜间在照明条件良好的市区或路段行车，应使用近光灯，以安全的速度行驶，同时借助路灯，尽量把视野扩大到前照灯光以外的区域。驶经繁华街道时，由于霓虹灯以及其他光灯的照射对驾驶人的视线有影响，这时也须低速行驶。如遇雨、雪和雾等恶劣的天气时，须低速小心行驶。

特别提醒

城市道路行车"五防"

（1）停车防违章。在行车的过程中，避免在繁华路段和禁止停车的区域路段停车，要选择适合的停车地点，保证安全，防止堵塞交通，或被其他车辆擦碰。

（2）会车防车后。繁华路段、交叉路口、人行横道会车，要防止对方车后的行人、自行车突然横穿公路。

（3）超车防前车。在繁华路段超车，要防止前车因处理情况，躲避行人、障碍，突然向左急打方向，紧急停车，或者是其车前的行人或自行车突然横穿公路。

（4）让车防两侧。和路边的行人车辆要保持一定的横向安全距离，要给自己留下让车的安全空间，防止因让车擦剐车辆、行人、自行车等。

（5）跟车防紧急制动。在繁华道路行车时精力要集中，要密切注视前方的情况，和前车保持适当的距离，防止前车遇有停止信号、处理紧急情况，采取紧急制动，因跟车太近而撞车追尾。

扫码测一测
本章的内容你掌握了吗？

第四章

复杂路段驾驶

一、坡道驾驶

1. 上坡道驾驶

上坡道驾驶的关键是提前选择好合理速度和挡位，尽量避免中途换挡，所以应该在上坡前根据坡度大小选好挡位。坡度平缓，可在平路加速，利用惯性冲坡；上陡坡时需比平地更大的动力，上坡之前需降低挡位；接近坡顶时视线会受影响，看不清对面情况，要慢速行驶，随时准备制动。

（1）坡道起步。

1）使用驻车制动器起步的方法。上坡起步（见图4-1）。左手握稳转向盘，视坡度情况，轻踏离合器踏板，提高发动机转速；右手握紧驻车制动器操纵杆，右手拇指按住驻车制动器的按钮，使保险锁打开，踩加速踏板时适当加大力度，对离合器踏板的操作要快一些，当离合器处于半联动状态时（可感觉左脚掌有轻微颤动或发动机的声音变得沉闷），将驻车制动器操纵杆推到底，缓慢踏下加速踏板的同时继续松抬离合器踏板即可平稳起步。

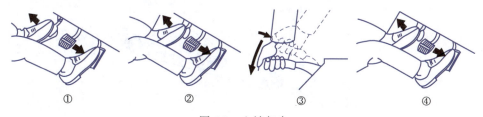

①　　　　　　②　　　　　　③　　　　　　④

图 4-1　上坡起步

特别提醒

只要掌握了离合器踏板、加速踏板和驻车制动器操纵杆的配合要领，就能做到坡道起步迅速、平稳和准确。动作要协调迅速，时机把握要准确，放松驻车制动器操纵杆若过早，车辆未能获得足够的牵引力而会后溜，放松驻车制动器操纵杆过迟，则会因制动力过大不能起步，造成发动机熄火。

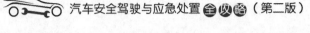

2）不使用驻车制动器起步的方法。右脚踩住制动踏板，左脚将离合器踏板控制在半联动状态。右脚从制动踏板快速地移到加速踏板（这时稍稍用力踩踏加速踏板）。车辆起动后，将离合器踏板轻轻回位。

特别提醒

这种方法一定要在操作非常熟练的情况下使用，否则很容易溜车。

3）自动挡汽车起步时不会后溜，上坡起步时要注意控制好加速踏板，避免向前加速过猛。

（2）上坡道驾驶。

1）上缓坡。上比较缓的坡时，可以在平路上加速，利用惯性冲坡。在上坡过程中，如果感觉动力充足，可加挡行驶。

特别提醒

上坡换挡

（1）上坡减挡（见图4-2）。最重要的是掌握适当的减挡时机，减挡动作应迅速、准确，减挡后要在离合器踏板抬至半联动状态的同时踩下加速踏板。

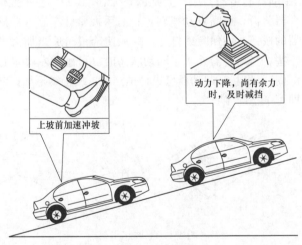

图4-2　上坡减挡

（2）上坡加挡。除按一般加挡要领操作外，加挡前的加速时间要比平路长，换挡的动作要准确、迅速，换挡后应迅速踩下加速踏板，以保证汽车能保持足够的动力行驶。

2）上陡坡。上比较陡的坡时，在上坡前就要换到低速挡上，以保证充足的动力，否则，在行驶途中换挡时发动机会熄火。驶近坡顶时，视线比较差，看不清对面的情况，应适当松下加速踏板，降低速度鸣喇叭，谨慎慢行，随时准备制动。越过陡坡后，可让汽车自行加速下滑（见图 4-3）。

图 4-3　驶近坡顶盲区的要领

（3）上坡道停车。上坡道停车时，应先选好停车地点，并逐渐将车驶向右侧，先放松加速踏板，然后踩下制动踏板（比在平路时的踩踏力小），在汽车将要停下时，踏下离合器踏板，再重踩制动踏板，并且要踩住不放（防止汽车向坡下滑溜）。

若要熄火发动机，则应拉紧驻车制动器操纵杆，并将变速器挂入一挡，必要时在车轮后垫上三角木或石块，并将转方盘转向右侧。

跟随前车排队停车时，需要留出比平路上更大的间距，防止前车起步时后溜而发生追尾碰撞。

2. 下坡道驾驶

下坡时的关键是控制车速。下坡时，车速越来越快，一定不能空挡滑行或长时间使用行车制动器，要注意利用发动机牵阻制动，选择较低挡位行驶。

（1）下坡起步。下坡起步可按平路起步要领操作，但升挡前的加速时间可适当缩短，起步时的挡位可根据坡度选择（见图 4-4）。下坡起步应先松开驻车制动器操纵杆使车辆开始滑动，再缓抬离合器踏板，一经联动可视情况挂入中速挡行驶。

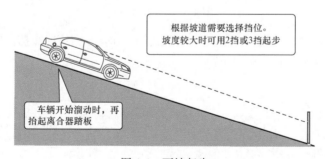

图 4-4　下坡起步

下坡起步所选挡位应比平路起步高 1～2 个。起步后升挡的加速时间应比在平路时缩短。

（2）下坡道驾驶。下坡时由于汽车的惯性作用，即使不踩加速踏板，车速也会越来越快，驾驶人一定要控制好车速（见图 4-5）。

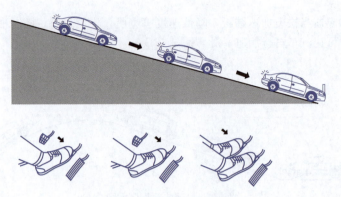

图 4-5　下坡控制好车速

下坡减挡。踏下制动踏板减速，使车速降低到所需挡位的最低速度时，踏下离合器踏板，迅速将变速杆挂入所需的挡位，然后根据前方道路情况松离合器踏板和制动踏板。换挡动作要快，尽量缩短换挡时间。

下坡加挡。下坡加挡前不必踩加速踏板提速，可用二次离合器方法进行，动作要求迅速、及时、准确，空挡位置一带而过，不能停留，否则将造成挂挡困难。

1）下短坡驾驶。下短坡驾驶时，应及早松开加速踏板，从下坡开始就要踩下制动踏板（见图 4-6）。

及早松开加速踏板

从下坡开始就要踩下制动踏板

图 4-6　下短坡驾驶

2）下长坡驾驶。下长坡驾驶时，可先制动减速，根据情况减挡。使用发动机制动为主，行车制动为辅（见图 4-7）。

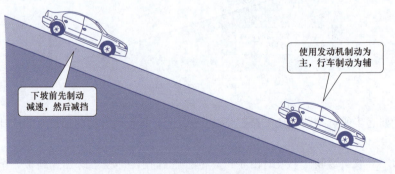

使用发动机制动为主，行车制动为辅

下坡前先制动减速，然后减挡

图 4-7　下长坡驾驶

特别提醒

下坡行驶速度与挡位的选择方法

（1）车辆速度不快时就开始制动。

（2）挂到低挡。如果行车速度还快，再降一个挡位。

（3）下坡路时，不要连续踩制动踏板，主要依靠发动机制动（不踩加速踏板），以行车制动器作为辅助。否则连续制动会使制动器过热，失去制动效果，非常危险。

（3）下坡停车。下坡需停车时，先选好停车地点，平顺地踩制动踏板减速。待车即将停住时，踩下离合器踏板，进一步踩下制动踏板使车辆停住，并拉紧驻车制动器操纵杆，发动机熄火后，挂入倒挡，必要时在车轮前垫上三角木或石块，并将转方盘转向左侧。

特别提醒

下坡行驶时，在重力的作用下车速也会加快，制动距离相比平路要长，此时应尽量提前踩下制动踏板。

二、通过桥梁

公路上的桥梁各种各样，结构材料不尽相同，承载能力也各不一样。常见的桥梁主要有水泥桥、拱形桥、木桥、浮桥、吊桥和便桥等。

通过桥梁前，应注意桥头附近的交通标志（如限速、限轴重、限质量等），遵守限制车速和载质量及轴重的规定，并适当减速、鸣喇叭。有些桥梁在桥头区车道会变窄，应提前减速预防事故的发生。通过不同桥梁时，均应根据不同的情况，采取适当的操作方法，以保证安全顺利通过。

1. 通过水泥桥

在通过水泥桥、铁桥时，如果是双车道以上宽度的桥面，路面平整，可按一般的驾驶要领通过；遇桥面狭窄，道路不平时，应事先换入低速挡，以缓慢的速度通过，并注意不要为了避让凹坑而过于靠边行驶。在窄桥上跟车行驶时，应保持足够的安全距离，尽量避免在桥上制动或停车（见图4-8）。

图4-8 通过窄桥

特别提醒

如果发现桥面比较狭窄，万万不可冒险通过，应看清前方是否有来车，如果对面方向有来车，桥面会车就会有一定困难，应主动在桥头宽阔地段停车等候对方车辆先行通过，不要加速抢行。

2. 通过拱形桥

由于拱形桥梁多用石料筑砌或用水泥浇筑，桥面宽窄不一、拱度较大。在驾车通过拱形桥时，往往无法看清对向来车和行驶路线，因而驾车过程中应多鸣喇叭，然后靠右减速行驶，并随时注意观察桥的对向来车和行人情况（见图4-9）。行到桥顶时更应减速，并随时做好让行和停车准备。切忌冒险高速冲过拱桥，以免发生碰撞。当行至拱形桥桥顶的时候，车辆开始下坡行驶，这时要松开加速踏板，使车辆减速向下行驶，同时注意观察桥下情况，随时做好减速制动的准备。夜间通行时应用变换远、近灯光示意。

图 4-9　通过拱形桥

3. 通过木桥、吊桥、浮桥、便桥

通过木桥、吊桥、浮桥、便桥时，须先停车查看，在确认无危险后利用低挡平稳驶过（见图4-10）。

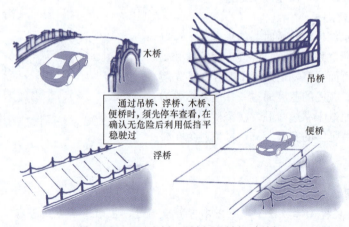

图 4-10　通过木桥、吊桥、浮桥、便桥

木桥材料牢固性差且易腐烂，承载能力小。通过木桥时，应降低车速，缓慢行

驶。遇有年久失修的木桥，过桥前应检查桥梁坚固情况，必要时让乘车人员下车步行过桥或卸下车上的部分物资，再用低速挡通过，并随时注意桥梁受压后的情况，若已驶入桥中听到响声，应继续加速行驶，不宜中途停车。发现桥面板松动，要预防外露铁钉刺破轮胎。

通过浮桥和吊桥。一般浮桥、吊桥的特点是桥面比较窄，承载负荷低，安全性差，汽车通过时危险性大。通过吊桥和浮桥时，首先停车检查能否通过，确认可以通过时，要提前换入低速挡，把稳转向盘，稳住加速踏板，平稳过桥。切不可中途变速、制动、停车或起步。车上的乘员最好下车步行过桥。

4. 通过漫水桥或漫水路

通过漫水桥或漫水路时应停车察明水情，确认安全后，低速通过（见图 4-11）。行驶中视线尽量避开水流，否则容易引起错觉。避免在中途变速、急转向和停车。

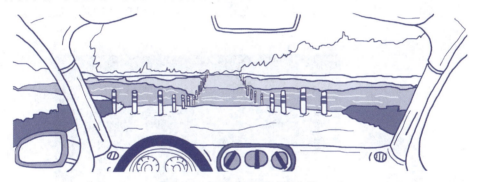

图 4-11　通过漫水桥或漫水路

5. 雨天通过桥梁

通过泥泞、结冰溜滑的桥面时，驾驶人应在桥面上铺垫沙土、草秸、碎煤渣等，或清除桥面上的泥泞和冰雪，或安装防滑链后通过，不可盲目过桥，防止汽车因发生甩尾、侧滑而撞击桥栏杆翻车。

特别提醒

注意事项

（1）通过桥下留意限高标志（见图 4-12）。应该注意前方桥梁限高，绝大部分桥梁涵洞都有限高要求，如果通过桥梁下方前疏于观察，易被卡在防护栏或桥洞里。

（2）高架桥下车流交汇需谨慎。高架桥下交通流复杂，桥墩又遮挡了驾驶人的观察视线，驾驶人容易忽略隐藏的危险，所以更需要谨慎慢行。在转弯时应慢慢探出车头，待对向车道的情况明朗后再完成转弯。图 4-12　通过高架桥限高标志

驶过桥墩时要控制车速，特别是在信号灯即将变化时，可能有右转弯车辆驶来，因此，绝对不能贸然强行通过。

三、通过隧道、涵洞

1. 通过隧道

隧道分为单行隧道和双行隧道。隧道内一般都比较狭窄和黑暗，有时路面湿滑。有的隧道在入口处设有信号灯，只有当绿色信号灯亮时，车辆方可驶入。

行车中发现有隧道标志时，在进入隧道前 100m 左右应当减速，一般车速不要超过 60km/h，具体可以根据隧道前的限速提示来行驶。驶入隧道前注意观察指示标志和限速标志，对于载货汽车要特别注意高度限制的规定。通过隧道前应开启近光灯（见图 4-13）。进入隧道后，由于光线骤然变暗，视力难以瞬间适应，所以要减速慢行。

图 4-13　开近光灯通过隧道

（1）车辆通过单向行驶隧道。由于单向行驶隧道只能同时通过一辆车，一般只修在通行车辆很少的路段，而且隧道长度也很短。通过单行隧道时应提前降低车速，观察对面有无来车，确认安全后方可通过（见图 4-14）。如发现对面有来车或有停车信号，应及时在隧道口外靠右停车避让，待来车通过或见放行信号后再驶入。进入隧道前打开示廓灯或近光灯，适当鸣喇叭，缓行通过。

图 4-14　通过单向行驶隧道

134

特别提醒

　　开灯标志在汽车驾驶员的视野中扮演着关键的角色，属于警告标志系列，旨在确保行车安全。标志明确告知驾驶者在隧道内必须开启前照灯，因为强烈的隧道内外对比可能影响驾驶员的视线适应，开启近光灯则有助于提高能见度，确保自己和他人的行车安全。

　　（2）车辆通过双向行驶隧道。双向行驶隧道可同时通过双向驶入的车辆。汽车驶入双行隧道前应开启示廓灯或近光灯，靠右侧行驶，注意与对面来车安全交会（见图 4-15）。在双行隧道内行驶，应注意交会车辆，并加大车辆的侧向间距，会车时禁用远光灯，隧道内回声大，尽量避免使用喇叭。尤其在距离较长、车辆流量较大的隧道内更需注意，避免喇叭声使隧道内噪声增大。

通过双行隧道应靠道路右侧行驶，视情况开启灯光，注意交会车辆，保持车速，尽量避免超车

图 4-15　通过双向行驶隧道

特别提醒

注意事项

　　（1）在进入隧道前要提前减速，而不是进去以后突然急减速。进入隧道后要减少变更车道的次数，防止因变更车道、路面滑、视线不良等导致剐蹭事故。驶出隧道时不要急于加速，待能够看清路况并且路面没有问题后再加速驶离。同时，在进入双向仅靠标线划分的隧道时，要警惕对向驶出隧道的车辆因打滑而误入本侧车道。因此，在进入隧道之前除了减速观察之外，尽量在车道中间行驶，给两边留一定的缓冲空间。

　　（2）进入隧道时为避免暗适应可能带来的危险，可将脚放在制动踏板上随时准备停车，待看清隧道内情况确认安全后再正常行驶。由于没有相关参照物，存在视觉误差，尤其在有坡道的长隧道内，不能凭直觉判断车速，一定要通过车速表确认行车速度。

　　（3）车辆驶离隧道时，要注意观察隧道口处的交通情况，对于无法观察的道路两侧视线死角，要防止行人、牲畜等动态的出现，应在出口处及时鸣喇叭，预防发生事故。

（4）车辆驶离隧道时，要提防出口处有较强的气流干扰，应握紧转向盘，适当松开加速踏板降低车速，但不得脱挡滑行。

（5）注意隧道内路面湿滑。隧道有的是穿山而过，有的是穿越地下，由于地质方面的原因，加之长期见不到阳光，隧道内路面一般都比较潮湿，甚至有积水。车辆在潮湿路面行驶时，制动距离增大且容易产生侧滑。为此，驾驶人在隧道行车应保持适当的车距，同时避免使用紧急制动，以防发生交通事故。

（6）正确使用空调内循环。隧道内开车最好不要打开车窗，因为隧道内的空气流通不畅，并十分污浊。如果打开车窗行驶，隧道内其他车辆产生的尾气就会进到车内造成车内空气的污染。因此在隧道内行车最好是将车辆的窗户全部关闭，并开启空调内循环来保持车内的空气流通。

（7）尽量不要在隧道内超车，严禁倒车和掉头。

（8）避免在隧道内紧急停车。隧道内路肩宽度一般很窄，有的只有1m左右，如果紧急停车，车辆还有一半车身需占用行车道，如果人员再下车，安全无法得到保证。

（3）隧道行车车辆出现故障的处理。

1）车辆有故障尽量不驶入隧道。如果车辆出现有可能随时会在路上抛锚的故障时，尽量不要驶入隧道，万一在隧道中出现故障可能要比隧道外出故障危险得多。如果已经察觉车辆出现故障了，请尽快停在路边。

2）隧道中出现故障尽可能先离开隧道。如果车辆在隧道中出现了故障，如果可能的话尽量先驶离隧道，以确保安全。

3）若在隧道中车辆抛锚应迅速放置警告标志，随同人员撤离。如果确实在隧道内车辆出现故障无法行驶，应当靠边停车，开启危险报警闪光灯，保证安全的情况下取出三角警示牌放置在车后，同时车内其他人员尽快远离车辆，撤离到隧道安全区域处等待。

4）切勿自行下车维修。隧道中光线差，出现故障时一定要及时撤离并寻求专业救援，切勿自行下车维修，昏暗环境下不仅不具备维修条件，而且存在很严重的安全隐患。

（4）自救和逃生。汽车在隧道行驶中如果发生重大事故，如交通事故、火灾等情况，先不必慌乱，可通过以下几种方法积极自救（见图4-16）。

1）使用电话向外求助。如果车辆在隧道内出现故障不能行驶，首先不要慌张，应在确保安全的情况下尽快向外界求助。目前很多隧道内手机是有信号的，如果手机没有信号，长一些的隧道内墙壁上都设有紧急救援电话可供使用，并且在显著位置有标识，可以借助这样的设施向外求助。

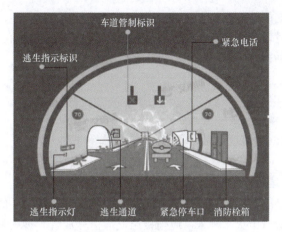

图 4-16　隧道内自救方法

2）使用隧道内的逃生通道。万一在隧道内遭遇重大事故，逃生就显得尤为关键。如果隧道距离不长，在保证安全的前提下沿着路边向隧道最近的出口逃生。如果隧道很长或是道路已经被堵塞，要及时找到人员安全逃生通道快速撤离。

3）打开卷帘门逃生。有的隧道的车行通道防火门采用了卷帘门的形式，正常情况下处于关闭状态，紧急情况时有三种打开的方式：①通过隧道中控室可远程控制开启；②在卷帘门处按动开启按钮自动打开；③采用手动方式，按住把手用力向上提打开卷帘门。打开卷帘门后就可离开隧道。

2. 通过涵洞

（1）通过涵洞时，应在离洞口 100m 处减速，注意观察交通标志，并查清积水的深度（见图 4-17）。

图 4-17　注意观察，查清积水的深度

（2）注意车辆的装载高度是否在交通标志的允许范围内，必要时停车核实。有怀疑时，应下车察看，缓缓驶入。通过简易的陌生涵洞时，防止不察看涵洞前方和涵洞地面情况就贸然驾车通过。

（3）涵洞内一般潮湿路滑，路幅不宽，通视条件较差，应做好防滑措施，并随时注意前方来车和交通情况。

（4）一般的涵洞地面都较低洼，路面多为坑洼不平，汽车通过时应注意躲避凹凸之处，防止凸起的路面擦伤车底盘。

（5）过涵洞时，禁止松开方向盘或轻握方向盘，以防止地面不平引起方向跑偏或方向盘自主转动打伤手臂。

特别提醒

普通轿车的涉水深度一般为 30～40cm，越野车的涉水深度一般为 40～70cm。如果水位已超过汽车的涉水深度，汽车很可能在水中熄火。

四、通过铁道路口

机动车通过铁路道口的平面交叉口时，要提前降低车速（一般不得超过 20km/h），密切注意两边有无火车驶来，应当按照交通信号或者管理人员的指挥通行；没有交通信号或者管理人员的，应当减速或者停车，在确认安全后通过。

1. 通过铁道路口

（1）通过无人看守的铁路道口。驶近道口前应提前减速慢行，须停车观察。做到"一停、二看、三通过"的原则，确认安全后才能通过（见图 4-18）。道口两侧有障碍物阻挡视线或夜间以及雨雾天视线不清时，应仔细观望，必要时下车观察，严禁冒险通过。

图 4-18　通过无人看守的铁路道口

（2）通过有人看守的道口。应注视信号指示灯和道口栏杆（栏门）。两个红灯交替闪烁或者一个红灯亮，栏杆放平或栏门关闭时，表示禁止车辆、行人通行，此时车辆应依次停在停车线以外等待放行，切不可冒险强行通过（见图 4-19）；当红灯熄灭，栏杆（栏门）开放时，表示允许车辆，行人通行。

（3）车辆穿越铁路道口时，应一次性通过（见图 4-20），不得在火车行驶区域内换挡、制动、停车、倒车或空挡滑行。遇道口内的路面凹凸不平时，要注意防止车辆跑偏和侧滑，两手应紧握转向盘，把握好行驶方向，保持直线匀速行驶。

（4）在铁路道口等待放行时，车辆应按先后顺序依次排队，尾随前车通过（见图 4-21）。不可超越前方已停车等待的车辆，更不能占用逆行车道，以防道口放行时造成交通堵塞。放行时不要争道抢行，还要特别注意其他车辆、行人的交通情况。

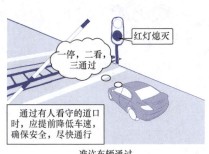

准许车辆通过

不准许车辆通过

图 4-19　通过有人看守铁路的道口

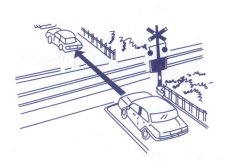

图 4-20　一次性通过

图 4-21　尾随前车通过铁路道口

特别提醒

　　行经铁道时禁止在通过过程中变换挡位和车速、调整行驶方向、倒车、超车等，这些都有可能导致停车。一旦车辆停在铁轨上无法发动，将面临极大的危险。

2. 险情的处理

　　如果车辆一旦在铁路上熄火，必须立即设法把车移离铁路。在火车即将来临的紧急情况下，可将变速杆挂入 1 挡或倒挡，松开离合器，用起动机直接将车驶离铁路。如实在无法移动车辆，当铁路道口有故障报警设施时，立刻按下报警装置。当铁路道口没有故障报警设施时，使用烟幕罐。烟幕罐也没有时可以使用手绢、衣服或醒目的布料，向火车驶来的方向晃动红色衣物等，以告知火车司机紧急制动，避免发生重大事故。

　　当车辆在铁路及火车行驶区域内熄火时，驾驶人应立即采取应急措施：一是车辆上的人员要迅速下车，用人力将车推至安全区；二是调用其他车辆将故障车拖走（见图 4-22）；三是挂入 1 挡或倒挡，借助起动机的动力，将车驶离铁路。以上办法均不能奏效时，应设法告知火车司机（见图 4-23），采取紧急制动措施，以减少撞车的可能性和减轻碰撞的危害程度。

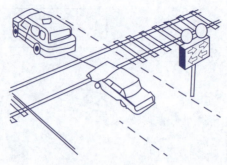

图 4-22　拖车

按下紧急信号报警器　　　　　　　　　　　晃动红色衣物

图 4-23　设法告知火车司机

特别提醒

（1）通过无人看守的道口，不得盲目通过，严禁与火车抢行。在雨、雪、雾等恶劣天气视线不良或有视线盲区时，应该下车观察或有人指挥通过。

（2）在双轨铁路道口，遇一侧列车驶过后，即使是在刚刚通过了列车之后，也要临时停车，左右观察，确认安全后方可通过。如果发现有危险情况，应立即停车等待，不能强行通过。

五、进出码头上、下渡船

（1）进出码头或渡口时，应低速驶入、驶离码头或渡口。行驶时应把稳方向，控制好加速踏板，进出码头或渡口应集中精力，随时注意车前发生的情况，以便在发生意外时能够及时处理。汽车待渡时，必须及早减速并检验制动器的作用，以防发生意外。车辆开出码头或渡口时，车速要慢，同时应持续鸣喇叭，提醒行人或其他车辆。

（2）汽车上下渡船时，应使用一或二挡低速缓慢行驶，不可在跳板上停车，更不能加速猛冲（见图 4-24）。尤其是前轮已上了渡船，后轮还在踏板上，或前轮上了跳板，后轮还在渡船上时，更应谨慎驾驶，稳住加速踏板，平稳地上下。

图 4-24　上下渡船

（3）汽车在渡船上停稳后，要拉紧驻车制动器操纵杆，将变速杆挂一挡或倒挡，关闭发动机，用三角木或其他硬物塞住前后车轮，以防车辆滑动。

特别提醒

　　机动车行经渡口时，应当服从渡口管理人员指挥，按照指定地点依次待渡。机动车上下渡船时，应当低速慢行。

　　（1）驶上渡船后，应缓慢驶至指定位置，平稳停车，不得紧急制动，以防冲撞船体发生意外。

　　（2）车辆上下渡船时，除驾驶人外，乘车人员一律下车，徒步上下渡船。渡运时，车内不得留有人员。

　　（3）多辆汽车同乘一渡船时，应注意遵照有关人员划定的位置停车，不可随意停靠，以免渡船载重失去平衡，发生倾斜。

　　（4）轮渡期间，从上船直至下船安全着陆，必须开启车窗。这样，万一车辆不慎落水，车内人员可以第一时间从车窗爬出进行自救。如果车辆落入水中，车内水满以前车外的压力很大，会导致车门无法打开。

　　（5）车辆下船时，应服从指挥，依次下船，防止倾斜。

　　（6）驶离码头时，后车与前车保持足够的安全距离，防备前车倒溜而发生碰撞，或等待前车驶上坡顶再行起步。

扫码测一测
本章的内容你掌握了吗？

第五章

复杂道路与特殊环境的驾驶

第一节　复杂道路的驾驶

一、山区道路驾驶

山区道路多顺地势修筑而成，坡长而陡，盘山绕行，弯道多而急，路面狭窄，隧道桥多，气候多变，危险路段多。车行山区道路时，应尽量多了解地势、山形、气温、气象，做好必要的、充分的准备。

1. 上坡道路驾驶

上坡过程中，要经常观察仪表的工作情况，特别是冷却液温度的变化情况，冷却液温度过高时应停车怠速（不可熄火）降温，必要时补充冷却液和润滑油。上陡坡时，要加大与前车的纵向安全距离，防止前车突然熄火后溜，否则躲避不及易造成撞车事故，雨雪天行驶更应注意。要注意两侧地形，便于在发生意外时能及时采取安全措施。行近坡顶时，由于视线盲区增大，无法预知对面来车及行人的情况，此时务必靠右行驶，并鸣喇叭示意，不能超车。具体驾驶方法如下。

（1）驾驶机动车上陡坡时，要在坡底提前减挡，加速冲坡（见图 5-1）。要观察路况、坡道长度，在车速下降前减挡，使车辆保持充足的动力平稳地上坡。

汽车上陡坡行驶时，提前换入中、低速挡，平稳上坡，当动力不足时，应迅速减挡，以防拖挡熄火

换到低挡才有足够的动力爬坡

图 5-1　上坡道路驾驶

特别提醒

（1）当发动机动力不足时，应迅速减挡，不可强撑，以防发动机因拖挡熄火。

（2）如错过换挡时机，可越级减挡。

（3）若遇换不进挡或发动机熄火时，应立即联合使用行车制动器与驻车制动器强行停车，然后重新起步。

（2）上坡时车辆应靠右行驶，为往来车辆让出通行路面。但由于山路上容易遇到如突出的岩石或伸出的树干等障碍，路边和水沟边土质比较松软，稍有不慎，便会发生碰陷事故。因而对路面的选择，应当随机行事，特别是在停车或避让时，要选择平坦、宽阔的坚实之处，确保行车安全。

（3）上陡坡时，要注意两侧地形，便于在发生意外时采取安全措施。若遇车辆出现失控倒溜，应把车尾转向靠山的一侧，使车尾让山抵住（见图5-2）。此时转向盘决不可转错方向，以免发生严重的车祸。

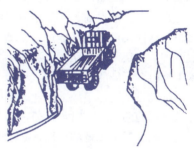

图 5-2 使车尾让山抵住

2. 下坡道路驾驶

下长坡前，应先检查制动系统和转向系统是否安全有效（包括检查制动液和动力转向液的液面高度），如下坡道路较滑，应装好防滑链条。下长坡时，必须挂入低速挡，充分利用发动机的牵阻作用，合理使用制动控制车速，不准熄火滑行，必要时采取间歇点制动，但不可单独依靠行车制动器制动（见图5-3）。下坡车应给上坡车以充分的便利，要经常注意上坡车辆的动向，有时可以通过喇叭声和山下道路扬起的灰尘来作出判断。会车时要给上坡车留出较宽的路面，必要时，主动选择安全地点靠边等让。

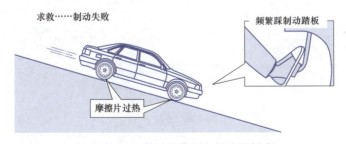

求救……制动失败　　　　　　频繁踩制动踏板

摩擦片过热

图 5-3 不可单独依靠行车制动器制动

（1）汽车下坡时，由于汽车的重心前移，其惯性力也随之增大，应注意检查制动器的工作情况。要严格控制车速，不能过快，运用发动机和低速挡的牵阻作用控制车速，并要合理使用制动器稳定车速，严禁熄火、空挡或踏下离合器踏板滑行。

特别提醒

下坡时，应尽量利用发动机的牵阻作用，合理使用制动器控制车速。如下陡坡或路面滑溜时，更应使用较低挡位。

下坡路段不得超车，且跟车距离要充分保证能够有效观察路面状况。山区道路情况相对复杂，尤其是当坡长弯急视距不足时，跟车应降低车速，加大与前车的安全距离，原则上不要超车。

（2）运用制动器的时机，要有预见性，当车速刚刚接近道路情况所容许的限度时，便应施加适当的制动力，使车速均匀地降低并保持稳定。如果在车速已经很快，急需减速时再开始制动，势必使用紧急制动，这就影响车辆的稳定和损害零件，降低寿命。下陡坡以前，可先用较强的制动力使车辆接近停住，然后将变速器换入低挡位，这样就可避免下陡坡时车辆车速过快了。

（3）在狭窄的坡路，上坡的一方先行；但下坡的一方已行至中途而上坡的一方未上坡时，下坡的一方先行（见图 5-4）。这是因为考虑到上坡时车辆停止容易熄火，从而可能发生交通事故。因此，下坡车应给上坡车以充分的便利条件，要经常注意上坡车辆的动向，有时可以通过喇叭声和山下道路扬起的灰尘来作出判断。会车时要给上坡车留出较宽的路面，必要时，主动选择安全地点靠边等让。

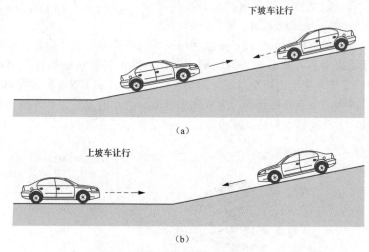

图 5-4　坡道会车

（4）在感觉到制动效能发生变化时，应当及早停车检查，找出原因，排除故障。行车制动器突然失效时，应沉着处理，用"抢挡"的方法增强发动机的牵阻作用，同时，灵活正确地掌握好转向盘，运用驻车制动器减速。使用驻车制动器时，驻车制动器操纵杆不可一次拉死。要逐渐增强制动力，并按下驻车制动器操纵杆按钮，使制动力的大小随时可以调节，直到车辆接近停住时，方可拉紧驻车制动器操纵杆。

（5）当使用上述措施仍不能使车辆停住时，应果断利用自然障碍以增大道路阻力，损耗汽车的惯性力，达到车辆最终被障碍挡住的目的。情况紧急时，可以将车辆与山体摩擦减速或驶入路边浅沟，以减少损失。

3. 傍山险路驾驶

傍山险路地势险、道路窄、弯道急、行车难度大，驾驶人必须认真掌握傍山险道的操作特点，谨慎驾驶（见图5-5）。

（1）注意交通标志，遵守标志规定。行车中要重点观察靠山一边的路面，尽量选择道路中间或靠山的一侧谨慎驾驶，不要注视崖下深涧，以免精力分散和产生紧张心理。

（2）在山区道路遇对向来车时，观察好前方道路和右侧路面情况，选择好会车地点，主动做好停让车的准备。对面来车占路面较大时，要减速靠右行驶，不得加速或紧靠道路中心会车，以防发生刮碰事故。如在会车时靠近山崖边或河崖一侧，驾驶人应停下来观察路基情况，在确保安全的情况下才能通过（见图5-6）。特别在山区公路的雨季行车时，由于公路狭窄，会车时不能太靠近，应选择适当地点，提前让车。

图 5-5　傍山险路驾驶

不靠山体的车可以优先通行

靠山体的一方靠向路边让行

图 5-6　山路会车

特别提醒

山区道路会车时应注意路缘路况，需特别小心，路缘有可能松动。狭窄坡道相当于窄路和坡路的双重情况，因此，狭窄坡道会车首先应降低车速，同时遵守窄路会车和坡路会车优先通行规定，合理安排会车。

（3）转弯前应减速、鸣喇叭、靠右边，特别是下坡车应在转弯前平稳降低车速，随时做好停车准备，以防转弯中与对向来车交会或转弯后遇到路障。边转弯边上陡坡时，应提前减挡，使车辆有足够的动力，避免转弯时换挡。

图 5-7　弯道勤鸣喇叭

（4）在山区道路上，弯多且急，经常出现视线盲区，看不清对向有无来车，为使对向来车提前知道有车临近，应在进入弯道前及时鸣喇叭（夜间用断续灯光），并注意倾听对方是否有鸣喇叭的声音。喇叭不是可鸣可不鸣，而是必须要鸣，其目的是引起对方车辆和行人的注意，使其在心理上和操作上都有所准备，以便采取相应措施，从而避免事故发生（见图 5-7）。

特别提醒

遇到"回头弯"急弯坡道时，如果转弯前能清楚看到对面无车来，则应提前换入低挡，保持足够的动力，避免在转弯中换挡，同时可以适当借道，并用两手交替法操纵转向盘，务使一次性顺利通过。若在转弯前看到来车，且弯道路面较宽，不致影响会车时，则应各行其道，互不超过中心线；如果是下坡，则应降低车速，靠边行驶，以照顾转弯上坡车，并与之安全交会。如果弯急道窄会车困难时，刚下坡车应让上坡车先转过急弯，以免影响上坡车的转向，而发生相互碰擦事故。

4. 危险地段驾驶

（1）驾驶机动车通过傍山险路，要靠右侧谨慎驾驶，避免停车。在较窄的山路上行车时，如果靠山体的一方车辆不让行，要提前减速并选择安全的地方避让。

（2）驾驶机动车通过经常发生塌方、泥石流的山区地段时，减速慢行，注意观察，尽快通过，不能停车（见图 5-8）。

（3）进入危险地段应认真观察，若前方路面有散乱的大小石块、泥块或土堆时，应考虑是否会有塌方、滑坡和泥石流出现，必须选择安全地带及早停车，细心观察，查明原因（见图 5-9）。待确认可以安全通过时再通过，切忌犹豫不定或在可疑地段停车。

图 5-8　通过塌方地段

图 5-9　危险地段尽快通过

（4）确认可以安全通过时，应一次性通过，万一在行进中突然遇到坍塌，应视情况后退或加速前进，不可停车。遇到塌方严重、短时无法排除时，应及时掉头迁回或找安全场地停车等待。

（5）遇到施工地段，要注意路面是否有爆破工程，听从安全人员的指挥。

5. 通过气候多变的山路

（1）出车前和临近气候多变地区时，要注意当地气象预报，力求掌握该地区气候变化的一般规律，学会当地"识天"常识，作为行车必需的准备。

（2）行车途中，遇到恶劣气候时，应当首先做好人、车、货物的安全防护工作，然后再考虑行车方案。遇到暴风雪、暴雨、浓雾时，应驶向附近有食宿的站点或就地停车等待，不可冒险行进。但遇暴雨时，车辆必须驶离山顶、山脚或泄洪地段及有山脊凸出的道路，以防雷电、飓风、山洪、塌方和滑坡。

特别提醒

注意事项

（1）跟车不能过近。在山区公路行车时，跟车距离应大于一般公路。上坡时前后车之间距离不少于90m；下坡时车距应增大到120m。若前车为重车拖挂、半挂牵引车，则车距还应再适当加大，以防前车或本车突发故障，造成相撞事故。

（2）不能下坡空挡滑行。汽车下坡时应利用发动机牵阻制动和行车制动器联合制动，随时控制车速。

（3）不能强行超车。在山区道路上超车时，要选择宽阔的缓上坡路段，开启左转向灯，提前鸣喇叭，在确认前车让超后超越；严禁在禁止超车或不具备超车条件的路段超车。更不能强行超车（见图5-10）。在雨天超车时要注意控制车速，防止前车飞溅雨水，遮挡视线，导致意外事故。

图5-10　山区道路不能强行超车

（4）车速不能太快。由于山区道路弯道多，如果车速过高，一旦碰上危险，不易控制车辆，容易发生事故。

（5）警惕车辆失控。注意连续长下坡弯道路段是事故多发路段，由于车辆自身惯性，如果不对速度加以控制，很容易出现超速行驶的状态。在前方有车辆的情况下，更应注意控制车速，与前车保持较大的安全距离。

（6）气压制动的汽车，下山时要随时关注气压储备情况，因下山时制动较多，消耗气量较大，如气泵工作欠佳，往往会出现气压不足的现象。一旦发现，就要立即停车，等待气充足后继续行驶。

6. 山区道路停车

山区道路应尽量避免停车，确需停车时应选择平坦或略有下坡且前后视距较远的路段、靠山一侧较宽的位置停车。为避免落石危险，悬崖下面不要停车。停车后，驾驶人离开车辆后须及时用石块在下坡方向塞住车轮，以防车辆溜动。

通过山区危险路段，应谨慎驾驶，避免停车。通过经常发生塌方、泥石流的山区地段，不能停车。坡路停车与平地停车相比，车辆的稳定性下降。因此，停车时应尽量选择相对平坦的地点，停车后应使用驻车制动器驻车，如坡度较陡，还应采用垫塞石块等辅助方法保证车辆不溜滑。

下坡中途停车时，踏制动踏板要比在平路时提前；上坡尾随前车中途停车时，与前车的距离要比平路时大。在上坡路段长时间停车时，要在后方用塞木或石块塞住车轮，以防车辆后溜；在下坡路段长时间停车时，要在前方用塞木或石块塞住车轮，以防车辆前溜。

特别提醒

（1）遇到山洪的避险技巧。山区，尤其是地势险峻的山区，一旦有暴风雨，就可能出现山洪。不同车型的抗洪能力有所不同。一般来说，小型车质量轻、重心低，与其他车辆相比，抗水淹能力差，在山洪面前有更大的危险性。

1）不论什么汽车，在山区行驶遇暴风雨时，应立即离开山脚或泄洪地段，禁止停滞观望。在傍山路、堤路上不宜靠边行驶或停车（见图5-11）。在有山洪冲击的地段停车时，禁止将车停在山顶或使车过于暴露在路面上，以防雷击或疾风袭击。也不可将车停在山脊凸出的公路上，以防塌方或滑坡。应选择避风，路基坚硬，山坡岩石坚固，不会发生泥石流和远离山洪的地方停车。

图5-11 在傍山路、堤路上不宜靠边行驶或停车

2）遇暴雨时，汽车必须驶离山顶、山脚或泄洪地段及有山脊凸出的道路上，以防雷电、飓风、山洪、塌方和滑坡。

3）不要企图穿越被水淹没的公路，这样做的结果往往会被上涨的水困住。

4）发现高压线铁塔倾倒、电线低垂或断折，要远离避险，不可触摸或接近，防跨步电压触电（见图5-12）。

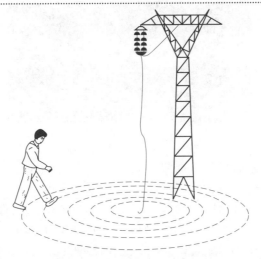

图 5-12 防止跨步电压触电

5）若汽车已经熄火，则务必弃车而去，待洪水退去再做处理。

（2）通过有陷隙山路的技巧。

1）未观察清楚陷隙时，不要贸然通过。

2）如果是安全且坚硬的陷隙，通过时不要以踩着制动踏板的状态使车前轮进入陷隙，因为这样会使乘车人或货物受到损伤。

通过陷隙的正确方法是，首先踩下制动踏板使车辆速度降下来，当前面的车轮快要驶入陷隙时松开制动踏板，这样车轮通过陷隙时可平稳得多。

3）通过陷隙时，双手不要离开方向盘，并尽可能握稳方向盘，防止车轮在陷隙中受阻力影响造成方向的改变，使方向盘产生回转。

二、涉水驾驶

雨季，特别是暴雨天气，低洼路段、立交桥下、隧道等处往往会存有积水。遇到面积大、水位深的积水，不可贸然通过，一是观察其他车辆能否通过；二是选择绕行路线。

汽车涉水前，必须停车观察水情，查明水的深度、流速、流向、水底（泥泞底还是石底）及汽车进出水域的道路情况。

若水面较宽，应选择水浅、底硬、水流稳定及两岸坡缓处作为涉水路线，并应设置标志（见图 5-13）。车辆应采取必要的防水措施。

涉水时应使用低速挡，平稳地驶入水中，并缓慢行进，防止水花溅湿发动机电气设备而造成发动机熄火。稳住加速踏板，保持汽车行驶平稳而有足够动力。尽量避免中途换挡、减速、减低发动机转速、停车和急转向等一些错误操作。

汽车涉水中如发生车轮打滑、空转、下陷时，不可盲目加速强行通过，应立即

图 5-13　涉水驾驶

停车，但不能使发动机熄火，为避免车轮继续下陷，应退回，重新选择路线行驶。若发动机熄火，可用其他车辆向前或向后将车辆拖出水面。

多车涉水时，不可同时下水，应在前车通过水面后，后车再依次下水。

汽车涉水后，应对车辆进行检查，如轮胎间有嵌石，底盘有水草缠绕，应予以清除。继续行驶后应先踩几次制动踏板，排除制动器中的水，避免制动效能降低影响交通安全。

特别提醒

注意事项

对于涉水路面，涉水前应停车察明水情，水流超过发动机进气口时不可冒险涉水行驶。涉水驾驶时，应挂低速挡，稳住加速踏板，匀速一次性通过。同时驾驶人要目视远处固定目标，不要看水流，以防因视觉上判断错误而导致行驶方向的偏移。驶出涉水路段后，应间断轻踩制动踏板，以恢复制动效果。驾驶人在通过深积水时，一定要注意以下几点：

（1）观察积水深度，具体的判断方式是观察水面没过轮胎的高度，只要水面高度不超过轮胎高度的1/2，此时车辆涉水前进基本上是安全的（见图5-14）。

普通轿车的涉水深度一般为 30～40cm，越野车的涉水深度一般为 40～70cm。如果水位已经超过汽车的涉水深度，汽车很可能在水中熄火。

图 5-14　涉水的安全高度（一）

车主可以将轮胎作为参照物：当积水深度在轮胎一半以下的高度时，车主可以放心通过，正常情况下是不会有问题的；如果水深已经超过轮胎一半以上了，通过会有一定风险。

图 5-14　涉水的安全高度（二）

（2）做好必要的准备工作。当水深接近汽车的最大涉水深度时，应采取相应的防护措施，如拆下风扇皮带；用软管将排气管出气口引出水面，将蓄电池位置升高；对机油尺插孔、驱动桥通气孔做好防水保护；高压线、点火线圈可用防水布或塑料布包扎。

（3）一旦在水深处熄火，应立即关闭全车电路，不要试图发动汽车，以防气缸吸水而造成重大损坏。如果遭遇水中熄火，千万不要重新起动发动机，否则会造成发动机活塞、缸体等严重磨损甚至报废（见图 5-15）。此时，应借助外力从水中将车拖出或推出。

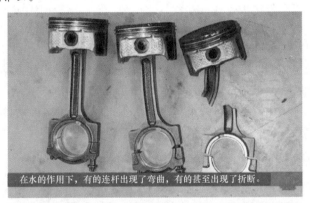

在水的作用下，有的连杆出现了弯曲，有的甚至出现了折断。

图 5-15　发动机严重损坏

（4）城市内涝在某些特定地点的发生率较高，如立交桥底、过街地下通道、铁路桥、公路桥等。因此雨天选择行车路线要尽量避免经过这些地点。如果近期持续有暴雨，车辆也最好选择地势较高的地方停放，不要停在地下车库内。

1）当行驶时发现无法通过或水势上涨过快时，必须立即离开车辆，以免控制车门锁的电路失效，造成无法离开车辆。

2）一旦发生车辆被淹事故，尽早向保险公司报车损险，并打电话给4S店联系拖车将车拖走。在拖车到来之前，如果车主有动手能力，应进行一些简单处理。

• 将车被水浸的照片保存好，供以后保险理赔等使用。

• 拖车到来前，拆下电池的负极接线桩，变速器挡位选择空挡位置，以免拖车过程中误操作起动，扩大对车辆的损失。

三、冰雪路面驾驶

冰雪道路行驶时，天冷路滑，轮胎变硬容易滑转，且路面反光，影响视线。在冰雪地行车，应低速行驶，必要时可更换专用轮胎或加装防滑链。冬季行车，有条件的可使用冬季轮胎，在长时间的积雪路面行驶时，可使用雪地轮胎。在积雪较深、路面湿滑的情况下，防滑链比冬季轮胎效果好，防滑链应装在驱动车轮上。另外，雪后放晴时阳光照在雪地上，容易令人产生视觉疲劳，佩戴墨镜可缓解疲劳。冰雪路面驾驶方法与一般路面有所不同。

（1）起步。起步时应选择比平常起步高一级挡位，缓慢放松离合器踏板，可在离合器半联动状态下稍加停留，踩加速踏板力度要适中，以免起步时汽车猛烈前冲或牵引力过大而使车轮空转，甚至侧滑。若起步时打滑、空转，可以倒一下车重新起步，不要总是在一个地方反复起步。有后桥差速器锁的，可让后桥差速器锁定，以将动力均匀分配给两个驱动车轮。也可清除车轮下的冰雪，并在驱动轮下铺垫砂土、炉渣、柴草等防滑材料，再重新起步。

（2）冰雪路面要保持中速或低速并匀速行驶。需要减速时，应利用发动机牵阻作用，尽量避免使用行车制动，必须使用行车制动时，只能间歇轻踩制动踏板，并辅以驻车制动。

（3）转弯时要控制车速，提前缓抬加速踏板，平稳降速。在道路和交通情况允许下，适当加大转弯半径，操作转向盘要缓慢，做到早转或少转，不要急打急回，以防车轮侧滑。发生横滑甩尾时，要向甩尾的一侧转动方向盘（见图5-16），修正车身后逐渐驶回原路线。

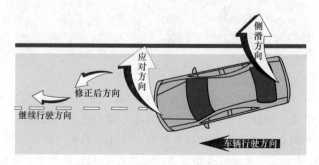

图5-16　向甩尾一侧转动转向盘

（4）尾随行驶应与前车保持较大的纵向距离，一般为正常道路条件的1.5～3倍

（安全距离一般在 50m 以上）。会车、超车要选好适当路段，注意加大横向间距。超车时，待前车让车后，方可超车。

（5）上坡时，应根据坡度使用稍低一级的挡位，需要减挡时，时间应较平时稍提前一些，避免发生拖挡现象，以保证有足够的动力不使汽车向后滑溜。下坡主要是控制车速，要提前挂入低速挡，依靠发动机牵阻作用制动，需要用行车制动来控制车速时，应采用间歇制动。

（6）在积雪过深地区行驶，应根据行道树、电线杆、交通标志和路边栏杆等的相互位置来判断道路，判明行车路线，在交通标志、标线无法识别时，车辙可作为行车参考依据（见图 5-17）。循辙行驶可避免汽车驶入沟渠等危险路段，同时，由于前车的碾压，车辙所在位置路面比较坚实，适合车辆通行。

图 5-17　循车辙而行

如果积雪深至车轮，则应将积雪铲除后再前进。在转弯、坡路等危险地段行驶时，若对路况存疑，则应立即停车，待勘察清楚后再前进。会车、让车时，禁止对路边情况不了解就盲目靠边让车或会车，而应下车探试积雪下面的路面情况，待有把握后，再将车靠边进行会车、让车。

（7）冰雪路跟车时，应该与前车保持较大的纵向距离，一般为正常道路条件的 1.5～3 倍。冰雪路上超车、会车时，应选择比较安全的地段靠右侧慢行，适当增大两车的横向间距，且与路边保持一定距离。冰雪路面摩擦系数较低，车辆制动距离增大，如遇险情难以及时停车，极易发生事故。因此，冰雪道路行车时，应低速行驶，增大纵向行车距离和间距，留有充足的反应时间和避险空间。

（8）行车途中尽量少停车，以防撞车、溜滑和冻结。如需停车，应提前换入低速挡，选择好安全地点，减速、靠边、慢拉驻车制动器操纵杆。若在冰雪路面长时间停车，应在车轮下铺垫砂石、柴草物。以防轮胎与地面冻结在一起，损伤轮胎和传动零部件。

（9）冻雨天气安全行车。冻雨是一种由过冷水滴组成的降水，它与温度低于 0℃ 的物体碰撞就会立即冻结，因此是初冬或冬末春初时节见到的一种灾害性天气。雨水落在地面的瞬间就被冻成了冰，表面看起来不明显，实际地面是非常滑的。

1）在结冰的路面行车时需要注意车速的控制，相对较慢的车速不仅让汽车更易操控，并且在前方发生紧急情况时，能够保证有足够的时间来做出应急处理措施。

2）在结冰路面需要减速时，应该利用发动机本身的制动力将汽车减速。比如现在汽车以4挡行驶，如需减速，迅速挂入2挡，此时发动机的转速迅速升高。车轮带动发动机转动，而发动机本身的制动力会将车轮转速降低，达到使汽车减速的目的。

小提示

防滑措施

（1）安装防滑链。冰雪天气下，出行前可以安装好防滑链。防滑链安装在驱动轮上，驱动在前轮装前轮，驱动在后轮装后轮，只需两条防滑链即可。防滑链按轮胎规格来分类，购买时只需按轮胎型号即可。防滑链按材料的不同可分为钢链和橡胶链，按结构的不同可分为已经接成罩状的防滑链和交叉安装的几根单独的防滑链。防滑链的安装方法见图5-18，安装时需要注意以下几点。

1）不要在遇到冰雪路面之后再安装，因为临时停车安装防滑链比提前安装更麻烦，也不利于安全。安装、拆卸前应将车辆停放在安全地带。如在繁忙的路上，需要设置必要的警示标志。安装防滑链后切勿高速行驶，行驶速度一般不要超过40km/h，并尽可能避免突然加速或减速。道路不再有冰雪时，应将防滑链卸除，不要安装着链条在没有积雪的路面上行驶，否则会严重损坏轮胎。通过冰雪路段后，立即拆除防滑链，以免损坏路面和轮胎。

2）不要认为安装了防滑链汽车就可以在冰雪道路放心地行驶了。过高的车速有可能让防滑链甩脱，防滑链对轮胎和路面都有一定的伤害。因此，安装防滑链之后，车速不可超过30km/h，而且车速要平稳，制动要柔和。在没有冰雪覆盖的路面，可以暂时取下防滑链。

3）防滑链固然可以提高车轮的防滑性能，但是，在冰雪道路上行驶，仍然要小心谨慎。因为并不是所有的车在冬季都会安装防滑链，要当心这些没有安装防滑链的车失控。

拆卸链条要比安装链条简单得多，只要按与安装相反的步骤卸下链条即可，然后把防滑链储存在干燥的地方留待下一次使用。

（2）一些自动挡车型如果配备"雪地模式"，就可根据天气按下变速器上的"＊"键，启动雪地模式，它通过一些自动化程序设定使得汽车以二挡起步，从而减小在光滑的冰雪地上轮胎打滑的概率。

（3）对于北方常年有积雪的城市，建议有经济条件的驾驶人尽量选择冬季轮胎，最大限度地保证行车安全。

冬季轮胎的花纹沟深度较深，能增加排水量并且提高轮胎与地面的摩擦力。胎肩设计成棱角状，加大轮胎与地面的接触，防止在冰雪路面驾驶时出现严重的侧滑情况。在低温条件下，冬季轮胎依然会保持较软的质地。

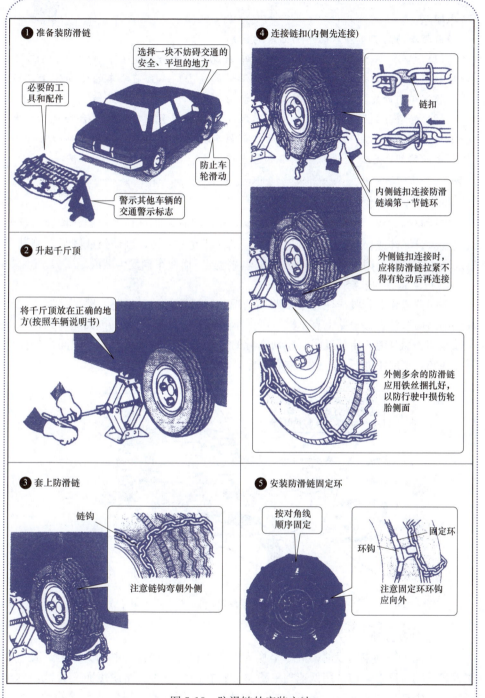

图 5-18　防滑链的安装方法

155

汽车安全驾驶与应急处置全攻略（第二版）

小提示

前驱车与后驱车在冰雪路面驾驶的区别：

（1）起步。冰雪路面上，对于前驱车来说，如果轮胎发生了打滑顶多也就是原地起不了步，但后驱车则有发生侧向滑动的危险。而且前驱车的驱动轮上还压着一台沉甸甸的发动机，这也能增加驱动轮在冰雪路面的附着力。

（2）转弯。到了冰雪路面，由于前驱车的后部重量较轻，因此后轮更容易失去抓地力，再加上驱动轮发生打滑后，前驱车会因为转向不足而导致车头向外偏离预定的路线，也就是说比后驱车更易失控。

四、泥泞路驾驶

泥泞路面较软、变形较大，行驶阻力增大，同时转向盘难以掌握，控制行驶路线难度大。泥泞或松软路面附着力下降，车轮易发生滑转，制动效能降低，制动时制动力很容易超过附着力，车轮会被迅速"抱死"而使车辆发生侧滑。

1. 行驶路线的选择

在泥泞道路上行驶应注意观察路面情况，尽量选择路面平整、路基坚实、泥浆较浅的路面行驶。如道路上有车辙，可循车辙行驶（见图5-19），因为车辙路面一般比较坚实，而且能一定程度限制车辆侧滑的摆动范围。遇有两边低、中间高的路面时，要骑在道路中间行驶，保持左右车轮高低一致。

图5-19　泥泞路面行车

2. 泥泞路驾驶

通过泥泞、翻浆路段前，应尽早换入适当挡位，以保持足够动力顺利通过。在泥泞较浅的道路上，应选用低速挡平稳行驶；在泥泞较深、路途短而又无危险的地段，可用中速挡加速通过；在不宜冲过的地段，可用低速挡以保持足够的动力，一次通过，尽量避免中途变换挡位、制动、转向和停车。如中途必须换挡，换挡时机要比平路正常情况提前，动作要敏捷，联动要平稳。

行驶中加速踏板的控制要平稳，使汽车匀速行驶，以防车轮滑动快而产生侧滑。若产生侧滑、甩尾，此时应立即松开制动踏板，并将转向盘打向甩尾一侧，侧滑就会停止，然后再修正方向继续前行。

在泥泞路上坡时，切不可急加速和以大节气门爬坡，坡度大时也不能认为挡位越低车越有劲。恰恰相反，加大节气门会造成车轮速度太高而空转。这样不但爬不了坡，严重时还会造成车辆后滑失控的险情。此时应试试用2挡拖挡爬坡，从而增大摩擦因数。

3. 泥泞翻浆路的防滑措施

通过泥泞翻浆路时，可采取以下的防滑措施。

（1）通过泥泞路段以前，除去车轮上的泥土，清除轮胎花纹中嵌入的石子和泥沙。

（2）泥泞浅而路基坚硬的道路，可铲除表面的浮泥。

（3）如果行驶中驱动轮被陷打滑，可在车轮下垫木板、干土、石块或杂草等。

（4）必要时可适当降低轮胎气压，加大轮胎着地面积，驶出泥泞后，及时充气。

（5）长期在泥泞区域行车时，应设法将轮胎更换成大花纹的防滑轮胎。

（6）在驱动轮上装上防滑链或缠上草绳。

（7）若泥泞路段不长而条件许可时，可在选定的行车路线上铺设碎石、沙子、禾草或木板等，构成防滑轨道。

五、沙漠戈壁地区

沙漠和戈壁地区，人烟稀少，水源匮乏，气候干燥，风沙大，气温变化剧烈，道路少且常被流沙覆盖，行车环境十分恶劣。

沙漠地区对汽车运行的影响主要表现为：风沙侵入车辆，使发动机及各机件表面磨损加快；流沙覆盖道路，使汽车行驶困难，运行速度降低；气温变化剧烈，干燥缺水，使人员体力消耗大、易疲劳；部分地区植被稀少，驾驶人容易产生低落情绪。

（1）正确控制转向盘。沙漠戈壁路段行车，尽可能保持直线、中速或低速行驶，紧握转向盘，不可急转弯。在需要转弯的时候，车辆转弯的半径要大，而且要慢转转向盘，防止前轮转弯半径过大致使前轮行驶受阻而打滑。应特别注意，有时两前轮所受阻力不同，因而车轮会突然忽左忽右或侧滑偏移。因此，驾驶人要注意选择道路和握稳转向盘，预防前轮偏转，防止转向盘脱手后伤及手臂，甚至造成翻车事故。

（2）避免中途停车。车辆行驶中要选好合适的挡位，一次驶过不要停车，尽量不换挡或少换挡。必须换挡时，动作要敏捷，要保证车辆有足够的行驶惯性的。必要时，可越级减挡，防止换挡动作迟缓而造成停车，通过短距离沙层时可用高速挡或中速挡冲过。

（3）循车辙行驶。当沙层不超过所驾车辆轮胎断面高度或超过这个高度而距离较短时，应循车辙行驶，不要绕行或超车。如果遇到的行驶路线位于沙层较深的大面积沙漠地段，行车就不同于浅沙层，这种地段在长期的风雨尘土作用下，表面形成一定厚度的"硬皮"，下边是沙层直接衬托，一般一次通过是不会陷车的。

（4）避免陷车。在行驶中要确保车辆匀速行进，稳踩加速踏板，不要忽快忽慢，防止驱动轮突然变换转换而造成陷车。如发现驱动轮空转，应立即停车排除车轮周围积沙，然后将车后倒一段，再前进。不可原地继续驱动，防止越陷越深。如车已陷住，首先应排除车轮周围积沙，等待救援。

（5）车辆的停放。如果需要在沙漠地段停车时，要选择坚硬的地表或下坡处车头向下停放，预防车轮下陷和起步困难等情况的发生。

特别提醒

（1）沙漠避险求生六原则：①喝足水、带足水、学会找水的各种方法；②要"夜行晓宿"，千万不可在烈日下行动；③动身前一定要通告自己的前进路线、动身与抵达的日期；④前进过程中留下记号，以便救援人员寻找；⑤学会寻找食物的方法；⑥学会发出的求救信号的各种方法。

（2）在沙漠中行车如突遇暴风，驾驶人应沉着冷静，应立即停车躲避。先将汽车调整成纵向迎风，最好是车尾对着来风，千万不可侧面迎风，防止车辆被吹翻或被沙石击坏。如果遭遇龙卷风，汽车周围会突然尘雾四起，此时应立即减速，并打开前照灯，以免迷失方向。风沙过后，要察看车辆有无被风吹坏现象后再行车。

六、高原地区

高原地区人烟稀少，途中救援条件较差，最好不要单车独行，应有结伴的车辆，或者是有同车的伙伴，驾驶人或同车的人中应该有熟悉汽车修理的。

高原地区除具有严寒的气候特点外，还因海拔高，气压低，空气稀薄（密度小），易造成汽车动力性差、轮胎气压高、发动机功率低、燃料消耗增加、冷却液易沸腾、发动机过热、油路气阻、制动效能降低等不良现象。在汽车下坡时，还会产生过冷现象。由于道路状况差，机件磨损加大，也更易发生车辆故障。

（1）高原地区的驾驶操作要领。

1）应采取必要的技术措施。在发动机方面，缩小燃烧室容积，增加压缩比或加装增压器，减少供油量；还可调整点火时间，使其动力性和经济性得到改善。在散热器前面装帘布或用百叶窗来控制空气流量，可防止发动机过热或过冷。加强冷却系统的密封性，减少冷却液漏失，增大加水口盖大气阀弹簧弹力，使冷却液的沸点提高，避免过早溢出。采用隔热或降温措施，防止液压制动器与离合器的液压传动装置因气阻而失效。经常在高原行驶的汽车，应适当调低轮胎气压。

2）除参照山区道路的驾驶方法外，驾驶车辆时要做到判断道路情况准确，掌握转向时机恰当，换挡时机及时而迅速，即快、准、稳，只有这样才能顺利地在高原地区行车。

（2）驾驶人高原反应的应对。行车到高原地区，人常会出现不良反应，因缺氧而感到头晕、心悸、耳鸣、呼吸困难、四肢无力、极易疲劳等。因此途中应短暂休息，待身体感到逐渐适应后再行车。

由于气候冷热变化较大，要注意身体保暖，带些必要的预防和治疗药品，做到有备无患。并适当注意饮食营养，条件许可时，应少食多餐，食物应易于消化、营养丰富和含多种维生素。晚餐不宜过饱。禁止饮酒，以免增加耗氧量。睡眠时枕头应垫高，使呼吸畅通，提高睡眠质量。

休息时以柔软操及深呼吸来加强血液循环功能及适应高度，平常应多做体能训练以增加摄氧功能。

（3）经常检查制动效能。在高原地区行车，因空气密度小，空气压缩机的进气量减少，储气筒内的气压下降，制动效能减弱。因此，要随时注意制动器的工作效能，慎用行车制动器，发现异常应立即停车检查。

（4）突遇险情的防范措施。在高原地区行车，经常会遇到山洪、泥石流及塌方等情况，应迅速采取措施脱离险地，或倒车，或掉头，或加速冲过。不得在险地久留。

（5）高原地区驾驶注意事项。

1）出车前应做好车辆的检查、保养、维护，加强冷却系统密封，以减少冷却水的渗漏，并带足燃料和备用冷却液及易损配件和必要的医疗用品。随时注意天气预报，做好恶劣气候驾驶的准备。

2）高原的道路状况常常十分复杂多变，通过时要注意选择道路，不要贸然离开主路。如果要在迫不得已的情况下走荒路，一定要时常下车查看路况。如果无法确定某些路段能否通过，那就最好绕行。

3）在高原上行车，要安排好每日行程，在黑夜到来之前选择合适地点住宿，尽量减少在夜间行车，以防迷路。万一迷路后，一定要沉着冷静。如果是在夜间迷路，可以考虑在保证周围环境安全的前提下，就地等到天亮后再走。

4）通过少数民族聚居地区时，应尊重当地民风习俗，礼让行人；注意公路上的家畜，耐心驾驶，确保行车安全。

5）高原山路上，有时可能遇见野生动物出没。遇此情况，切不可用车辆追撵，以防发生事故。

特别提醒

注意事项

人们初次抵达海拔3000m以上的地区时往往会出现缺氧反应，有少数人甚至抵达2000m的海拔高度就会不适，人们把这种高原的缺氧反应称为高原病。

高原病的症状主要包括头痛、头晕、胸闷、气短、心悸、恶心呕吐、口唇紫绀、面部浮肿、失眠、多梦、疲乏、呼吸困难、眼花耳鸣、手足麻木、腹胀腹泻、血压升高等。这些症状第一、第二天明显，以后就会逐渐减轻或消失。但极少数人因劳累、受寒和上呼吸道感染等原因，症状不减反增，甚至发展成为高原肺水肿或高原脑水肿。因此，在高原地区行车有下列注意事项。

（1）如果出现轻度的高原病症状，但还能正常活动，要多饮水，注意保暖，不要做高强度的体力活动。

（2）如果出现中度的高原病症状，活动能力下降，高原反应明显，应该停止向高原地区前进，并且要卧床休息。

（3）如果出现重度的高原病症状，意识模糊、反应迟钝、记忆力衰退、四肢抽搐等，应该尽快到医院就诊。

（4）高血压、心脏病患者，或者在感冒期间，更容易出现高原反应。

（5）可参考表 5-1 准备一些应急药品，以备不时之需。

表 5-1　　　　　　　　主 要 应 急 药 品

药名	用途
维生素 C	增强机体的免疫力
感冒药	感冒早期服用，如果感冒以后要加倍服用
头孢类抗生素	急性呼吸道感染，配合感冒药使用
散利痛/头疼粉	止痛药，头痛时服用
红景天	预防高原反应，但应提前一个星期服用。服用后血液中的血红蛋白含量明显增高，携氧量大为提高
诺氟沙星	用于急性腹泻，胃肠炎
牛黄解毒片	用于高原地区气候所致的体热内燥
丹参滴丸	防止心血管疾病
葡萄糖	可快速补充体力，并对晕车、高原反应有一定效果
创可贴	用于各类外伤
云南白药喷雾剂	用于外伤，止血
口香糖	清洁牙齿，防止口腔溃疡
藿香正气胶囊	治疗肠胃不适
强烈止疼药	缓解牙疼以及其他机械性疼痛（比如扭伤）
胃药	根据自己需要准备相应的类型

 # 第二节　恶劣气候及特殊环境的驾驶

一、雨天、冰雹天驾驶

雨天行车，能见度低，视距短，视线模糊，汽车、行人动态变化异常，且路面湿滑，汽车的制动性变差，险情增多，容易发生侧滑、倾覆和追尾等行车事故。因此，雨天行车应该适度放慢车速，转弯、并线务必加倍小心。

1. 路面的选择

（1）汽车行驶中应该避开积水路面。在凹凸不平的道路上，雨后凹坑内会大量积水，车辆在行驶中应尽量避开，选择高处行驶（见图5-20）。无法避开时，应探明情况，确认积水深度，做好各方面的准备，方可低速缓慢通过，且争取一次性通过。

（2）如果有其他车辆先行通过，应观察并待其通过后再小心驶过，切不可跟进。对大水漫过路面处，应充分了解路面是否被水冲坏，不可盲目涉水。

2. 车速的控制

雨天行驶时，车辆制动性能变差，应与前车保持足够的安全距离并控制车速（见图5-21），避免紧急制动和急转方向，防止车辆打滑、侧滑和陷车。

图 5-20　选择高处行驶　　　　图 5-21　雨天控制车速

（1）严格控制车辆的行驶速度，同时要注意保持适当的车距。

（2）尽量避免急转弯或紧急制动。

（3）在较窄路面上应避免超车，以防汽车打滑驶离路面。

大雨天超车非常危险，不仅不要在狭窄的路面上超车，而且切记不要超越大卡车。因在超越大卡车时，溅起的水花会让驾驶人在几秒内看不清前方情况，一旦有紧急情况根本反应不过来。

如果一定要超车，也必须特别留意后面是否有车。一般这时左、右后视镜也十分模糊，看不清后面车辆的行驶情况，所以，应保持车距、看好前面车辆的同时，从车内后视镜观察好后方情况，再决定是否超车。

特别提醒

雨天汽车转弯应该留意两侧立柱的视野盲区。汽车行车中视野盲区时刻伴随着驾驶人，右转弯时车辆右前方视野受到立柱的遮挡形成盲区，雨天右侧立柱的视野盲区范围更大，更容易被忽略。左侧A柱盲区还可以通过前后探头来观察，右侧就只能将右车窗玻璃放下以增大观察范围，或轻按喇叭提示他人注意。

3. 小心避让行人

遇有行人和非机动车时，要提前减速多鸣喇叭，并尽量增加与其的侧向、纵向距离。会车时不要过于靠边，以防路肩塌陷。严禁争道抢行或从行人身边急速绕过。

4. 湿滑路面的驾驶方法

遇积水处有骑自行车的人和行人时，应放慢车速，以免把水溅到他们身上（见图 5-22）。当行经积水较深的路段需要涉水时，发动机应保持较高转速，且不得换挡，以防止积水进入消声器。车速不能过高，以免积水溅到电器元件上，造成短路。

（1）在行车中，控制车速，适当加大与前车的距离。

（2）防止侧滑（见图 5-23）。慢转转向盘，少打少回，防止转向盘打得过急，增加汽车侧向惯性，引发侧滑。

图 5-22　以免把水溅到行人身上　　　　图 5-23　防止侧滑

（3）多采用发动机牵阻作用降低车速，使用制动踏板要轻踏快抬。尽量避免使用紧急制动，以防造成车轮抱死导致汽车侧滑。

5. 雨雾和暴雨中的行驶

（1）雨天天空阴暗，特别是大雨中密密的雨丝会形成厚厚的雨帘和浓浓的雨雾，都将严重影响驾驶人的视线和听力。这时坐在驾驶室内的驾驶人根本听不见外面的声音，看不清外面的情况。当汽车经过弯道、窄路、坡道时，均应降低行车的速度。

（2）打开前照灯、雾灯、尾灯，勤鸣喇叭，让路上的其他车辆及早发现己车并避让。

（3）夜间雨中行车时，由于雨幕对灯光的反射作用，车前往往是白茫茫一片，形成炫目的光幕。此时应严格控制车速，多使用示廓灯、雾灯，特别在会车时更应注意。

（4）车辆行驶在山区遇到暴雨时，应尽量将车停在山顶的公路上，待雨停后再通过；切勿将车停在山谷间的公路上，以免受到山洪的冲击。

6. 正确使用灯光

暴雨天的环境光线有时会变得很暗，如果在这种环境的暴雨天行，受道路两旁的霓虹灯以及其他灯光的照射，均会对驾驶人的视线造成影响。因此，要正确使用灯光（见图 5-24）。注意不要采用强光照射对方。如果遇到对面汽车的灯光刺眼，无法辨别路面时，则应尽量减速或靠边停车避让，绝不能采用同样的方法采用强光照射对方。

遭遇暴雨天气，使用灯光就很重要，正确使用灯光可以有效地提醒后车注意安全

图 5-24　正确使用灯光

特别提醒

（1）夏天雷阵雨或暴雨时，刮水器几乎发挥不了作用。切不可冒险行驶，应将车慢慢停到路边，并打开各种车灯，或打开危险警告灯，以提醒来往车辆，防止碰撞。待雨小或雨停后继续行驶。

（2）雷雨天气需注意防雷电（见图 5-25）。如果暴雨实在太猛无法行驶，千万不要下车避雨，在车内避雨会更安全一些。因为，假如雷电击中汽车，电流会经车身表面传至地面（车窗一定要全部关紧），车内的乘员一般不会因雷电而发生意外。

雷电情况下，首先要把车门窗关好，如果车门窗有缝隙或小孔，一旦遇到球形雷，雷击所形成的火球将通过缝隙或小孔进入车内，导致车起火燃烧。

图 5-25　注意防雷电

在车内避雨要注意停车地点的选择，不要把车停在孤立的高地，不要在山脚、河边、大树，以及高压线下方避雨，也是不要在变压器附近停车避雨，不要在有积水的地方避雨。

另外，雷雨天气收音机的天线会吸收闪电，所以一定要收起来。不要使用手机通话，应该关闭手机，以免手机引来雷电。

7. 遇到冰雹时的驾驶

突然遇到冰雹时，应该适当降低车速。由于车速加上冰雹降落的速度，会使冰雹砸在车上的力更大，因此在冰雹天气应减速慢行或找有遮掩处停车等候。

特别提醒

遭遇滑坡与泥石流避险方法

滑坡与泥石流大多发生在山地地区，暴发的主要原因是连续降雨、暴雨和特大暴雨等集中降雨而诱发的，发生的时间与集中降雨时间相一致，季节性明显。它爆发突然，来势猛，时间短，具有强大的破坏力，而且爆发频繁，很容易形成严重威胁。避险方法如下：

（1）正确判断泥石流的发生。除根据当地降雨情况来估测泥石流暴发的可能性外，还可通过一些特有现象来判断泥石流的发生，以便采取及时的自救方法。当驱车从发生滑坡地区经过时，最好掉头找一条较为安全的路线行驶。

（2）及时弃车逃生。泥石流的面积一般不会很宽，发现泥石流即将爆发后的迹象后，要及时弃车逃生，向泥石流卷来的两侧跑，即横向跑，跑得越快越高越好。如泥石流是由北向南，或由南向北的，就要向东或向西方向跑。切忌朝着泥石流的下游走。不要停留在坡度大，土层厚的凹处；不要上树躲避；要避开河（沟）道弯曲的凹岸或地方狭小高度又低的凸岸；不要躲在陡峻山体下，防止坡面泥石流或崩塌的发生。在逃生途中，要用衣服护住头部，以免被石块击伤。如果不幸被泥石流埋住，应该尽量使头部露出。为保持呼吸顺畅，应当迅速清除口鼻中的淤泥。

（3）冷静应对。当泥石流来临脱离险境的过程中，若不幸受伤，临时又找不到脱离险境的好办法，就尽量保存体力，不要乱动，以免使骨头错位，影响下一步治疗。最好是用石块敲击能发出声响的物体，向外发出呼救信号，不要哭喊、急躁和盲目行动，这样会大量消耗精力和体力，尽可能控制自己的情绪或闭上眼休息，等待救援人员到来。如果碰到因遭受泥石流、塌方、滑坡导致受伤的人，要迅速实施救助。救出压埋在泥浆或倒塌建筑物中的伤员后，应立即清除口、鼻、咽喉内的泥土及痰、血等，排出体内的污水。对昏迷的伤员，应将其平躺，头后仰，将舌头牵出，尽量保持呼吸道的畅通，如有外伤应采取止血、包扎、固定等方法处理。

二、雾天驾驶

雾天能见度降低，视野变窄，视线模糊，视距缩短，方向难辨，行车中很难看清前方障碍（行人、慢行车、故障车、事故车、凹坑等），极易发生交通事故。

（1）减速慢行。为使驾驶人能更清晰地观察周围情况，从容自如地处理各种道路交通信息，必须减速慢行。同时，因雾中情况不明，大部分车辆车速时快时慢，捉摸不定，减速慢行可以避免与前车相撞。

（2）选择可靠参照物。雾天能见度低，可在行驶中寻找可靠的参照物，如路旁的护栏等。如有同向车辆行驶，则可与前车保持适当的安全距离跟随行驶。

（3）各行其道。雾天行车。为防止前方突然出现交会车辆，来不及避让而发生危险，通常将汽车始终保持靠道路右侧行驶，且不可侵占对方路线或超越其他车辆。会车时，应关闭雾灯（见图 5-26），以免给对方造成炫目，同时加大横向间距，低速行驶，会车后打开雾灯。

（4）控制好车速。能见度不足 30m 时，车速应控制在 20km/h 以内；若能见度在 5m 以内时，属于特大雾，应该停止行驶，在安全的地方停车，并开启雾灯和危险报警闪光灯。可待雾消退或减轻后再上路行驶。

图 5-26　雾大会车时应关闭雾灯

特别提醒

（1）团雾具有突发性、浓度大等特点，又被称作交通安全的隐形杀手。冬天是团雾多发季，尤其在高速公路上（见图 5-27），非常容易影响驾驶人视线。高速公路上的团雾多发路段，基本处在水塘、桥面附近，雨后的山区以及其他温差较大区域，行驶到这些路段时需格外小心。

图 5-27　高速公路上的团雾

(2) 雾天在高速公路行车时，应根据视距远近，适当降低车速，加大行车间距。一般情况下，当能见度在 200～500m 时，必应当开启防眩目近光灯、雾灯，时速不得超过 80km/h，行车间距应保持在 150m 以上；能见度在 100～200m 时，必应当开启雾灯和防眩目近光灯、示廓灯和尾灯，时速不超过 60km/h，行车间距保持在 100m 以上；能见度在 50～100m 时，时速不能超过 40km/h，行车间距保持 50m 以上。

(5) 雾中会车，要选择宽阔的路段和地点低速交会。两车相会时，都要关闭雾灯，适当鸣喇叭，车辆之间及车辆与行人之间要保持充足的安全距离，以免发生碰撞和刮擦。发现可疑情况，立即停车让行。前方有障碍物时会车，要留出提前量和安全间距。遇对面来车车速较快，没有让路意图时，主动减速让行或靠边停车。

(6) 雾天跟车行驶，要密切注意前车动态，严格控制车速，适当加大与前车的纵向安全距离，以防与前方车辆距离太近，将前车停车开着的尾灯误认为是行驶车辆的尾灯，紧跟行驶导致撞车。

(7) 及时鸣喇叭。雾中行车，应多使用喇叭，以引起前后车辆和行人的注意。听到来车喇叭声，应鸣喇叭回应。会车时还可开关灯光示意，以免发生剐蹭、撞车事故。

发生道路堵塞时，立即停车，并开启危险报警闪光灯。

(8) 慎用制动。雾水会使路面潮湿，附着力减小，车轮打滑，制动距离增加。因此，在行驶时应以发动机的牵阻作用为主，辅以间歇性的驻车制动，要尽量避免使用制动踏板。雾天需要制动时，一定要谨慎，不可采取紧急制动，防止侧滑和被尾随的车辆撞击。

(9) 注意交叉路口和弯道。雾天行驶在交叉路口或弯道上行车，驾驶人看不清交通信号、标志，甚至认不清是路口还是弯道，不易发现侧向来车，最易发生事故。在到达交叉路口或弯道前，更应减慢车速，多鸣号，仔细观察车辆前方及左右情况，有情况及时停车，切忌莽撞行车，发生事故。

(10) 尽量不要雾天超车。雾天尽量不要超越正在行驶的车辆。如果非要超车，也要观察清楚，提前开启转向灯再按喇叭，确定没有其他状况，才能超车。

发现前方车辆靠右边行驶时，不可盲目绕行，要考虑到此车是否在避让对面来车。超越路边停放的车辆时，要在确认其没有起步的意图而对面确无来车后，适时鸣喇叭，从左侧低速绕过。

(11) 正确使用灯光。雾天能见度低，正确使用灯光不仅可增大视距，而且可引起其他车辆和行人注意。

1) 当雾气不太浓时，应开雾灯、前后小灯及示廓灯（见图 5-28）。

2) 当雾气很浓，能见度小于 30m 时，还应开近光灯和危险报警闪光灯。后车与前车近距离行驶时，不能使用远光灯。

（12）遇到浓雾区域，来不及进入就近的服务区时，可把车停靠在安全路段（见图 5-29）。

图 5-28 雾气不太浓时应开雾灯、
前后小灯及示廓灯

图 5-29 把车停靠在安全路段

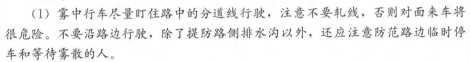

特别提醒

注意事项

（1）雾中行车尽量盯住路中的分道线行驶，注意不要轧线，否则对面来车将很危险。不要沿路边行驶，除了提防路侧排水沟以外，还应注意防范路边临时停车和等待雾散的人。

（2）注意路面及地理环境，尤其是通过村庄、路口、车站及行驶于山路转弯处时，应仔细观察周围情况，做好避让停车的准备。

（3）在遇车辆事故或抛锚而停车后，所有乘车人都要从右侧下车，离公路尽量远一些，千万不要坐在车内。如果在高速公路的应急车道停车，停车后驾驶人应打开危险报警闪光灯，并在后方 150m 外设置危险警告标志牌后，立即将车上人员撤离至护栏外，同时立即报警，千万不要留在车内或在车道上行走，以免发生严重事故。

（4）前后风窗玻璃上的雾气应及时使用空调除雾。一般情况下，使用冷风除雾速度快，但关闭空调以后很快又会有雾气，因此，建议用热风来除雾。遇大暴雨或特大暴雨时，刮水器难以改善视线下，不要冒险行车，而应选择安全地点停车，并开启示廓灯。

雪天，要注意及时清除前后风窗玻璃、外后视镜和各车灯上面的积雪，防止视线受阻和车灯信号被遮挡。当风窗玻璃上起霜时，应开启空调除霜功能，或找其他随车人员帮忙擦除或安全停车后自己擦除。雪天后，四周白雪很刺眼会引起眼睛不适，长时间开车应佩戴墨镜。

（5）雾天看前车尾灯行驶危险大。大雾天，跟车行驶应注意不要以前车尾灯参照物行驶。看着前车尾灯行驶存在较大风险：一是会不知不觉距前车越来越近，

167

前车若紧急制动很容易追尾，若前车撞上障碍物或开进沟里，本车也很难幸免；二是由于后雾灯也为红色，亮度还比制动灯强，如果前车后雾灯一直亮着，驾驶人很容易忽略前车制动灯，会对车辆的行驶状态（如行车、制动还是停车等）产生误判；三是如果前车开着后雾灯，因后雾灯光线极强，离前车近时会刺激眼睛看不清前方情况，容易造成危险。

三、风沙天驾驶

在风沙天气中行车，由于风力的作用，车辆行驶稳定性下降，飞扬的尘土会遮挡视线，影响驾驶人的正常观察和判断，制动停车距离会相对增长，如果风力过大，还容易使车辆侧滑或侧翻。大风中行车要握紧方向盘，根据风力、风向及时调整车速，尽量减少超车，微调转向盘，鸣喇叭时间可适当延长。在大风天夜间行驶时，应使用防眩目近光灯，不宜使用远光灯，以免炫目造成误判。

（1）中低速驾驶车辆。在大风天气下车辆要保持中低速行驶，密切注意路上的行人和自行车的动态（见图 5-30）。在刮大风时，有些行人用纱布蒙上脸或戴上墨镜，视野受到一定的限制；还有的人加快脚步狂奔乱跑；有些骑自行车的人低着头只顾拼命往前骑。驾驶人行车时最好以中低速行驶，随时准备制动停车。

图 5-30　注意行人

（2）提高注意力。由于大风扬起的尘埃阻挡了驾驶人的观察视野，行车时应适当放慢车速，正确地辨认风向，握稳转向盘，防止行驶路线因受风力而偏移。注意车辆的横向稳定性，尽量减少超车，鸣喇叭时应适当延长时间。

特别提醒

逆风驾驶车辆注意风向的变化。逆风行驶时，应注意风向突然改变或道路出现较大弯度，风向变化时风阻会突然减小，会使车速猛然增大。行车中要预防行人为躲避车辆行驶扬起的尘土，在车辆临近时突然跑向道路的另一边。

（3）加大安全车距。在多风多灰尘道路上尾随行车，应注意保持较大跟车距离，谨防追尾事故的发生。自行车、三轮车、摩托车等受风力作用稳定性变差，相遇时应加大安全距离。另外，降低车辆与风速的相对速度，也可减少风沙对车辆的冲击力，以减少漆面磨损。如需停车，应尽量提前100m左右轻点制动减速，使后面来车有足够的应急准备时间，避免因制动过急造成碰撞或追尾。

（4）风沙天转弯，应打开前示廓灯，勤鸣喇叭，以引起行人、车辆的注意，缓慢行进，并随时做好制动停车的准备。

（5）不能单靠喇叭。受大风的影响，有些行人或其他车辆的驾驶人根本无法听到喇叭的声音。所以，在通过复杂道路，遇到不稳定的目标时，不要狂按喇叭，那样做无济于事，必要时应及时减速直至停车。

（6）快速闪避障碍物。在风沙天气里，视线往往不清，如果突然出现危险，来不及或无法制动时，必须及时操纵转向盘来躲闪，以求获得最大的安全保障。转动转向盘要由慢到快，逐步进行，且转向盘转动幅度不应大于半圈，完成闪避动作后，应迅速将转向盘回正，确保车辆恢复平稳行驶。驾驶人在整个过程中也不要紧盯着障碍物，而是应将视线对着正确的行驶方向。

（7）行车中如突遇沙尘暴，造成尘土飞扬，空气浑浊。能见度降低，使驾驶人的视野变窄、视距减小，应打开示廓灯、雾灯和尾灯，并多鸣喇叭。

（8）在大风天夜间行驶时，应使用防眩目近光灯，不宜使用远光灯，以免出现炫目的光幕而影响视线。

（9）及时躲避暴风。行车途中突遇暴风，应立即停车躲避，车辆应尽量停在背风处，如无处背风，应将车尾对着来风，防止车辆被吹翻或被沙石打坏。

（10）在山区大风天气行驶时，应注意可能有石块滚向道路，要及时避让，以免造成人员、车辆的损伤。

（11）注意避让大型货车。大风容易造成大型货车，尤其是超载货车失控或货物倾覆，因此要避免长时间跟在大型货车附近。在超越行驶中的大型货车时，要特别注意大型货车行驶中产生的侧向风对自己车辆的影响。驾驶人注意把握方向盘，适当加大超车距离，提前进入超车道，确认安全后再超车；当车身受到侧向风吹动时，驾驶人可以小幅度地打方向盘，修正车的前进方向，克服侧风的影响，千万不能大幅度地回轮，以避免发生意外情况。

（12）注意车灯，善加使用。沙尘暴天气车灯的运用和大雾天气相同，在沙尘天气开车，应打开示宽灯、雾灯、尾灯（见图5-31），多鸣喇叭，以引起行人、汽车的注意，减速行驶并随时做好制动停车的准备。夜间行驶时，不宜使用远光灯，应使用防眩目近光灯，以免

图5-31　注意车灯，善加使用

因出眩目而影响视线。

特别提醒

遭遇龙卷风天气避险方法

龙卷风多发生在夏秋季的雷雨天，尤以午后至傍晚最为多见。当云层下面出现乌黑的滚轴状云，当云底见到有漏斗云伸下来时，龙卷风就出现了（见图 5-32）。龙卷风的特点是范围小、寿命短、跳跃性强、破坏力大。最好的避险方法就是远离龙卷风。龙卷风从正面袭来时，有一种沉闷的呼啸声，由远而近。如果听到这种声音，应马上采取紧急措施。

图 5-32　龙卷风

驾车遇到龙卷风时，要当机立断立即弃车。不要试图开车躲避或躲在车里，也不要躲在车旁。因为汽车内外强烈的气压很容易使汽车爆炸。风暴会将其掀上半空。这时应迅速奔跑往最近的地下室、防空洞、涵洞、高楼最底层等处躲避。

如果是在田野空旷处，应寻找低洼地形，如沟渠、河床等处趴下。闭上口、眼，用双手、双臂保护头部，防止被飞来物砸伤。如果在停车场遇到大量人群拥挤，应将胳膊放在胸前，保持深呼吸。同时不管朝哪个方向，都要不断移动。在室内人应该保护好头部，面向墙壁蹲下。

四、炎热高温条件下驾驶

炎热的夏季，外界温度高，易引起发动机过热，水箱易"开锅"，燃料系统易"气阻"；路面灼热，轮胎温度高，高速行驶易爆胎；蓄电池蒸馏水易蒸发；高温行车易使发动机功率下降，机件磨损加快，致使机件故障增加；高温酷暑也易使驾驶人身体感到不适。

（1）遇"开锅"，不可马上熄火和急于加水，应停车让发动机怠速运转，待温度稍下降后再熄火加水，以防活塞粘缸和发动机炸裂。在开启水箱盖时，应防止水汽喷出，烫伤人体。可用湿布包住散热器盖，然后将盖打开，加水时，人要站在保险杠的一端，以防水汽冲出烫伤手脸。发动机温度过高时忌泼冷水浇发动机。发动车时忘记加冷却水,待发现温度已经过高时,就向发动机缸体、缸盖上浇凉水来降温。这样可能会造成发动机缸体由于骤冷而炸裂,酿成严重的后果。

特别提醒

在夏季高温时节,烈日烘烤的汽车中应避免将打火机、碳酸饮料、电子产品、药品等留在车内(见图5-33),以确保安全和药品的有效性。

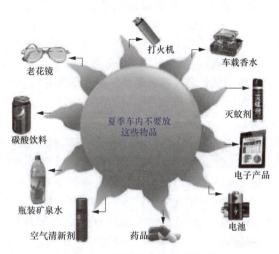

图 5-33 不能留在车内的物品

(1)老花镜。老花镜属于凸透镜,容易将光线聚在一起,如果长时间聚焦光线,导致焦点温度过高,可能会烤坏车内的塑料饰板,甚至导致车辆自燃。

(2)打火机。将打火机放在车内,内部液体受热膨胀,很容易爆炸。

(3)车载香水。香水的主要成分是香精、酒精以及水分,酒精含量为40%～80%。在车辆空间密闭、空气不流通的情况下,香水很可能成为一枚"定时炸弹"。水晶或玻璃材质的香水瓶,在太阳暴晒的情况下,它可以形成类似放大镜的聚焦效果,若聚焦在易燃物品上将非常危险。

(4)灭蚊剂。灭蚊剂属于罐装喷雾剂,罐装喷雾剂内的物品本身也都是易燃品。如果长时间放置在高温的车内,极易发生危险。

(5)电子产品。驾驶人停车后,一定要把手、数码相机、充电宝、电池等从车内拿出来。这些产品会因温度过高导致机器故障。电池在高温下也可能发生爆炸。

(6)药品。药品种类繁多,不同的药品有不同的储存条件和保质期限。在高温环境下,药品可能会失效,甚至产生有害物质。如某些抗生素、胰岛素等药物在高温下会失去效力,而硝酸甘油等药物在高温下则可能分解产生有毒气体。

(7)碳酸饮料。碳酸饮料含有二氧化碳气体,在高温下容易膨胀。在汽车行驶晃动时也容易导致罐体破裂。因此最好不要在车上放碳酸饮料。

（8）空气清新剂。为了改善车内环境，很多人会在仪表台上放一瓶汽车香水。但香水挥发产生的气体易燃，当汽车受到高温烘烤，车内温度不断上升时，很容易引起爆炸。

（9）瓶装矿泉水。夏天放在车里的瓶装水对人体健康是非常不利的。塑料瓶经过长时间暴晒，车内高温可能导致矿泉水瓶释放有害成分。

（2）行驶途中应随时注意胎温和胎压变化，发现胎温、胎压过高时，应选择荫凉处停车，使胎温自然恢复正常，不可用放气或浇水的方法对轮胎进行降温，若行驶中突遇轮胎爆裂时，应当握稳转向盘，迅速、平稳地停车。

（3）定期检查蓄电池电解液液面高度，不足时应适量添加蒸馏水进行补充，并保持蓄电池盖通气孔畅通。

（4）汽车在炎热气候中长时间行驶，应控制车速，低速挡行驶时间不宜过长，加速不宜过急。当制动毂温度过高时，不得浇泼冷水，以免制动毂裂损。

（5）夜间行车，应注意高温在路边荫凉处休息或散步的人员。

（6）高温气候，尽量避免在阳光强、气温高的时间内行车，驾驶人要注意休息，保持充沛的精力。驾驶人应注意做到"九防"：① 防机体过热；②防燃油气阻；③防蓄电池亏水；④防制动失灵；⑤防车胎爆裂；⑥防润滑不良；⑦防高热中暑；⑧防发动机爆燃；⑨防疲劳瞌睡。

特别提醒

夏季行车如何避险？

（1）防暑防疲劳。疲劳是指驾驶人每天驾车超过 8 小时，或者从事其他劳动体力消耗过大或睡眠不足，以致行车中困倦瞌睡、四肢无力，不能及时发现和准确处理路面交通情况。

连续驾驶中型以上载客汽车、危险物品运输车辆以外的机动车超过 4h，应停车休息。停车休息时间不应少于 20min（见图 5-34）。

别着急！休息，休息20分钟……

图 5-34　强制休息时间不应少于 20min

1）夏季长途行车，可随车携带一些必要的用品，如防暑药物、遮光眼镜、毛巾、水壶、水桶等。夏季午后的一段时间内最为炎热，容易引起疲劳或瞌睡，在条件许可的情况下，要尽量避开在这段时间行车。

2）夏季紫外线强烈，特别是在日出和日落的时间内，如果汽车正好迎着太阳行驶，阳光的照射会造成驾驶人眩目，虽然车内有遮阳板，但是，放下遮阳板会缩小视野，影响观察道路上方的信号灯和交通标志。如果随车携带有遮光眼镜，此时就可以派上用场了。

（2）防止行车时打瞌睡。驾驶人在行车前要注意休息，保证充足的睡眠。夏天，尽量利用早、晚或天气凉爽时行车，不宜在习惯睡眠的时间驾车，以免因惯性而产生睡意。行车中感到视线逐渐变得模糊、思维变得迟钝时，必须立即停车休息。休息时，可将车停到服务区或允许停车的路边，下车散散步，可用冷水淋洗头脸，或做些体操、喝些茶水等，也可在前额涂以适量的清凉油，以清醒头脑、振作精神。必要时，可以喝点咖啡，嚼点口香糖，以消除睡意。

（3）防止发动机过热。

1）夏季应加强对发动机冷却系统的检查、维护，确保冷却系具有良好的冷却效果。检查散热器是否有破损，及时清除散热器片间嵌入的杂物；认真检查节温器、水泵、风扇的工作性能，损坏的应及时修复，同时注意调整好风扇传动带的张紧度；检查冷却液量是否充足，必要时加注冷却液；应注意清除散热器和缸体、缸盖水套内的水垢，以提高冷却效果，清除水垢时，应根据铝合金气缸盖水套与铸铁气缸盖水套的区别，选配不同的除垢剂。

行车中要随时注意观察冷却液温度，当冷却液温度超过100℃时，可以选择在荫凉处停车降温，让发动机怠速运转，并掀开发动机室盖以利于散热，此时不可向发动机泼冷水，以防机体炸裂。

2）在高温条件下，应加强发动机的散热和通风，保持发动机处于正常工作温度，同时应及时清洗汽油滤清器，保证油路畅通，避免供油系统产生气阻。万一气阻产生，应立即停车降温，可通过冷敷降温消除气阻。现代电喷汽车多采用电动汽油泵，它远离发动机热源，可有效防止气阻。液压传动制动系应换用高温抗气阻性好的制动液。

五、严寒地区驾驶

严寒地区气候恶劣，对汽车的动力性能和驾驶操作都有较大影响。低温条件下，润滑油（脂）黏度增大，各机件转动阻力增大，润滑条件变差；燃油的汽化性能降低，不利于燃油与空气的混合，致使发动机起动困难；金属、塑料、橡胶等材料易变脆，汽车检修、维护不便，机械故障增多；发动机升温慢，长时间停车需进行防冻、预热和保温。由于路面易结冰，轮胎附着系数减小，制动性能下降，制动距离增长，易发生侧滑。

（1）汽车起步。发动机启动后，用怠速运转3～5min，待运转平稳正常，水温达到50℃以上时，方可起步。

严寒地区而又在露天停放的车辆，由于变速箱和差速器等传动系统的润滑油变稠，起步和加速比较困难，除在停放过程中采取防冻保温措施外，必要时可用烘烤的办法对变速箱和差速器进行预热。

起步时挂入 1 挡，使用半联动离合器缓慢起步。起步后用低速挡行驶一段距离，待传动系统各部机件有较好的润滑后再加速前进。切忌猛轰加速踏板和强行挂挡，以免损坏机件。

（2）汽车行驶。

1）在严寒地区行车，因无霜期短，路面冰雪不易融化，行车中车轮容易空转和侧滑，制动停车距离较长。因此车速不宜太快，一般应保持在 20km/h 左右。尽量保持匀速直线行驶，避免紧急制动和急剧转向。一般不要超车，会车时要提前减速，并随时做好制动和停车准备。

2）在转弯和弯曲道路上行车，要适当控制车速。转急弯时要提前换入低速挡，不使用制动，不急打方向；上坡用低速挡，保持均匀车速，半坡避免换挡；下坡要用发动机牵阻作用控制车速，跟车距离要比正常增加两倍以上；会车要保持较大的侧向间距。

3）对装有气压式制动装置的车辆，储气筒及管路中的水蒸气，常会遇冷结冰而造成管路阻塞，制动失灵。因此，在行车中要随时注意气压表读数，并在清闲路段轻踏制动踏板，检查制动性能。如发现管路中有结冰现象，应用热水使其融化并排出，保持气路畅通。

4）行车途中散热器结冰时，应及时关闭百叶窗或用棉大衣等护严散热器前罩，使发动机怠速运转，以提高温度，促使冰融化。

5）临时停车，应选择干燥、避风和朝阳处。停留时间较长时，未加防冻液的汽车应间断起动发动机，以防冷却水结冰而冻裂机体、散热器等机件；收车后停车，务必排净散热器和发动机水套内的冷却水（未加防冻液的汽车）；气压制动的汽车应放净储气筒内存留的油水混合物，以免结冰而影响制动效能。

6）行车中应选择平坦路面，保持中速行驶，避免剧烈振动和紧急制动。由于驾驶室内外温差较大，风窗玻璃上易形成冰霜，应及时进行擦拭，不可勉强行驶。

特别提醒

低温和严寒气候条件下的防冻措施

（1）使用标号较高的汽油和燃点较低的柴油。汽油汽车进入冬季后，宜用 92 号、97 号汽油；柴油汽车，气温降到 −14～−5℃ 时，宜用 −20 号柴油，气温下降至 −29～−14℃ 时，可用 −35 号柴油。

（2）使用防冻液时，应选用防冻液的冰点，应低于使用地区最低气温 5℃，不同类型的防冻液不可混用。

第三节 夜 间 行 驶

夜间行车，因灯火照射范围和能见度有限，使视线受到约束，驾驶人观察能力、判断能力降低，极易产生视觉障碍和疲劳，造成行车难度加大。必须严格遵守交通法规的有关规定，控制车速，选择适当的行驶路线、精心驾驶，确保行车安全。

一、夜间道路识别与判断

白天能见度高，道路情况比较容易观察。而夜间的道路情况，大部分需要凭经验去判断。

（1）通过发动机的声音变化来判断道路情况。

1）一般来说，未松加速踏板而感到车速自动减慢、发动机声音变得沉闷时，说明行驶阻力增加，汽车可能正行驶在上坡或松软路面上（见图 5-35）。

2）当感觉车身自动加快、发动机声音变得轻快时，说明行驶中阻力减小，汽车可能正行驶在一段下坡路中（见图 5-36）。

图 5-35　听声音判断道路情况（上坡）　　图 5-36　听声音判断道路情况（下坡）

（2）通过对方来车的灯光情况判断前方路面情况。若对方的车灯稳定不变，说明前方道路平坦；若其灯光突然不见，则前方有可能有路口或弯道；若其灯光左右大幅度摆动，则前方可能是弯曲道路；若其灯光上下浮动，则前方可能是坡路或有坑洼。

（3）通过灯光的光柱变化判断道路变化。

1）当光柱由长变短时，表明汽车驶近上坡道处，或者是下坡道将接近坡底，也可能是驶近弯道（见图 5-37）。

2）当光柱由短变长时，表明汽车正在驶入下坡道，或者所上坡度变缓，或者是由弯道驶入直路（见图 5-38）。

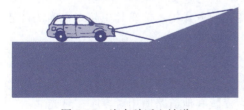

图 5-37　汽车驶近上坡道　　　　　　图 5-38　汽车驶入下坡道

3）当光柱离开路面时，表示前方出现急弯或面临大坑，或者汽车正驶上坡顶，也可能是汽车前方将下陡坡（见图 5-39）。

4）当光柱从路中移向路侧时，表明前方出现弯道（见图 5-40），转弯方向与所照侧方向相反。若是从道路的一侧移向另一侧时，则表示汽车驶入连续弯道。

图 5-39　光柱离开路面

图 5-40　前方出现弯道

（4）通过夜间路面颜色判断路面状况。

1）当前方路面不断出现黑影，车辆驶近又消失，表示道路有较浅的连续凹陷，如果黑影不消失，则可能道路有较大的凹陷或横沟。

2）当灯光照到路面的光线不强，表示路面是沥青路面，若感到路面发亮、光线明快，则表示路面是沙砾路。碎石路面在有月光夜间为灰白色，积水处为白色；无月光夜间为深灰色，路外为黑色；雨后为灰黑色，坑洼、泥泞处为黑色，积水处为白色；雪后，车辙为灰白色，通过较多的车辆后呈灰黑色。

（5）通过路边标志和景物判断道路情况。在有道路标线的道路上行驶时较容易判断道路的路形，如果夜间在无标线的道路行驶，应仔细观察指示牌和路边的路牌。遇有疑问时一定要减速或停车，探明情况后再继续行驶。在黑暗中，可利用行道树、路旁电线杆及其他设置来判断路幅宽度与行驶方向。

二、车辆行驶状态判断

（1）若前方出现白色光柱时，为迎面行驶的车辆，根据其前照灯（或前侧灯）的宽度，可判定来车的宽度。

（2）若前方出现有色灯（包括后尾灯、牌照灯）时，为同向行驶的车辆，如果前方红色灯光突然增加了亮度，为前车制动，应迅速采取相应的措施。

（3）后车在超越自己之前会用前照灯变光的方式提示前车其想超车，确认自己前方较为安全后，要进行有效避让。

三、夜间驾驶技巧

（1）夜间灯光的使用。车辆在夜间行驶，关键是要使用好各种灯光。汽车灯光不仅具有照明作用，而且具有信号作用。为提醒其他道路使用者，应在灯光显示出车辆轮廓时就开启灯光，一般与城市路灯开启时间相同。在有路灯、照明良好的道路上行驶时，应使用近光灯；在没有路灯或照明差的道路上行驶时，可使用远光灯，但车速低于 30km/h 或驶近其他交通参与者时，不得使用远光灯。

1）车辆起步时先开近光灯和尾灯，看清道路后再起步。

2）在有照明条件的城市道路上行驶，应关闭远光灯，使用近光灯（见图 5-41）。

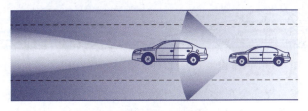

图 5-41 使用近光灯

3）当看不清前方 100m 处物体时，可开启前照灯。

4）车速在 30km/h 以内，可使用近光灯，灯光须照出 30m 以外。车速超过 30km/h，应使用远光灯，灯光须照出 100m 以外。

5）在风、雨、雪天夜间行驶时，应使用雾灯或防眩目近光灯，不宜使用远光灯，以免出现炫目的光幕而影响视线。

6）夜间行至没有交警指挥的交叉路口时，可用变换远近光灯示意其他车辆或行人注意（见图 5-42）。夜间通过城市交叉路口，遇闪光警告信号灯时，应减速慢行充分观察情况或停车瞭望，并通过灯光等方式提示其他交通参与者。确保安全后方可通过。通过路口前应该适当减速。

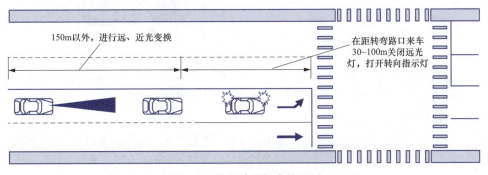

图 5-42 交叉路口灯光的运用

7）夜间转弯，应在距转弯 150m 处交替使用远、近光灯示意（见图 5-43）。转弯时应关闭远光灯，开启近光灯，低速靠右侧行驶，并随时做好停车准备。通过连续弯道时，应使用远光灯加强照明效果，如遇前方有车辆通行，应使用近光灯；弯道行驶时，应将视线注视到弯道尽头，适时调整行驶方向，确保安全。夜间行驶，也需要对转弯处进行提前判断。灯光照射由路中移到路侧，表明前方可能出现一般弯道，进入连续弯道，灯光随之从道路的一侧移到另一侧。若在交叉路口转弯，应降低车速观察信号，并关注即将驶入的车道情况，随时注意可能横过道路的行人和非机动车。

8）途中在道路旁临时停车时，应打开示宽灯、尾灯及危险报警闪光灯以提醒其他驾驶人和行人注意。

图 5-43　两车相距 150m 以外，相互交替使用远、近光灯

（2）夜间会车。夜间会车时，应关闭远光灯，开启近光灯（见图 5-44）。选择宽阔、平坦的路段交会，同时降低车速并加大横向安全距离。应在距对面来车 150m 时将远光灯变为近光灯，若遇对方不改用近光，应立即减速并交替变换远、近光灯来示意对方，做到"礼让三先"。如对方仍不改变，则应减速靠右停车避让，不可以远光灯对射，以免影响双方视觉而酿成事故。两车横向并线后，可再打开远光灯。

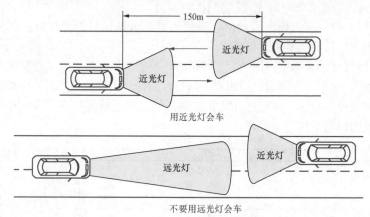

图 5-44　将远光灯改用近光灯

（3）夜间超车与让车。

1）夜间超车。夜间驾驶最好不超车，非超不可时，一定要选择道路平坦、视线开阔的路段实施超越。超车时，先用断续变换远、近光灯告知前面车辆（见图 5-45），必要时以喇叭配合，待前车让路后，再向左打开转向灯，超越后，给被超越车辆留一定的安全距离后再向右打开转向灯，驶回原车道，绝对不能强行超车，以免发生事故。

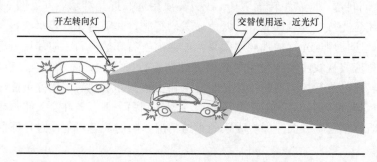

图 5-45　用断续远、近光灯灯光示意前车

2）夜间让车。车辆在夜间行驶中，当发觉道路的左前方忽明忽暗时，表明后面有车想超自己的车，这时应视前方的道路和交通情况，决定是否让路，如前方没什么特殊的情况，就向右打一点方向，让出路面，让后车顺利超车。

（4）夜间倒车与掉头。

1）夜间倒车。因汽车后面照明不良，所以在夜间尽量避免倒车。若必须倒车时，应首先下车观察路面情况（见图5-46），然后再倒车，倒车时最好有人进行指挥。

2）夜间掉头。车辆在夜间行驶尽量不要在公路上掉头，如确需进行掉头，最好选择十字路口、环形路口或丁字路口，或立交桥等处实现一次性前进掉头。如没有前进掉头的条件，应先下车观察路面情况，在道路和交通条件许

图5-46 夜间倒车

可的情况下进行掉头。掉头时，最好有人在路上指挥，前行时可多占路面，倒车时要留有余地。遇有来车，应先让其通过。

（5）夜间较长时间停车，最好将车速驶离公路；短时间停车时，应开启示廓灯和尾灯；排除故障时，应在距车后50m处设立故障警告标志牌；抛锚车辆等待救援时，车内人员应离开车辆。

（6）驾车途中感觉困倦时，不可勉强坚持，应选择一处安全可靠的路段或地点稍作休息，待倦意缓解或消除后再驾车上路。

特别提醒

夜间行车注意事项

（1）注意右侧非机动车。夜间会车要注意右侧行人和自行车。

（2）注意克服驾驶疲劳。夜间行车容易疲劳瞌睡。可以用经常改变远、近灯光的办法，一方面提高其他车辆的注意，另一方面也有助于减轻视觉疲劳。太疲劳时应停车休息，不要强行赶夜路。

（3）防范"独眼"车辆。夜间行驶，当看到对向车只有一个车灯时，也应尽量靠右行驶，留出足够的侧向空间，因为来车可能是摩托或三轮农用车，也可能是缺了一只前照灯的汽车。当前车只有一个红色尾灯亮时，不要想当然地认为是摩托车而盲目超越，也可能是另一只尾灯坏掉的汽车。

（4）天一黑随着路灯的开启就要主动打开灯光。没有路灯的地方，要根据车速和视距尽量早开灯。而车内灯尽量不要打开，以防适应黑暗环境的视力突然下降。

（5）夜间行车遇到全车灯光突然熄灭时，应稳住转向盘，利用灯光熄灭前观察的最后印象，在最短的时间内将车安全停住，查明原因，排除故障。

（6）夜间行车或停车，应尽量避免车轮驶入路边草地，要谨防暗沟、暗坑或因路基松软而发生陷车事故。

扫码测一测
本章的内容你掌握了吗？

高速公路驾驶

第一节 高速公路驾驶常识

一、熟悉高速公路

高速公路安全服务设施。

1. 高速公路收费站

高速公路收费站建在高速公路进出口前方的道路，内侧路面与高速公路的匝道连接，根据车流量，站点设有数个道口，左侧为驶离道口，右侧为驶入道口，开放道口的上方用绿色灯指示，进入时从值班窗口领取电子磁卡或通行票证，驶离时交回卡、证，并支付通行费用。

2. 匝道

匝道是一般公路与高速公路或高速公路之间相连的通道，供机动车辆进入相交的道路使用。匝道入口与一般道路连接，在入口处左右分岔，左侧匝道供左转驶向高速公路的车辆通行，右侧车道供右转驶向高速公路的车辆通行，入口匝道的终点与加速车道连通；匝道出口的始端与减速车道相连，匝道出口的终端为上下行车辆出匝道的汇流处。

3. 加速车道

加速车道是车辆进入匝道或从匝道进入主车道时特意加宽的过渡路面，专供进入高速公路的车辆加速、驶离高速公路的车辆减速之用，入口处的加速车道为加速车道，出口处的加速车道为减速车道。

4. 中央分隔带

中央分隔带是在高速公路中央用防护栏围起的长条形土质路面，其主要功能是将上下行车辆左右分隔，中间栽种的花草树木可以调节驾驶人的视觉。

5. 主车道

主车道是中央分隔带两侧供上下机动车辆行驶的车道。每侧主车道又根据路面宽窄，用标线划分为单向两车道或更多车道，内侧车道供车速较高的车辆通行，外侧车道供车速较低的车辆通行。

181

6. 路肩

路肩是位于最右侧车道与路缘之间的那部分路面，专供救护车、消防车和处理事故的警车应急时使用，其他任何机动车除在遇紧急情况可作临时停车外，不得占用。

7. 紧急停车带（应急车道）

高速公路每隔一定距离专门将路面加宽一段地带，专供行驶中的车辆应急避险时停车使用。

8. 防护栏

防护栏是竖在高速公路两侧路边和中央分隔带两侧，用钢板、钢桩材料制作的护栏。路边护栏主要用以预防机动车失误时驶离高速公路；分隔带护栏则主要预防失控车辆驶入对方车道，以减轻损失或减少人员伤亡。

9. 紧急电话

高速公路每隔一定距离设立一部紧急电话，遇有紧急情况时，可就近拨打或按下报警按键。

10. 生活服务区

高速公路每隔 40～50km 设立一处生活服务区，服务区内有停车场、加油站、修理部、商店、休息室、食堂和厕所等，为驾驶人和乘客提供生活及安全便利。

二、车辆行车前的准备与安全检查

驶入高速公路前对车辆进行认真细致的检查（见图 6-1）。检查项目如下。

（1）注意收听天气预报和交通广播信息，了解道路情况。

（2）确定行车路线，熟悉沿途交通状况，正确掌握道路信息。

（3）在高速公路上行车，必须保持饱满的精神状态，如遇到身体不适、患有疾病、疲劳困乏、精神不振情况时，不得驶入高速公路。

（4）准备好工具、用具。随车携带紧急停车用警示标志及修车工具。因故障需要停车时，应设置停车指示标志，必须准备停车三角牌（白天停车时用）、停车指示灯（晚上停车时用）。

（5）对转向装置进行检查。检查转向盘自由行程是否符合标准要求；检查动力转向液液面高度；检查横直拉杆球头关节是否有松旷现象，润滑情况如何；检查前轮定位及前束情况等。如发现问题，及时加以排除。

（6）对制动装置进行检查。检查制动液液面高度、制动踏板自由行程、前后制动器摩擦片磨损情况；检查制动距离是否符合要求，有无跑偏现象等。如发现问题，及时加以排除。

（7）检查灯光。检查各种灯光是否能正常工作，如转向灯、制动灯、远光灯、近光灯、雾灯、示廓灯、危险报警闪光灯。若需穿越雾区，应保证雾灯、危险报警闪光灯以及其他灯光的工作状况良好，并保持清洁以防污垢遮盖灯光。

（8）查看各种指示仪表的工作状况。检查油压表、电压表、燃油表、冷却液温

燃油　冷却液

制动系统及制动液

机油

轮胎　风扇传动带　蓄电池

图 6-1　驶入高速公路前对车辆进行检查

度表等，确保其正常工作。

（9）检查车辆底盘。查看各传动部分的连接是否可靠，紧固螺栓是否松动。

各传动部件、悬架部件是否松动或损伤，如传动轴、半轴、半轴防尘套、悬架、减振器、球头及底盘锈蚀检查。

（10）检查轮胎。轮胎花纹清晰，无破损；胎压要符合不同季节的充气标准，气压正常，不可过高或过低；清除轮胎花纹间夹杂的石子或异物。备用轮胎应能随时使用，并掌握轮胎的装卸方法。

（11）检查安全带。慢慢拉出安全带，应能顺畅拉出；突然加力猛拉时，应锁止不动。

特别提醒

1. 高速公路进入规定

（1）行人、非机动车、拖拉机、轮式专用机械车、铰接式客车、全挂拖斗车以及其他设计最高车速低于 70km/h 的机动车辆，不得进入高速公路（见图 6-2）。

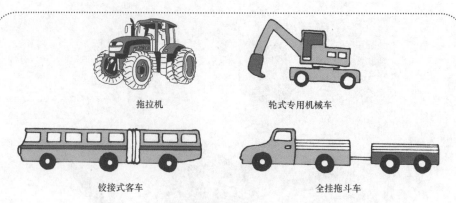

图 6-2　不得进入高速公路的车辆

"三超"（超长、超宽、超高）车辆必须经公安机关交通管理部门批准后，按指定路线、时间、车道、速度行驶，并悬挂明显标志。

（2）进入高速公路的车辆应当配备故障车警告标志牌。

2. 对驾驶人及乘坐人员的规定

（1）安装安全带的机动车辆，其驾驶人和前排乘员必须系安全带。

（2）机动车行驶中，乘车人不准站立，不准向车外抛撒物品。

（3）货运机动车除驾驶室和车厢经核准设有的固定座位外，其他任何部位不准载人。

（4）二轮摩托车在高速公路上行驶时不准载人。

第二节　驶入高速公路

一、匝道上行驶

车辆通过高速公路收费口后，根据指路标志选择需要的匝道口，注意不要驶错方向（见图 6-3）。

在匝道上行车，不得超速行驶，应遵守限速标志（见图 6-4），以免在弯道处发生碰撞或刮蹭事故；通常在匝道内车速不得超过 40km/h，不准超车、停车、倒车、掉头。

图 6-3　注意不要驶错方向

图 6-4　匝道限速标志

特别提醒

注意事项

（1）沿路留意指路牌。在高速公路上，在匝道口前方提前留意道路边设置的指路牌，切忌到了匝道口才停车察看。

（2）走过只能往前走。如已距离太近或驶过了匝道口，千万不可紧急制动、倒车，以免后面来车在高速行驶中来不及避让，发生追尾事故。

（3）进出匝道走"边道"。由于匝道大多限速60km/h，为使车辆变速安全过渡，高速公路行车道的旁边都设有一段"边道"，即减速道或加速道。与行车道之间用又短又粗的醒目白色标线隔开。

二、加速车道上行驶

驾驶车辆从匝道进入高速公路加速车道后，打开左转向灯，尽快将车速提高到60km/h以上（见图6-5）。并通过后视镜观察左侧相邻车道上车流动态，正确选择驶入行车道的时机。在距加速车道的末端50m处开启左转向灯，在确保安全、不影响其他车辆正常行驶的情况下，迅速平稳地并入左侧相邻的行车道行驶。不得迅速从中间插入；不准在加速车道紧急制动或停车。

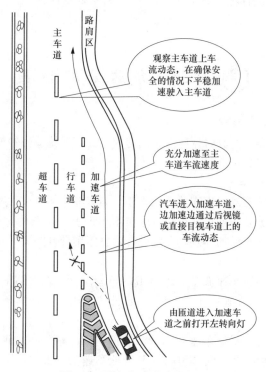

图 6-5 驶入高速公路的方法

特别提醒

汇入行车道注意事项

（1）进入行车道前，要对后方来车作认真观察，如距自驾车距离尚远时，可以在其驶来前进入行车道；如距自驾车距离较近，可待其驶过后自驾车再行进入。

（2）如遇列队行驶的车流时，不得中间插入，应等待其全部驶过后，自驾车再行。

（3）不得从匝道未经加速直接驶入行车道（见图6-6）。

（4）进入行车道后，应将车速逐级提高，依次将车变更进左侧快速车道，不得从最右侧慢车道直接驶入最左侧快车道。

图6-6　不得直接驶入行车道

（5）汇入行车道时，转向盘的操作不要过急、过猛，应密切注视高速公路行车道的行车情况，并通过后视镜观察行车道后面驶来的车辆动态；选择与主车流相近的车速和较佳的时机汇入车流；当汇入车流有困难时，应让主车道内的车辆先行。

 第三节　高速公路行驶

一、一般道路的驾驶

一般在高速公路上行驶时，应靠右侧匀速行驶，保持适当的车距，变更车道时，应缓缓操作方向盘（见图6-7）。

1. 高速公路的行车道

高速公路行车道有双向四车道、六车道、八车道等类型，高速公路行车道分超车道、主车道两部分，车辆正常行驶时应在主车道上，在条件允许时可通过超车道超越前方车辆。在主车道的外侧，一般设有紧急停车带（路肩），供车辆在紧急状态下停车使用。

（1）单向两车道。车速低于100km/h的机动车辆，在右侧车道行驶，但最低车速不能低于60km/h；车速高于100km/h的机动车辆，在左侧车道行驶，但最高车速不得高于120km/h。

（2）单向三车道。最低车速为110km/h的机动车辆，在左侧车道行驶；最低车速为90km/h的车辆，在中间车道行驶；最低车速为60km/h的车辆，在右侧车道行驶。

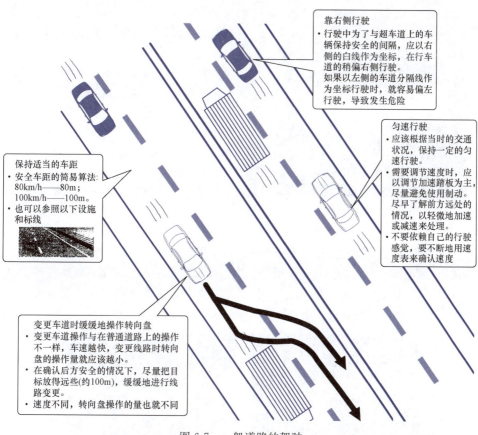

靠右侧行驶
· 行驶中为了与超车道上的车辆保持安全的间隔，应以右侧的白线作为坐标，在行车道的稍偏右侧行驶。
如果以左侧的车道分隔线作为坐标行驶时，就容易偏左行驶，导致发生危险

匀速行驶
· 应该根据当时的交通状况，保持一定的匀速行驶。
· 需要调节速度时，应以调节加速踏板为主，尽量避免使用制动。尽早了解前方远处的情况，以轻微地加速或减速来处理。
· 不要依赖自己的行驶感觉，要不断地用速度表来确认速度

保持适当的车距
· 安全车距的简易算法：
80km/h——80m；
100km/h——100m。
· 也可以参照以下设施和标线

变更车道时缓缓地操作转向盘
· 变更车道操作与在普通道路上的操作不一样，车速越快，变更线路时转向盘的操作量就应该越小。
· 在确认后方安全的情况下，尽量把目标放得远些(约100m)，缓缓地进行线路变更。
· 速度不同，转向盘操作的量也就不同

图 6-7　一般道路的驾驶

（3）单向四车道。最低车速为 110km/h 的机动车辆，在左侧车道行驶；最低车速为 90km/h 的车辆，在中间两车道行驶；最低车速为 60km/h 的车辆，在右侧车道行驶（见图 6-8）。

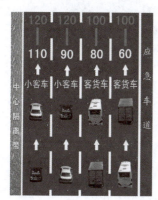

图 6-8　行车道

遵照以上规定，驶入高速公路主车道的机动车辆，应在最高车速 120km/h 和最低车速 60km/h 的速度范围内，按照自驾车的行驶速度适时变更车道。当车速递减时，应从最左侧车道依次变更车道至最右侧的行车道；当速度递增时，则宜从右侧行车道依次变更车道至最左侧车道。这样，就使高速公路的通行能力和车流速度同时得到提高。

图 6-9　道路的标志标牌

进入高速公路后，可从道路的标志标牌得知各种类型车辆所应行驶的车道（见图 6-9）。

2. 驶入八车道高速公路的方法

（1）按道行驶。要注意按车型找车道，按车道控车速（见图 6-10）。低于或高于本车道的限制车速，将会依法受到处罚。大、小型货车，大型客车（黄牌客车）驾驶员要注意，只能在右侧两条车道（不包括应急车道）上行驶，最高时速不得超过100km/h。严禁大型车辆占用小客车道行驶。

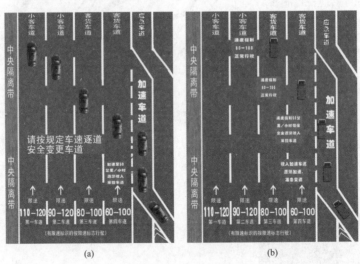

图 6-10　驶入八车道高速公路的方法
(a) 小客车；(b) 大型车

（2）要注意限速标志。

1）平直路段。小客车最高限速 120km/h，大客车最高限速 100km/h，大、小货车最高限速 100km/h（见图 6-11）。

2）弯道、坡道。小客车最高限速 120km/h，大客车最高限速 90km/h，货车最高限速 80km/h（见图 6-12）。隧道内、匝道处按限速标志行驶。

图 6-11　平直路段限速标志　　图 6-12　弯道、坡道限速标志

　　在高速公路上必须严格遵守分道行驶原则，所有车辆都应按照各种类型车辆所应行驶的车道各行其道，不准随意穿行越线，不准骑、轧分界线行驶（见图 6-13）。除因停车驶入或者驶离紧急停车带和路肩外，不准在紧急停车带和路肩上行车。

　　3. 高速公路的限速规定

　　车辆行驶在高速公路上的最高速度和最低速度均有规定，行车时要注意限速标志（见图 6-14）。一般情况下，机动车在正常行驶时，最低车速不得低于 60km/h。最高车速，小型客车不得高于 120km/h；其他机动车不得超过 100km/h。

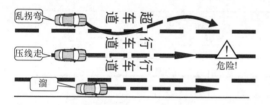

图 6-13　不准骑、轧分界线行驶　　图 6-14　高速公路上的限速标志

　　4. 高速公路上的行车间距

　　由于行驶在高速公路上的车辆速度非常快，如果行车间距保持不好，很容易发生车辆首尾相撞或剐碰事故，有时甚至会出现几车连撞的事故。车辆在高速公路正常行驶过程中，行车间距的数值（m）应略大于行驶速度数值（km/h）。

小提示

　　避免汽车追尾的技巧

　　（1）保持安全车距。在高速公路上行驶时与前车间隔距离过近，是造成追尾事故的主要原因。跟车不能过近，要保持足够的安全距离，随时准备随前车紧急制动而制动。为了使驾驶人正确把握车辆之间的距离，在高速公路每个入口的加速车道后以及在一些平直易发生追尾事故的路段都竖有距离确认标志，路面画有斑马线，作为确认车辆之间距离的参照物。

　　（2）掌握好车速。在视线不清、路面条件恶劣时应随即降低车速。通过大起伏路等存在盲区的路段时应提前减速，上坡与下坡使用相同的速度，并做好紧急停车或变更车道的准备。

　　（3）集中精力，观察前车。时刻注意观察前车情况，一旦前车制动灯闪亮或前车突然停车，就要立即采取制动措施，并根据情况采取紧急制动措施。

（4）提醒后车。尽量避免紧急制动。有情况要提前减速时，可使用轻踩制动踏板的方法来提示后车。一是如果觉得后车跟得太近，可以轻踩制动踏板提醒后车保持车距；二是如果前方车流密集而且通行缓慢，可以开启双闪灯来提醒后车减速。

（5）如果发现将要追尾，那么在进行制动的同时，应冷静地根据道路情况转动转向盘，使车头驶离前车尾部，车头驶离前车位置后，可适当松缓制动，使车平稳停住。停车时，还要做好自己的车被后车追尾的准备。

（6）新手尽量别走快车道。不要认为在快车道行驶只需注意一侧情况便觉得安全，一旦前面的车采取紧急制动，新手很容易出现追尾。

5. 在高速公路上超车

在高速公路上超车时，只允许使用相邻的左侧车道（见图6-15）。

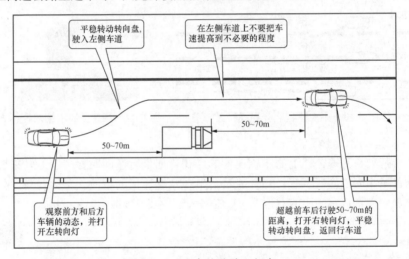

图 6-15　在高速公路上超车

（1）先作观察，把握时机。在距前车还有 200m 远时，开始做超越的准备。超车前应观察前车是否在超车或有无超车的意图，并通过后视镜观察超车道上有无后方来车。

（2）进入超车道的方法。在确认前后方安全的情况下，打开左转向灯，夜间还须变换使用远、近光灯。在距前车 50～70m 时平稳地向左转动转向盘，以较大的行车轨迹加速驶向超车道，与前车尽量保持较大的横向间距，加速超越。

（3）驶入前车驾驶人听觉范围内，应及时鸣喇叭。从超车道靠近前车约 20m 远时，应鸣喇叭（夜间变换远近光灯）提醒前车，以引起前车的注意，做出避让。

（4）超越时，谨防被超车突然驶入超车道。为防范意外，超车时一旦驶入距离被超车过近的危险距离，就要特别警觉被超车动态，只要发现被超车车头稍向左转，就应立即制动减速。

（5）超车后，拉开至少有50m远的距离时，开启右转向灯，缓转转向盘、渐渐向左斜插的方法，驶回原车道，关闭转向灯。切忌在左侧车道上长时间连续行驶。

小提示

（1）在高速公路上减速时的注意事项：①高速公路减速禁用紧急制动；②高速公路减速的最佳方法是用发动机牵阻作用来降低车速；③高速公路减速慎用行车制动。

（2）注意双锯齿白线标线。高速路上的双锯齿白线中间夹着实线或者虚线，有点像是鱼骨的线条，它的作用就是提醒车辆要进行减速了。一般双锯齿虚线（见图6-16）都设置在收费站、高速匝道出入口的地方。在进入双锯齿线的时候，应该先减速，再看是实线还是虚线。如果是虚线，那么就可以进行变道，若是实线，那么就不允许压线或者跨越此线，否则有可能会被电子眼拍到违法。

可以变道　　不能变道

图 6-16　注意高速路上的双锯齿白线虚线

特别提醒

超车注意事项

（1）选择直线路段超车。车辆在直线路段可见度高，便于观察前后车辆，便于驾驶操作，所以超车应尽量选择在直线路段进行。在弯道，尤其是右转弯时应避免超车。

（2）超车时要注意并行及后续车辆情况。超车前必须确认超车道上的安全距离内（100m以上）没有其他车辆，同时还必须确认同行车道上没有车辆企图超越自车。

（3）不准从右侧车道超车，不准在匝道、加速车道或减速道上超车。

（4）平稳操作转向盘。高速公路上猛打转向盘是很危险的，在超车时更是如此。超车过程应该是紧凑和一气呵成的，如果在200m范围内有车，则可以连续地超越，否则，反复变更车道、来来回回行驶更危险。

（5）超车后要尽快返回原车道。超车时，只能使用相邻的车道，禁止跨越两个车道。在安全完成超车后，应立即开启转向灯，尽快地返回原行车道，切忌在超车道上连续行驶。

6. 进入区间测速时的安全驾驶

区间测速主要设置在高速公路上，车辆在测速路段行驶的时间超过预设时间的话，平均车速就超速了，就会被扣分罚款，不过在区间测速路段通常会有提示（见图 6-17）。

图 6-17　区间测速路段

所谓区间测速，指的是在同一路段上布设两个相邻监控点，根据车辆前后通过两个监控点的时间，来计算车辆在该路段上的平均行驶速度，并根据该路段上的限速标准判定车辆是否超速违法。比如，驾驶人从区间测速点 A 到点 B 相距 20km，此高速路段限速为 100km/h，当车辆经过 A 点和 B 点时，车辆信息会被记录下来，如果用时小于 12min，就说明超速了。当然，该系统还会辨别该车是否低于最低限速，如果车辆在高速公路上车速低于 60km/h，也会被记录在案。

当机动车进入区间测速路段，且该路段还设有定点测速监控，那么只要在某一定点被测到超速，即便区间测速测出来的平均速度在限速范围，也属于超速违法行为。因此，驾驶人进入区间测速时，应保持在限速范围内匀速行驶，不要抱有侥幸心理。同时，高速行驶要时刻注意路边指示牌，文明出行，安全行驶。

7. 在高速公路上停车

（1）高速公路上不准随意停车，不准停车上下人或者装卸货物。严禁将车停在规定禁止停车的路段或区域，否则，不但会影响交通秩序，更会引发道路交通事故。

（2）车况、路况良好条件下需要休息时，应驶入附近高速公路服务站停车。

（3）汽车行驶中如遇突发情况需要马上停车时，不得紧急制动，也不得向右猛转转向盘，应控制好车速，看清车前车后的交通情况，打开右转向灯，尽快驶离行车道，停在右侧路肩上或应急车道内。

（4）汽车行驶中，因故障需要临时停车检修时，必须提前开启右转向灯驶离行车道，停在紧急停车带内或者右侧路肩上。禁止在行车道上修车。

车辆修复后驶回行车道上，应开启左转向灯，在紧急停车带或路肩上加速至 60km/h 时，才可驶入相邻的左侧行车道，驶入后关闭左转向灯。

（5）故障车、事故车无法正常行驶的，应当由救援车（见图 6-18）、清障车拖拉、牵引，不可自行拖拉。

图 6-18 救援车

特别提醒

  如果汽车因故障、事故等原因不能离开行车道或者在路肩上停车时，驾驶人必须立即开启危险报警闪光灯，并在行车方向的后方 150m 处设置故障车警告标志（见图 6-19），夜间还须同时开启示廓灯和尾灯。同时，驾驶人和乘车人必须迅速转移到右侧路肩上或者紧急停车带内，并立即报告交通警察，等待救援。

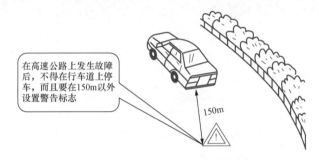

在高速公路上发生故障后，不得在行车道上停车，而且要在150m以外设置警告标志

150m

图 6-19 车辆后方 150m 处设置警告标志

  设置警告标志时，为避免后车观察不及时发生险情，应选择应急车道、路肩等行走至警告标志设置地点，而不能直接从行车道内迎着来车方向行走。

8. 防止爆胎

  车速快、轮胎温度高容易导致爆胎，引发交通事故。要防止高速公路上行车爆胎，必须注意：出车前仔细检查（检查轮胎气压是否符合标准，不可过高或过低，检查轮胎完好情况，对于磨损严重或有较深裂纹的轮胎应更换，检查轮胎花纹中是否有石子等坚硬物，如有，应及时剔除）；行车中严格遵守驾驶操作规程（起步不可过猛，尽量避免高速转弯，避免频繁使用制动和紧急制动）；严格控制车速和轮胎温度（当汽车长时间高速行驶时，要定时停车检查轮胎的温度，一旦发现轮胎温度超过 60℃，就应停车休息待轮胎降温后再行驶）。

9. 雨天行车防止"水滑"现象

  雨天汽车在高速公路积水路面上高速行驶时，因轮胎与路面之间的存水不能排除，水的压力使车轮上浮，形成汽车在积水路面上滑行的现象，俗称"水滑"（见

部分发生"水滑"　　完全发生"水滑"
（轮胎前半　　（轮胎接触地面
部分有水膜）　　部分有水膜）

图 6-20　"水滑"现象

图 6-20）。"水滑"现象是汽车在积水的高速公路上高速行驶时的特有现象，在一般公路上较为少见的。出现"水滑"现象后，轮胎和路面之间便失去摩擦力，致使汽车难以控制。这时不要急着踏制动踏板或转动转向盘，应握稳转向盘，逐渐松加速踏板，让车速自然减缓，待"水滑"现象消失，再正常行驶。

在高速公路下坡段的最低点附近，是路面最容易积水的地方，汽车高速通过该路段时，最容易产生水面滑行现象，因此必须严加注意。

二、夜间行驶

（1）适当降低行车速度，避免疲劳驾驶。为了避免夜间疲劳驾驶，要适当降低行车速度。驾驶人应在稍感疲劳时，立即选择最近的服务区、停车场去休息一下或睡一觉以消除疲劳，千万不要为尽早赶到目的地则强忍着睡意行车。

（2）要集中注意力，确保行车距离。选择在己车前方、行驶速度与己车差不多的车辆，保持足够的行车间距，跟车行驶。另外，遇对向有车时，应变换灯光，使用近光灯。如对向来车灯光刺眼时，应避开对方灯光直射，将视线移向右侧路肩或尽量减速，并做好停车准备。

（3）避免在路肩上停车。如确因车辆故障，可将车辆停放在路肩上合适的位置，并在行驶方向的后方 100m 处设置故障车警告标志，同时开启示廓灯和尾灯。

（4）要密切注意路上的落物。要注意及时躲避路上的落物，不要猛转转向盘，避免车辆发生侧滑或者撞上其他物体，酿成车祸。

（5）夜间不要停车。除非万不得已，夜间行车时应当避免在应急车道上停车。若车辆出故障，则可将车辆停放在应急车道上合适的位置，并在行驶方向的后方 150m 处设置故障车警告标志，同时开启示宽灯和尾灯。

（6）准备应急用具。夜间行车除准备常规备胎、千斤顶、扳手等外，还应带照明设备，如应急灯、紧急停车警告牌。遇故障紧急停车时可给车辆辟出一块安全区域。

特别提醒

黄昏、黎明时在高速公路驾驶应注意事项

黄昏和黎明是昼夜的交接点，此时在高速公路上行车应特别注意以下事项。

（1）车灯早开迟闭。进入黄昏，光线暗淡，物体反射出来的光线很弱，及早亮灯可以使前后车辆的驾驶人认清自己车辆的存在及动向。黎明时分的情况与黄昏时类似，安全的做法是推迟熄灯的时间。

（2）密切注视交通情况。黄昏和黎明时道路与沿途的景色融为一体，缺乏立体感，在这种环境中高速行车，由于视野不清，远近距离难以辨清，驾驶人极易错误判断本车与前车的距离。因此，黄昏、黎明时汽车驾驶人更应注意各种交通情况，同时与前车保持足够的车间距离。

（3）防止疲劳驾驶。黄昏或黎明是驾驶人最容易感觉身体疲劳的阶段，资料表明，高速公路上，每天 16 时至 18 时的事故发生率最高，每天 18 时至 20 时事故的死亡率最高，驾驶人应加倍警惕。

三、通过跨江大桥

通过跨江大桥前（见图 6-21），注意观察标志、标线，提前选定行驶路线，严格按标志限定的速度和标线行驶。通过高速公路跨江大桥时，握牢转向盘，控制好车速，各行其道。正常情况下，车速不要超过 100km/h。不得盲目加速或紧急制动，不得变更车道。

图 6-21　通过跨江大桥

行经江面、河口路段时，往往会受到强横向风影响，一定要握稳转向盘，以防江、河口处的横向风使车辆偏离行驶路线或翻车。冬季雨雪天后的早晚在高速公路上行车，遇见桥梁、高架桥、匝道，必须降低车速，以免桥面结冰或残留有积雪引发危险。

 第四节　驶 离 高 速 公 路

汽车驶离高速公路前，要密切注意驶离高速公路的出口并做好充分准备。应当按出口预告标志进入与出口相连接的车道，减速行驶。从匝道驶离高速公路，必须提前开启右转向灯，驶入减速车道，然后经匝道驶离（见图 6-22）。如果错过出口，则必须继续行驶到立体交叉桥掉头或到下一个出口，方可驶出高速公路，绝不允许在高速公路上倒车、掉头或穿越中央分隔带。

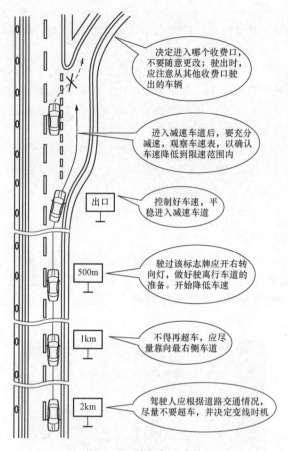

决定进入哪个收费口，不要随意更改；驶出时，应注意从其他收费口驶出的车辆

进入减速车道后，要充分减速，观察车速表，以确认车速降低到限速范围内

出口

控制好车速，平稳进入减速车道

500m

驶过该标志牌应开右转向灯，做好驶离行车道的准备。开始降低车速

1km

不得再超车，应尽量靠向最右侧车道

2km

驾驶人应根据道路交通情况，尽量不要超车，并决定变线时机

图 6-22　驶离高速公路

（1）要驶离高速公路的时候，会看到在高速公路出口的前方 4 个不同距离上分别设有 2km、1km、500m 及出口处预告标志。要根据这些预告标志的指示距离，及时减速安全驶离。在看到 2km 处的路标提示时，就应开始做驶离准备，并从左侧行车道逐渐将车变更到最右侧的车道来。

（2）当看到离出口 1km 标志牌后，应驾驶车辆逐渐靠右侧车道行驶，绝不可再进行超车，否则有可能因车速过快或因被超车辆遮挡而错过出口的减速车道，因而无法驶向出口。

（3）当看到 500m 标志牌后，应降低车速并打开右转向灯，提示后方车辆即将驶离高速公路，同时本车也要做好进入减速车道的准备。

（4）在出口的减速车道起点上设有出口标志牌，上面往往没有距离数字，但有一指向箭头。见到此标志牌后，可平稳地向右缓转转向盘，采取渐渐斜入的方法，进入减速车道禁止在高速车道上没降低车速而突然驶入匝道（见图 6-23）。且注意观察匝道入口处设立的限速标志，匝道限速一般为 40km/h。当里程表指示的车速高于限速时，应继续采取减速措施，使车速符合限速要求。

（5）车辆进入减速车道后，应关闭右转向灯，轻踏制动踏板并配合发动机制动使车辆逐渐减速到规定速度，然后驶入出口匝道。

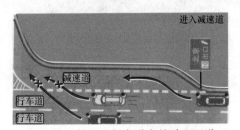

图 6-23 禁止从行车道突然驶入匝道

（6）驶至匝道终端的岔道处时，要与反方向驶离高速公路的车辆汇流，此时要注意另一侧匝道有无驶来的车辆。如若有车辆驶来，且与自驾车有可能同时驶至岔道处时，应主动减速避让，让其先行。

特别提醒

在高速公路上驶错出口时怎么办？

发现驶错出口后，不要慌张，应保持速度继续前行，在前行中找一个最近的出口或者服务区。在出口收费站几十米之前，有一个专供走错路口便于汽车掉头的路口，可以从此返回高速公路。尽量不要往前走出收费站后再进入收费站沿原路返回，这样要多花费多走路段两倍的路费。

也可以就近驶向同向的服务区，再从服务区驶向对向的服务区，之后从服务区驶入高速公路，再从高速公路出口驶出（见图 6-24）。

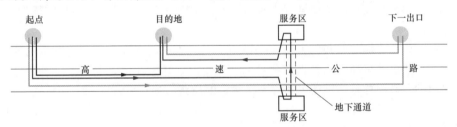

图 6-24 驶向高速公路出口的方法

图 6-24 中，黑线显示正确路线，灰线表示错过目的地出口后，到下个出口折返回到目的地，而蓝线则是现在采用的办法。由于高速上的服务区往往都是对称的，来向和对向均有，两个服务区之间通过地下通道进行物流传递。因此，可以通过服务区的地下通道，安全地到达高速对面，以缩短行驶时间和距离。

扫码测一测
本章的内容你掌握了吗？

第七章

安全行车与应急处置

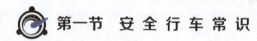

第一节　安全行车常识

一、安全行车基本原则与注意事项

1. 基本原则

（1）右侧通行原则。我国和世界上大多数国家一样，采用右侧通行制动，即靠道路的右侧选择自己的行驶路线。

（2）各行其道原则。行车中在坚持右侧行驶的同时，还必须严格遵守"各行其道"的原则，切实做到车不越线。

（3）通过交叉路口按信号行止原则。各种车辆行经交叉路口，应按交通指挥信号通行。

（4）尊重非机动车和行人的优先原则。交通法规明确规定了各行其道的原则。机动车、非机动车和行人都拥有各自的通行道路，并且在此道路内享有绝对路权。但是机动车必须尊重非机动车和行人在法定的道路内通行的优先权。如机动车行经人行横道，应当减速行驶；遇行人通行，必须停车让行。在无交通信号情况下行人横过道路时，机动车要主动避让行人。

（5）确保车辆安全设备齐全有效的原则。交通法规规定："机动车的总成、组合件、附件、制动器和反光镜等设备必须装备齐全，机械状况良好。各种车辆的制动器、转向器和各种灯光中途发生故障时，必须修复后方准行驶"。

（6）安全第一原则。遇有交通安全法没有规定的情况下，车辆、行人必须在确保安全的原则下进行通行。

（7）紧急避险原则。汽车驾驶人在驾驶行车途中，有时会遇到不可预见的突发险情。汽车驾驶人对本车上的一切人员及财产负有保护的责任，不能借口因汽车遇险而不顾车上其他乘员和财产的安全弃车或跳车逃命，否则就要负刑事和民事责任。

（8）人民交通人民管的原则。交通安全关系到人民的切身利益，是一项涉及面广、社会性很强的工作，必须依靠全社会的共同努力，才能做好这项工作。

只有人人参与、人人遵守才能保证行车安全。

2. 注意事项

安全行车注意事项概括起来就是"稳、准、狠"三个方面。

（1）稳。汽车行驶方向要稳。汽车在平直路上行驶，驾驶人要双手稳握方向盘。修正方向，左右手动作要平衡、协调配合，要避免不必要的转动方向盘，以减少汽车左右晃动。

汽车转弯，要稳打方向盘，使其自然过渡，避免侧滑或翻车。方向转过后，要早回、慢回方向盘，直到汽车直线行驶。

道路不平，要把稳方向盘，在不平道上驾驶汽车，驾驶人要尽量不让身体随汽车摆动或跳动，以防汽车方向失去控制。

雨、雪、泥泞道路驾驶时，要把稳方向盘。驾驶人要尽量保持直线行驶，不可过多地来回转动方向盘，不可急转、猛回方向盘，要早转、少转方向盘。否则，会使汽车侧滑。

（2）准。首先，驾驶人的驾驶姿势和操作动作要准。驾驶人驾驶汽车要两眼平视正前方，胸部稍挺、背部微靠在靠背上，双手应握实方向盘，但不可握得过紧，也不可握得过松，肘关节和腕关节要自然放松，以保持准确的驾驶姿势。起步、挂挡和行驶过程中加减挡、操纵离合与油门双脚配合时机要准，变速器操纵杆推、拉要准确到位，手脚配合要一致协调。行驶中严禁低头注视变速器操纵杆。

其次，汽车行驶车辆之间的安全距离和汽车制动时制动距离的把握要准；汽车同向或逆向行驶两车之间的侧向安全距离要根据车速和路面情况判断准；汽车前后行驶，两车之间的安全距离要根据天气、路况和车速保持准；制动停车距离要根据车速和附着系数预测准。

（3）狠。汽车紧急制动要狠。汽车在行驶中，当遇到预想不到或事先没有发现的紧急情况时，为避免事故的发生，驾驶人踩制动要狠（踩到底）。同时用力拉紧驻车制动杆（大车），使汽车立即停住。

特别提醒

时刻警惕汽车盲区

由于汽车设计的原因，行车时不可能看到汽车四周的所有情况，汽车周围是存在盲区的。加上道路上还有其他行驶车辆以及路旁的树木、建筑物等，都会遮挡驾驶视线，形成驾驶盲区。因此，开车时要时刻认识到存在许多盲区，多体会、总结，积累驾驶经验。

（1）车内观察车体感觉。从驾驶座位上看不到区域为车内视线盲区（见图7-1）。盲区是一个立体范围空间，即驾驶人的视线通过车窗延伸到地面所形成的封闭立体空间。盲区内的儿童、物体及路面驾驶人是看不到的，驾驶人在驾驶时必须小心对待。

盲区的范围同样会因座位的前后、高低，车种的不同而略有差别。

通常情况下，左侧视线盲区较小，右侧视线盲区较大（见图7-2）；前方视线

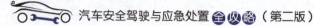

盲区较小，后方视线盲区较大（见图7-3）。后视镜同样存在盲区，以及A柱也会挡住部分视线（见图7-4）。

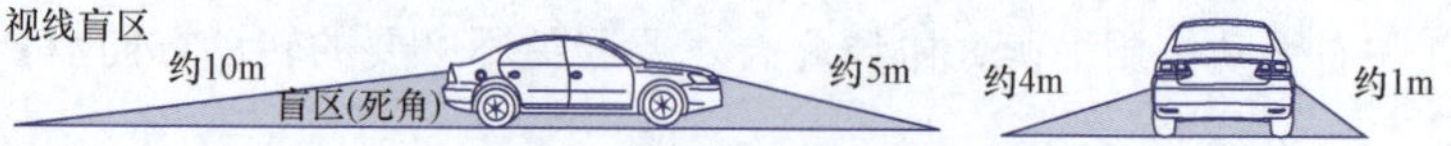

视线盲区
约10m   约5m   约4m   约1m
盲区(死角)

图 7-1　车内视线盲区

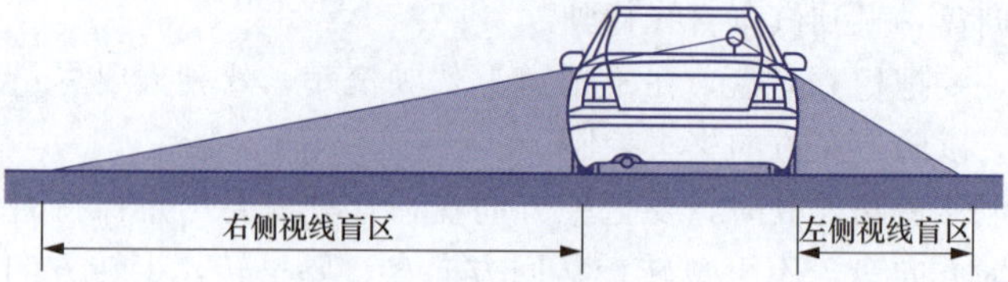

右侧视线盲区   左侧视线盲区

图 7-2　左右视线盲区

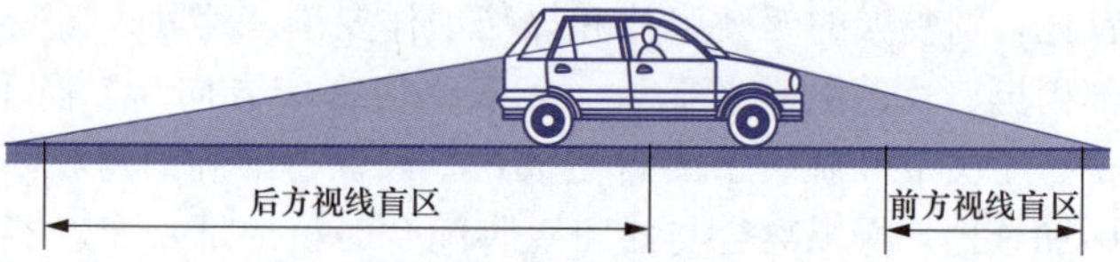

后方视线盲区   前方视线盲区

图 7-3　前后视线盲区

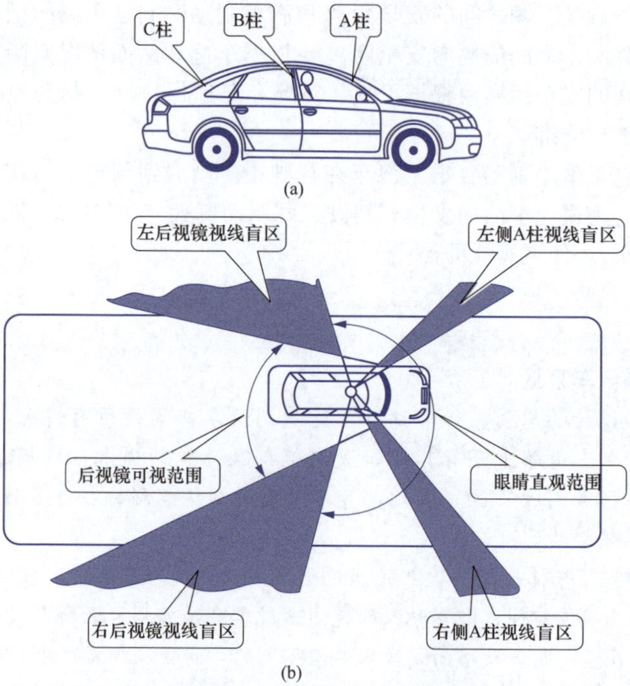

C柱　　　B柱　　　A柱

(a)

左后视镜视线盲区　　　　　　　　左侧A柱视线盲区

后视镜可视范围　　　　　　　　　眼睛直观范围

右后视镜视线盲区　　　　　　　　右侧A柱视线盲区

(b)

图 7-4　后视镜及A柱视线盲区

（a）车窗立柱名称；（b）后视镜及A柱视线盲区

右侧的视线盲区大于左侧视线盲区，因此，右转弯、向右变更车道、超越右侧的障碍物时，应该特别小心。

（2）路外盲区。前方大车、路旁树木、建筑物等都会形成一定盲区，难以观察到可能突然出现在前方道路上的情况。

（3）弯道盲区。转弯时弯道出口方向存在盲区，最好鸣喇叭示意，让对向来车注意减速、避让，同时自己也要减速慢行。

（4）坡道盲区。上坡时坡顶存在盲区，上坡时超车应谨慎小心。

对于视线盲区，其防范方法如下。

（1）驾驶人应保持高度警觉，估计到视线盲区可能出现的各种险情，随时做好应对各种突发情况的准备。

（2）在行驶中，如果道路上有停驶的车辆就会形成视线盲区，一些行人和骑车人常常从停驶的车辆旁边横过马路，他们看不见驶来的车辆，驾驶人也看不见这些人。因此，当驾驶人通过路边停驶的车辆时，应提前减速慢行并鸣喇叭，保持较大的侧向间距。

（3）小车遇到大车时，大车挡住驾驶人的视线，形成视线盲区，特别是尾随大车行驶时。这时应适当拉开跟车距离，以防前车突然制动而发生追尾事故。超车时，要看清前方道路是否安全后再超。

（4）通过有视线盲区的路口时，双方车辆驾驶人与行人都在视线盲区内，双方都很难看到对方。因此，进入路口前要提前减速、鸣喇叭并做好随时停车准备。

二、防御性驾驶技巧

防御性驾驶是一种保障驾驶人远离险情、提前应对的安全驾驶理念和技术。其核心理念就是"预防"，通过提前观察路面情况并做好准备来预防事故的发生。全面、准确地掌握交通环境信息和其他车辆信息，有利于作出合理的分析和决策，如调节车辆运行状态，回避拥堵、事故、交通冲突等负面影响因素，选择最优路线，提高通行效率，避免不必要的行车损耗。

汽车的防御性驾驶措施主要包括两个方面。一是驾驶汽车时，要随时提防那些冒失的驾驶人、行人、骑车人，随时注意行驶前方的情况，预计他们可能给你带来的结果，并随时做好应变的准备；二是当遇到冒失的驾驶人、行人或骑车人时，为了他人和自己的安全，还是以主动让道为好，即使是别人的过错，也应容忍。

防御性驾驶技术主要有预估风险、放眼远方、顾全大局、留有余地和引人注意五大要领。

1. 预估风险

驾驶时需要根据天气、路况及目测的事物等与安全驾驶有关的各种要素现状，提前预计可能发生对的驾驶造成潜在的危险。比如，雨天驾驶会遇到路面积水；通过十字路口，会遇到行人、非机动车，甚至机动车突然闯红灯；临近高速出口，会遇到车辆突然减速、变道；超车时，会遇到被右侧车辆遮挡住右前方的视线；车辆碰撞或失控后，驾乘人员经常会被甩出车外。

因此，在驾驶过程中应提前预测、提前采取措施，一个具有安全驾驶意识的驾驶人不会让自己遇到"突发"情况之中。

2. 放眼远方

放眼远方是针对不可预见的风险。例如，通行良好的路面，是否可能出现其他车辆、行人散落的物品而形成的路障，这些路障哪些是危险源，哪些不是危险源，是远还是近，是静止还是运动等。

面对远方可能存在的种种情况，放眼远方，往往可以让驾驶人提前发现，从容应对，避免事故发生。防御性驾驶推荐"15s提前观察量"，即行车中前视距离要保持15s的车辆行驶距离。

3. 顾全大局

驾驶时危险来自四面八方，变化无常。需要保持不间断地、有序地搜索车周边360°空间的交通环境，及时发现潜在的危险，并有意识地避免被周边事物分散注意力。

比如，在过十字路口时，不过度依赖信号灯，闯红灯的行人和车辆每天都有；在变更车道时，不要仅仅依靠后视镜，其他车辆往往就在两侧的盲区内；在减速停车时，不要以为后车就一定会安全停车，走神的驾驶人和刹车失效的车辆经常都在发生；在转弯时，不要只注意前轮周边情况，而忽视观察后轮周边的情况。

4. 留有余地

驾驶时，车辆往往都是在流动变化的车阵中前行，这就需要与周围的车辆时刻保持足够的安全空间，以便从容应对各种危险的出现。

比如，在车阵中经常会遇到正常行驶的前车突然减速，左右车道的车辆突然进入所在的车道，甚至这些情况同时出现。这就需要的车辆与前车保持至少4s的安全距离。其方法是在道路前方选择一个固定的位置或参照物，当前车车尾超过参照物时开始数数：1001，1002，1003，1004，如果还没有数到1004就到了参照物的位置，这就说明离前车太近了。

同时，应该避免与两边的车辆并排行驶，应使前方和左右至少一侧，始终留有足够的空间作为应急逃生路线。

5. 引人注意

在驾驶过程中，驾驶人要时刻保持警惕，仔细观察周围环境的变化，提前发现险情并利用多种方法向周围的人或车发出提醒信号。要正确使用信号提前示意驾驶意图，给其他驾驶人留有足够的反应时间，也要主动跟其他驾驶人通过声、光、手势、眼神等方式进行信息沟通，及时让其他驾驶人了解本车的行车意图。

比如，在低能见度的条件下，别人看不清；在进入车辆盲区内，别人看不见；在变更车道前，别人不知道等。面对这些情形，就需要通过灯光、喇叭甚至手势让别人注意到。否则引以为豪的驾驶技术将变得毫无价值。

特别提醒

防御性驾驶要求，面对路怒症，做到不主动诱发、不被动涉及和个人调节。

有些不文明的驾驶习惯，可能会引发路怒症（见图7-5），导致交通纠纷，甚至造成交通暴力。

路怒症是一种典型的社会心理综合征，不仅仅存在于某个人或者某个阶层，而是带有群体性和普遍性特征，是报复心理作用下的一种应激反应，行为者实施某种行为并非出于理性，而是出于情绪。

图7-5　路怒症

（1）要警惕自己成为路怒症的肇事者，车辆行驶中驾驶人遇到不顺心的事，一定要克制恶劣情绪的增长，要尽力避免交通纠纷，要防止交通纠纷爆发为肢体冲突。

（2）要警惕自己成为路怒症的受害者，在车辆行驶中要文明礼让，严格遵守通行规则，这样才不至于冒犯别人。假如遇到那些寻衅滋事制造事端的人，不要用以牙还牙的方式为自己解气，要立即意识到对方可能有人格障碍，或可能处在酒驾、毒驾的状态，用不着与这样的人计较，离这样的人远一点。

三、交通事故的预防

1. 交通事故的防范原则

（1）增强法制观念，严守交通法规。驾驶人应该认真学习，深入领会，熟记规定。自觉遵守交通法规，才是行车安全的根本保证。

（2）遵守职业道德，坚持文明行车。驾驶人的美德，还应树立和增强职业道德，这是每个驾驶人所必须做到的。

（3）钻研驾驶技术，做到精益求精。过硬的驾驶本领是预防交通肇事的技术基础，有了高超的驾驶技术，就会遇事不慌、临危不乱，灵活自如地处置各种复杂情况。因此，每位驾驶人都要刻苦地钻研驾驶技术，练就过硬的本领。

2. 预防交通事故的方法

（1）前车变道紧跟行。行驶在高速路或快速公路上时，前车突然打转向灯，变换车道。碰到这种情况，有可能是前方道路中间有障碍物，或前方发生事故，需要紧急避让。所以，最佳处理方法是跟着前车打转向灯、变换车道，而非加速超过前车。

（2）前车行驶缓慢有情况。前车行驶缓慢原因最常见的情形是前方塞车或是前面有状况，如行人横穿马路。所以，当前车行驶缓慢时，一定要提高警惕，不要急于超车。即便超车，也要看清楚周围情况，从左侧超车，不要从右侧超车。

（3）前方停车要提防。在道路上行驶，看到前车靠边停车，同样要提高警惕，不要下意识地加速从左边超越。因为，前车靠边停车往往是有人下车，而人下车之后有很大概率会直接从车头横穿道路。此时，驾驶人应该将速度降至最低，缓慢从左侧超车。

（4）路面变化要减速。当发现远方路面颜色与目前行驶路面颜色不同时，首先要降低车速，然后观察。除了自己停车观看的方法之外，还要看同方向汽车驶过的情况。路面颜色变化原因有很多，常见的是由柏油路变成砂石路，或是路上有水，或是路中有坑洞。

（5）路人回头早决断。当靠着人行道行驶时，应勤鸣喇叭，减速慢行。当发现路人或骑车者回头望时，要格外小心，因为他们随时会冲过马路。这时应该鸣喇叭提醒，减速慢行，离他们远点。

（6）车内异味要重视。不少驾驶人行车中发现车内有不明异味时，往往不够重视，只是将车内空调由外循环改成内循环。一般车内出现异味，外部原因可能是周边异味气体泄漏进入车内；内部原因可能是汽车发生机械故障，如制动蹄片磨损过大，离合器烧毁等。

（7）远离新手保安全。新手驾驶人的特点：一是变道不干脆；二是停车时反复；三是随时停车。所以，远离新手驾驶人非常有必要。

3. 克服驾驶突然操作的坏习惯

驾驶突然操作是行车安全的大忌，往往使得其他汽车驾驶人来不及反应，幸运的或可勉强避开，稍有迟疑的则事故就在瞬间发生。突然操作的动作的表现主要有突然停车、突然起步、突然变道、突然转弯、突然掉头、突然加速等。这些突然性的动作，都可能给安全行车带来严重后果。

（1）突然停车。行车过程中，有的驾驶人不传达任何停车信息，突然一脚制动，就将车停在路上。这时若后方汽车跟行距离过近，驾驶人反应又慢，汽车制动效率也欠佳，会引发严重的追尾事故。

（2）突然起步。起步时，有的驾驶人不开转向灯，不鸣喇叭，起步车速也快。若后车驾驶人没有思想准备，难免躲避不及，碰剐到一起。

（3）突然变道。有的驾驶人行车，变道直进直出，即便在城市街道、高速公路或车流量较大的路段，也不做变更车道的预示，更不向后观察，猛转方向就将车开进了旁侧车道。这时那些车道内正常行进的汽车来不及躲避，一下了撞在了一起。

（4）突然转弯。临近路口，若需转弯，本应预先进入转弯车道。但有些驾驶人就不这样，常常临到路口处突然转弯，好像这时才想起来似的，而且转弯前不打转向灯，也不提前减速，说转就转，转弯的角度还很大。前后驶来的汽车，根本无法预知他的转弯意图，硬转过去，自然在公路上引发一阵骚动。如有汽车反应迟缓，还会引起群体交通事故。

（5）突然掉头。突然掉头更是危险。有的汽车看着在正常行进中，却冷不防在车流量较大的路段来个突然掉头，并且车速较快，前方来车和后方跟汽车躲避不及，撞在掉头汽车的两侧。

（6）突然减速。跟车时，最怕前车突然减速，通常跟行车的驾驶人还没来得及反应，就已撞在前车的车尾上。

特别提醒

驾驶操作宜缓不宜急、宜微不宜过。在每次调整方向、线路和速度时，都要有意识地克服突然操作的坏习惯。千万不可随心所欲，否则只会招致灾难。

特别提醒

常见的交通违法行为

（1）酒后驾驶。饮酒后，往往无法正常控制加速踏板、制动及转向盘。还会影响人的判断能力和操作能力，饮酒后，人脑对光、声刺激反应时间延长，本能反射动作的时间也相应延长，眼、手、脚之间的配合功能会发生障碍，无法正确判断距离、速度。饮酒后还可使驾驶人视力暂时受损，不能发现和正确领会交通信号、标志和标线，易发生事故。此外，饮酒后驾驶易困倦，也容易引发事故。

（2）疲劳驾驶。疲劳后继续驾驶车辆，会出现视线模糊、腰酸背疼、动作呆板、手脚发胀或有精力不集中、反应迟钝、思考不周全、精神焕发、焦虑、急躁等现象，如仍勉强驾驶车辆，则可能导致交通事故的发生。

（3）闯红灯。驾驶人闯红灯的原因主要是：精神不集中、犹豫不决、心中存有侥幸加速或强行通过而闯红灯。另外，一些人认为黄灯亮时还可以通行。实际上黄灯亮时，已越过停止线的车辆可以继续通行，这是为了保障交通的有序性和安全性，避免车辆突然急停造成后车追尾等危险情况；但没有越过停止线的，黄灯亮时则不可加速通过，避免车辆随意在黄灯时冲过停止线引发交通事故（见图7-6）。

（4）超速行驶。通常在市区道路通行环境较好、弯道或事故多发路段，且限速的两端公路边都设立了明显的限速标志和前方测速标志，当驾车经过有限速标志路段时，就要控制好车速，按规定速度行驶，否则，就可能会因超速而被抓拍并受到处罚。

（5）强行超车。驾驶人在超车前和超车中必须迅速提高车速，在多数情况下这时已是超速行驶。强行超车通常都是在对面有来车可能的情况下进行的，这时的危害性最大，既有可能与对面来车相撞，又有可能与被超车发生碰撞。强行超

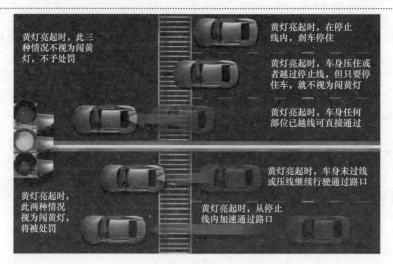

黄灯亮起时，此三种情况不视为闯黄灯，不予处罚

黄灯亮起时，在停止线内，刹车停住

黄灯亮起时，车身压住或者越过停止线，但只要停住车，就不视为闯黄灯

黄灯亮起时，车身任何部位已越线可直接通过

黄灯亮起时，车身未过线或压线继续行驶通过路口

黄灯亮起时，此两种情况视为闯黄灯，将被处罚

黄灯亮起时，从停止线内加速通过路口

图 7-6 黄灯亮时的通行规定

车对驾驶人刺激较大，他们往往会让道不让速甚至加速，形成两车并列超速行驶，从而增加交通事故发生的概率。

（6）占用应急车道行驶。应急车道是发生交通事故等突发事件造成交通拥堵时，供执行抢险救援任务车辆通行的唯一"生命通道"，时刻保证其畅通意义重大。如果应急车道被占据，致使救援和清障车辆无法开至事故现场，会直接影响高速公路的畅通，甚至会而致他人残疾或死亡。

（7）机动车随意变更车道。目前，有信号灯的路口基本上划分有直行车道、左转弯车道和右转弯车道。车辆进入划分的车道后，就不允许变更车道了。万一开错车道了，也不能随意变更或在路内转弯，需按导向车道要求向前行驶，在允许掉头的路口再调整。在城市路口、高速公路上也较为多见，极易因妨碍变更后的车道内正常行驶车辆而造成交通拥堵、制动不及酿成交通事故。

（8）逆向行驶。在等候信号灯或刚开始放行时，有些心急的驾驶人没等前方车辆起步，就直接压在中心线上或越过中心双实线，驶上左侧对向车道超车；有的驾驶人左转弯时没有紧靠路口的中心转弯，而是越过停止线后直接转弯，在进入路口时驶上中心线的左侧车道。还有的驾驶人因图方便，直接从非机动车道上或机动车道上逆向行驶，导致过往车辆纷纷避让，容易引起交通秩序混乱。

（9）转弯机动车不让行人。当驾车途经人行横道时，驾驶人一定要减速让行人，必要时应该停车等待行人先行通过。

（10）开车打电话。开车接打手机，大脑的反应速度慢，发生车祸的风险比正常驾驶时要高4倍以上。拨打手机还会导致驾驶人驾驶过程中的路线扭曲。

（11）不系安全带。正确使用安全带可以大大降低交通事故死亡率，当车辆发生正面相撞时可使死亡率降低57％，侧面撞车时可降低44％，翻车时则可降低80％。

（12）违反规定使用灯光。违反规定使用灯光最突出的问题就是不正确使用远光和变道不打转向灯。在开着远光灯会车时，对向驾驶人根本看不清路中间的行人，极易发生严重交通事故。除了不正确使用远光灯外，变道不打转向灯也是一个严重的违法行为，会让后方车辆无法准确判断前车的动向，容易引发追尾事故。

（13）违章停车。如果在主城区内乱停放车辆，特别是在路口、人行横道线等路段停车，"电子眼"随时会抓拍到你的违章行为。因此，驾驶人驾车外出时应充分考虑停车问题，要将车停在允许停车的停车场或停车泊位上。

（14）不主动撤离，造成大堵塞（见图7-7）。当发生轻微交通事故后，事故双方应尽快撤离现场，私下协商决定，不要只顾以马路中央争执，造成交通拥堵。

图 7-7　不主动撤离

特别提醒

谨防潜伏在"正常"中的交通危机

（1）看似平坦的高速路上也有较大的洼坑。高速路上经常有较大的坑洼出现，如果车速太快，通过时就很难控制住方向。

（2）看似宽敞的路面可能会设置有洼槽或硬坎。这种情况常常出现在路侧有厂矿、学校、商业服务区的路段，设置这些障碍的目的就是为了限制过往车辆的速度。如果对路况不熟悉而车速较快时，就很容易引起车辆强幅颠簸，进而控制不住方向。

（3）看似直行的车辆突然急转弯。这种情况常常在有岔路的地段出现，因此，在比较宽敞的路上行驶时，也要注意观察前方有无道口，特别是在前车临近道口时一定要有戒备之心。

（4）看似向左（或右）转弯的前车却又突然向右（或左）转回。这种情况多发生在主干线路左右都有岔路的路段，由于驾驶人没有判断清楚方向而造成的。因此，在左右都有岔路的地方，最好离前车远点，超越时更要小心谨慎。

（5）看似正常匀速行驶的车辆却突然制动停车，这种情况很容易发生追尾事故。因此，驾驶人平时就要养成跟车距离适当放长的好习惯，不要跟车太近。

（6）看似停放的车辆突然驶向路中。如果自车速度过快且路面较窄，就会与其刮蹭到一起。因此，在行驶途中，驾驶人对每一辆停放在路侧的车辆都不要掉以轻心，通过时放慢速度。

四、汽车日常维护

汽车日常维护属于日常性、预防性的维护作业，由驾驶人负责完成。驾驶人在出车前、行车中、收车后必须对车辆进行检视维护。其作业中心内容是清洁、补给和安全检视。日常维护分为出车前的检查维护、行车中的检查维护和收车后的检查维护。

1. 出车前检查

（1）检查行车证件、牌照是否齐全，并检查随车装置、工具及备件等是否齐全带足。

（2）环绕车辆一周，检视车身外表情况和各部机件完好状况，是否有漏油、漏水、漏气、漏电现象。

（3）擦拭门窗玻璃、清洁车身外表，保持灯光照明装置和车辆号牌清晰。

（4）检查燃油箱储油量、散热器的冷却液量、曲轴箱内机油量、制动液量（液压制动车）、蓄电池内电解液量等是否符合要求。

（5）检查发动机风扇传动带是否有老化、断裂、起毛等现象，松紧度是否合适。

（6）检查轮胎外表和气压，剔除胎间及嵌入胎纹间的杂物、小石子，轮胎气压应符合规定。还要注意带好备胎，放置要牢靠。

（7）检查转向机构是否灵活，横、直拉杆等各连接部位是否有松动。

（8）检查轮毂轴承、转向节主销是否松动，轮胎、半轴、传动轴、钢板弹簧等处的螺母是否紧固。

（9）检视驾驶室内各个仪表和操纵装置的完好情况，检查灯光、刮水器、室内镜、后视镜、门锁与升降器手摇柄等是否齐全有效。

（10）检查转向盘、离合器、制动踏板自由行程和驻车制动器的情况是否正常，离合器踏板、制动踏板自由行程应符合正常规定值。注意转向盘自由转动量不得超过 30°。

（11）起动发动机后，检查发动机有无异响和异常气味，察看仪表工作是否正常。

（12）检查车厢栏板及后门栏板是否牢固、可靠、货物的装载必须捆扎牢固、平稳安全。对拖带挂车的汽车，还应检查边接装置有无裂损、松动、变形等现象，各种辅助设施是否符合规定，以保证牵引装置安全可靠。

2. 行驶途中检查

（1）车辆起步后，应缓慢行驶一段距离，其间应检查离合器、转向制动等各部分的工作性能。

（2）在行驶中，应经常注意察看车上各种仪表，擦拭各种驾驶机件、察听发动机及底盘声音；如发觉操纵困难、车身跳动或颤抖、机件有异响或焦臭味时，应立即停车检查进行必要的调整和修理。

（3）车辆行驶涉水路段后，应注意检查行车制动器的效能。

（4）行驶中发动机动力突然下降，应检查是否冷却液或机油量不足引起发动机过热所致（注意冷却液温度高时不准打开散热器盖）。

（5）行驶中转向盘的操纵忽然变得沉重并偏向一侧，应检查是否因其中一边轮胎泄气所致。

（6）检查轮胎的外表和气压及温度，清除胎间和胎纹中的杂物。

（7）检查冷却液和机油量，有无漏水、漏油，气压制动有无漏气现象。

（8）检查车轮制动器有无拖滞、发咬或发热现象，驻车制动器作用是否可靠。

（9）检查轮毂、制动鼓（盘）、变速器、分动器和驱动桥温度有无异常。

（10）检查转向、制动装置和传动轴、轮胎、钢板弹簧各连接部位是否牢固可靠。

（11）检查装载和拖挂装置是否安全可靠。

特别提醒

车辆途中停车检查，通常应在行驶 2h 左右后进行。检查有关总成部件温度时，应在停车后立即进行。检查中如发现轮胎温度过高时，应停车冷却后再行驶。

检查的方法是用手摸试，手贴上后，感到难以忍受时，属于温度过高。禁止采用浇冷水的方式给轮胎降温，这样会缩短其使用寿命。

3. 收车后检查

（1）停车后，应将驻车制动器操纵杆拉紧，并把变速杆挂入一挡或倒挡，自动变速器的汽车应挂入停车挡，以防止汽车自动滑移，发生危险。

（2）熄火前，观察电流表、机油表、冷却液温度表、气压表的工作是否正常；熄火后，观察电流表是否有反向漏电的指示（若电流表指针偏向"－"侧，则说明有漏电现象）。

（3）检查有无漏油、漏水、漏气现象，视需要补充燃油、润滑油和冷却液。

（4）检查轮胎气压，清除胎间及表面的杂物。

（5）检查油水分离合器中是否有积水和污物，注意清除干净。

（6）对于气压制动装置的车辆，应将贮气筒内的空气放净并关好放气开关；对于液压制动的车辆，应检查主缸制动液的液面高度。

（7）检查风扇传动带和空气压缩机传动带的松紧度以及完好情况，必要时应进行调整。

（8）检查轮胎螺母和半轴螺母是否松动，并查看钢板弹簧总成是否有折断及螺栓是否松动。

（9）在冬季当气温低于或接近 0℃ 时，若车库内无保温设施，汽车冷却系也未加防冻液，每日用车后应将散热器和汽缸水套的放水开关打开，放尽存水，并做短时间的发动，排尽余水，然后关好放水开关。

（10）打扫车厢和驾驶室，清洗底盘，擦拭发动机、各部附件和清洁整车外表，同时查看各部有无破损。

（11）检查、整理随车的工具、附件，并切断电源。

（12）如重车停放过夜，应将车架用木棍顶起，以解除钢板弹簧和轮胎的负重。

对以上检查内容，并不是每次出车前、行驶中、回场后都须检查，应有所安排，有所侧重，但至少保证几天内所有内容都能得到检查。

五、电动汽车电动系统专用装置的日常检查

1. 电动汽车的日常检查

电动汽车的日常检查分为电动系统专用装置日常检查和常规汽车日常维护。电动汽车的日常检查应在出车前、行车中及收车后进行。

（1）电动汽车出车前还需要检查的项目。纯电动汽车的日常检查除按常规汽车日常维护外，还需要检查的项目如下：

1）检查电动车的绝缘状况应不低于规定的绝缘值，即当周围空气相对湿度在75%～90%时，电动车的总绝缘值不低于 3MΩ。

2）检查空气压缩机、电动机的皮带松紧度，需要时进行调整和紧固，检查空气压缩机组的工作情况。

3）检查高、低压电源电压是否正常：闭合高压开关、低压开关，低压电压表应为 27V±0.5V，动力电池电压不低于388V。

4）检查助力油泵的工作情况和助力油罐的油面高度。

5）检查电制动、气制动和驻车制动的工作是否正常，管路有无漏气现象，应按技术要求进行检查，即气压为 700kPa，各气动件不工作情况下，经过 30min 后，气压不应低于 600kPa；气制动系统的气压由 0 升至 400kPa 的时间，不应超过 4min。

6）检查车门机构的工作情况，开关动作是否正确。

7）检查驾驶室中各种开关、手柄、踏板位置、动作的正确性，自动空气断路器操作是否灵活可靠。

8）检查仪表显示屏，发现故障报警信息时，应及时报修。

9）检查动力蓄电池组（或超级电容组）剩余电量，发现电量不足时，应及时充电。

10）检查完毕应关闭设备舱门。

（2）出车前对电动系统专用装置日常检查的内容与要求见表 7-1。

表 7-1　　　　　　　　电动系统专用装置日常检查的内容与要求

序号	作业项目	作业内容	作业要求
1	仪表	检查仪表工作状态	1）仪表工作正常，字迹清晰或指示准确； 2）信号装置报警功能正常
2	驱动电动机离合器	1）检查离合器工作状况； 2）检查离合器电控系统	1）离合器应分离彻底，不发抖、不打滑； 2）离合器电控系统表面清洁，线路插件应连接良好

续表

序号	作业项目		作业内容	作业要求
3	动力蓄电池组或超级电容组	壳体	1) 检查外观; 2) 检查紧固情况	1) 壳体应清洁、干燥、完好、无损坏; 2) 壳体固定支架应牢固,无松动
		散热系统	1) 检查风扇工作状况; 2) 检查进风软管状况及固定情况; 3) 清洁防尘网	1) 风扇应工作正常,无老化、损坏; 2) 壳体进风软管应无破裂、凹痕,卡箍牢固; 3) 防尘网应清洁,无杂物
		预热系统	1) 检查工作状况; 2) 检查外观	1) 预热系统应工作正常; 2) 表面应清洁、干燥、完好、无损坏
		管理系统	1) 检查模块插件固定情况; 2) 检查系统工作状况	1) 模块插件应插接牢固、无腐蚀; 2) 管理系统数据显示应正常
4	低压电气控制系统	低压电气控制器	1) 检查工作状况; 2) 检查固定情况; 3) 用风枪或毛刷进行清洁	1) 控制器应工作正常; 2) 控制器应连接规范、安装牢固; 3) 散热器、电线插头等应清洁、干燥
		冷却风扇	1) 检查线路连接情况; 2) 检查固定情况; 3) 清洁外观	1) 线路插件应连接良好; 2) 风扇机体应牢固; 3) 风扇表面应保持清洁
5	高压电气控制系统	驱动电动机	1) 清洁外观; 2) 检查线路连接情况; 3) 检查固定情况; 4) 检查工作状况; 5) 检查冷却系统	1) 电动机表面应清洁、干燥; 2) 线路插件应连接良好; 3) 电动机安装支架及减震垫应完好、牢固; 4) 电动机运行时,应无异常振动和噪声; 5) 电动机冷却系统应工作正常,无泄漏,冷却液充足
		发电机	1) 清洁外观; 2) 检查线路连接情况; 3) 检查固定情况; 4) 检查工作状况; 5) 检查冷却系统; 6) 检查皮带工作状况	1) 发电机表面应清洁、干燥; 2) 线路插件应连接良好; 3) 发电机安装支架及减震垫应完好、牢固; 4) 发电机运行时,应无异常振动和噪声; 5) 发电机冷却系统应工作正常,无异常温度变化; 6) 发电机皮带应无松弛、老化现象
		高压电气控制器	1) 检查工作状况; 2) 检查固定情况并坚固; 3) 用风枪或毛刷进行清洁	1) 控制器应工作正常; 2) 控制器应连接规范、安装牢固、接地良好、插头紧固; 3) 散热器、电线插头应清洁、干燥,控制器舱进、出风道应保持通畅
		主开关	检查工作状况	主开关功能正常,通、断状态良好
		断路器	1) 检查断路器规格; 2) 检查固定情况	1) 断路器规格应符合要求; 2) 断路器应接线牢固,无松动
		变频器	1) 检查固定情况; 2) 清洁外观	1) 变频器应接线牢固; 2) 变频器应保持清洁、干燥

续表

序号	作业项目	作业内容	作业要求
6	线束及充电插孔	1) 检查工作状况； 2) 检查固定情况； 3) 清洁充电插孔	1) 电线、电缆应无松散、破损、老化现象，且绝缘性能良好； 2) 线束捆扎合理，安装牢固； 3) 充电插孔应清洁，并接插牢固
7	汽车标志	检查外观	汽车标志应符合 GB/T 19751 规定

（3）电动汽车行车中的检查。汽车运行途中，驾驶人应注意观察汽车仪表显示屏的工作状况，发现故障报警信息应及时报修。

（4）电动汽车收车后的检查。

1）电动汽车收车后，电动系统专用装置检查要求见表 9-1。

2）检查动力蓄电池组（或超级电容组）剩余电量，发现电量不足时，应及时充电。

3）检查设备舱门应处于关闭状态，舱门锁应完好、有效。

特别提醒

出车前和收车后，插电式混合动力电动汽车还应检查动力蓄电池组（超级电容组）剩余电量，不足时应及时充电。

2. 清洗电动汽车的注意事项

清洗汽车时应按照正常的洗车方法清洗，电动车手工清洗时应在阴凉处进行，待车身温度降至 40℃ 以下后，再进行清洗。用水管将松动的脏物冲掉，再用中性洗车剂清洗汽车，清洗剂的混合应根据制造厂的说明进行。用软布浸清洁液清洗，不要用力擦，以免损坏漆面。

机舱内布置了很多高压设备，因此禁止掀开机舱盖直接对高电压部件喷水或者采用高压清洗液冲洗。否则会造成高压部件各插接件受潮，导致汽车出现绝缘故障，无法行驶。

清洗时，使用高压水枪对车身表面、轮辋、轮胎进行冲洗不会造成触电、漏电等问题。但由于很多电动汽车的快充口安装在前格栅处，因此，在洗车时应尽量避免用高压水枪直接对准前格栅，避免水流入车体充电插座，造成车身线路短路动力电池安装在车身的底部，高压水流的冲击可能会造成水渗入电池箱而影响绝缘，因此也应避免直喷底盘车身后部。

 第二节　汽车遇险的应急处置

一、汽车应急处理的原则与操作指南

1. 汽车应急处理的原则

遇到紧急情况，要保持沉着的心态、清醒的头脑，切勿惊慌失措。在瞬间做出正确判断，采取果断措施是做好避险的先决条件。

（1）先顾人后顾物，先人后己原则。所谓先顾人后顾物，就是当险情同时威胁到人员和物资时，要先顾及人员。驾驶人在避让车辆与物资相撞时，必须排除人员伤害。在危险情况下，车辆要向物的一方避让，不可向人员一方避让，宁愿物资受损，也要确保人员安全。

所谓先人后己，就是当险情危及人员生命时，应优先考虑保护人员安全。例如，公交汽车发生严重的侧面相撞时，驾驶人应迅速打方向变为车头相撞，从而保护乘客的安全。

一旦事故发生，驾驶人应先抢救处在危险中的乘客或受伤人员，不得为保护自身安全而擅离职守。当车辆起火或有爆炸危险时，驾驶人应尽可能地将危险车辆驶离人群、工厂、村镇，尽量减少事故车辆对人民生命财产的威胁。当发生人员伤亡的重大事故时，驾驶人不顾受害者生命安危，不但不尽义务保护现场，反而破坏、伪造现场，嫁祸于人或驾车潜逃，都是严重违法的行为。

（2）避重就轻，减小损失原则。所谓避重就轻，就是在紧急避险时，车辆应靠近损失较小或危害较轻的一方避让，避开损失较大或危害较重的一方。如何能避免重大事故、重大损失，就如何处置，可以不受交通法规的限制，以减轻事故损失后果。

例如，道路右侧情况复杂，人员较多，而道路左侧情况简单或人员较少，紧急避让时，就应紧靠左方，以减轻事故的损坏后果。

（3）先方向后制动原则。所谓先方向后制动，就是当险情发生后，驾驶人在做避让动作时，应先顾方向后顾制动。因为在事故前转动转向盘，可使车辆避开事故的中心位置，有时甚至能脱离危险转危为安。若转向盘的转动落后于制动的使用，就会使车辆失去避让的机会和机动能力。但是，对一些需要缩短制动距离的事故，应在转动转向盘的同时采取紧急制动。

注意：高速行车时转动转向盘的角度不宜过大，否则车辆容易发生侧滑，甚至倾翻。

2. 汽车应急处理的操作指南

针对不同的突发情况，驾驶员在处置过程中，遵循基本通用处置程序，采取相应处置措施。处置程序的先后顺序，可结合现场情况灵活应对、相应调整。

（1）减速停车。发生突发情况时，驾驶员要控制好方向盘，使车辆直线行驶，将车辆停至安全停车区域，尽量避开人群。车辆停稳后，迅速关闭点火开关，拉紧驻车制动，开启危险报警闪光灯，夜间或视线不良天气条件下还需开启示廓灯和后位灯。

（2）警示。驾驶员应穿好反光背心，一般道路上，在故障车辆来车方向同车道50m 至 100m 处摆放危险警告标志。城市快速路和高速公路上，在故障车辆来车方向 150m 处摆放危险警告标志。夜间摆放危险警告标志的距离还应适当增加。在转弯路段，可视在车辆前、后方均摆放危险警告标志。

（3）逃生。驾驶人第一时间开启车门，尽快撤离危险区域。遇车门无法打开时，指导乘客通过应急门、应急窗、安全顶窗或使用应急锤等尖锐器械击破车辆侧窗进行逃生。告知乘客切勿留恋财物。火灾逃生时，应注意做好个人防护。驾驶人员不应先于乘客撤离现场。

（4）疏散。及时将逃离事故车辆的乘客疏散到车后 100m 以外的右边路侧或护栏外侧的安全区域，避免二次事故的发生。运输危险货物的车辆，根据危险货物的爆炸、易燃、毒害、感染、腐蚀、放射性等不同危险特性及起火泄漏情况，设置初始隔离区，采取降温、灭火等处置措施，并做好周围车辆和人员的疏散工作，往上风口方向疏散。

（5）报警。及时拨打 122 报警电话（高速公路拨打 12122），上报事故发生时间和地点、车辆号牌、人员伤亡和损失等情况。若车辆着火燃烧，同步拨打 119 火警电话。若出现人员伤亡，同步拨打 120 急救电话。交通警察、消防队员、综合交通执法人员、医生等到达现场后，现场人员应积极配合做好相关工作。

（6）救助。按照"先救命，后治伤"的原则，根据人员伤情及施救者医学掌握程度进行科学有效施救，切忌随意移动、拉拽、摇晃伤员，不能施救时应耐心等待医生救护。存在火灾、爆炸等危险时，应采取正确的搬运方法，及时将伤员转移到安全地带。对于急需救治的伤员，及时求助过往车辆送至最近医院。

（7）现场保护。在保证自身安全情况下，可使用相机或手机，从车辆前方、侧面和后方对事故相关车辆的位置、受损部位及受损程度等事故现场情况做好拍摄记录。因抢救伤员而变动现场的，应标记伤员的原始位置。遇不良天气条件可能会对事故现场重要痕迹、物证造成破坏的，采用塑料布、席子等对现场血迹、制动印痕、散落物等进行遮盖。

（8）报告。事故发生后，应当按照《中华人民共和国道路交通安全法》及其实施条例、《生产安全事故报告和调查处理条例》等有关规定，及时向所属公司及发生地公安交通管理、交通运输管理部门报告，上报事故发生时间和地点、人员伤亡和事故经过等基本情况。

二、制动突然失灵

汽车行驶中，特别在下长坡时，往往由于制动管路破裂或制动液气压不足等原因，突然出现制动失灵、失效现象，对行车安全构成重大威胁。

在驾车时发现制动失灵，驾驶人首先要保持冷静，不要惊慌失措，应根据现场的情况，采取积极有效的措施，使车辆安全地停下，以免造成更大的损失。在处理制动失灵的紧急避让中要掌握"先避人、后避物"的原则。

（1）如果没有制动效果，就必须打开紧急信号灯、按动喇叭向其他车辆和行人示警，然后采用低速挡、驻车制动，并借助地形和他物等措施减速停车。注意不要立即拉驻车制动器操纵杆，以防后轮突然制动发生侧滑甩尾。

（2）如果制动失灵现象出现在车流量和人流量较大的路上，为了避免造成更大的伤害，驾驶人应立即松开加速踏板，将变速器挂入低速挡，利用发动机的牵阻作用使车辆减速并停车。如果此时车速很快，应迅速逐级或越一级减挡，利用发动机牵阻作用控制车速。

（3）如果上坡时制动失灵，应迅速减挡，保持足够的动力，缓缓驶上坡顶后自然停车（见图7-8）。

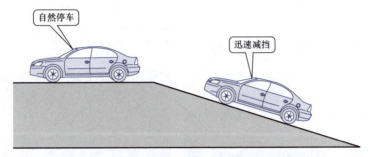

图 7-8　上坡时制动失灵的处置

（4）如果下坡时制动失灵。应该利用一切可以利用的障碍物使车辆停下来（见图7-9）。在寻找能够阻拦车辆的障碍时，必须保持头脑清醒，能够预估出碰撞之后的后果。

图 7-9　利用一切可以利用的障碍物使车辆停下来

（5）高速公路行车制动失灵。高速公路行车制动失灵的应急措施如下：

1）首先稳住方向，开启双闪。在高速行驶制动失灵的时，应该稳住方向，让车辆继续滑行，同时打开双闪提示旁边车辆注意。

2）降挡配合手制动。可以通过降挡的方式，利用发动机制动让车子减速。

手动挡车型：由当前挡位连续依次降至低挡，这时候车速会下降下来，再拉手制动进行制动。拉手制动的力度切记不要太猛，手制动过猛，容易使得后轮抱死，使得车子失控，这样或许会更加危险了。

注意：切记不能立即使用手制动来制动。因为此时一旦拉手制动很有可能造成侧翻。正确的做法是先使用上面的方式降速，等到车速降到 30km/h 之后，再缓慢拉起手制动，直至车辆停止。

自动挡车型：手自一体车可逐级减挡位，或用雪地模式来降低速度。

3）利用紧急避险车道。紧急避险车道是道路上为失控车辆所设置的紧急避险通道，一般设置在较易发生事故的路段（见图 7-10）。避险车道应具有两个作用：一是使失控车辆从主线中分流，避免对主线车辆造成干扰；二是使失控车辆平稳停车，不出现人员伤亡、车辆严重损坏和装载货物严重散落的现象。

图 7-10　紧急避险车道

如果手制动和减挡都不管用，驾驶员应大声鸣笛提醒周围车辆注意让道，在适合的路段进行减速。很多公路会在下山路段或者下坡路段设置紧急避险车道，车道会有沙石和水池来帮助车辆减速，如果遇到制动失灵可以通过紧急避险车道来停车。

4）利用周边障碍物。如果是在一些下坡等危险路段出现制动失灵，为防止险情进一步扩大，就要考虑利用路边的沙泥堆、草堆、路沟、树林、岩石等障碍物给车辆阻力而停车。当然这是迫不得已的方法，因为不仅危险而且会损坏车辆。

注意：在使用这个方法进行制动时，千万不能用车头直接撞向障碍物。如果障碍物在驾驶员一侧，千万不要靠死障碍物，这样会直接危及驾驶员的生命安全。

特别提醒

防止制动失灵的方法

（1）经常检查制动效果是否正常，如发现制动管有滴漏，或者制动踏板软弱无力、行程异常等情况，要及时到专业的修理厂修理。

（2）下坡长时间制动会因制动踏板过热而引起制动力减退。因此，在频繁使用制动踏板后，应选择安全地点或者利用路边的停车带停车，让制动踏板自然冷却。

三、轮胎漏气与爆胎

1. 轮胎漏气

发现轮胎漏气时，驾驶人应紧握转向盘，慢慢制动减速，极力控制行驶方向，尽快驶离行车道。驶离行车道时，不可采用紧急制动，以免造成交通事故。

2. 轮胎爆胎

一般情况下，驾驶人听到爆胎声时的第一反应是立即制动，而这正是最危险的动作。因为此时发生爆胎的轮胎在瞬间与地面的摩擦力增大，而其余三个轮胎都在滚动，此时踩制动容易引起车轮抱死和车体纵向旋转失控，最终导致恶性事故的发生。

在爆胎的情况下，基本的处理方法就是不要惊慌，双手紧握转向盘，保持车辆直线行驶，同时缓抬加速踏板（即缓收油），让车辆自然减速，待车速降低后，再轻踩制动踏板，并打开转向灯，让车辆向路边一侧安全地带缓缓停靠（见图 7-11）。

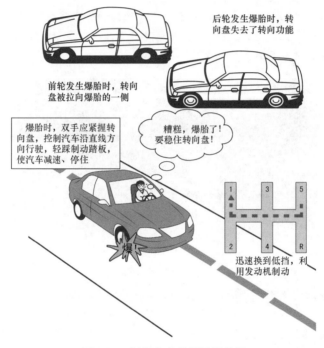

图 7-11　行车中突然爆胎的处置

（1）后轮爆胎处置。后轮轮胎爆裂时，汽车的尾部就会摇摆不定，颠簸不止，但汽车不会失控。驾驶人应保持镇定，双手紧握转向盘，极力控制车辆保持直线行驶，并慢慢减速，待车速降低后，再轻踩制动踏板平稳停车。

此外，最好反复用"点制动"方式，断续地轻踩制动踏板，把汽车的重心前移，使完好的前轮胎受力，减轻爆胎的后轮胎所承受的负荷，同时要注意不要过分地踩制动踏板。

特别提醒

使用紧急制动停车

发生爆胎后，在尚未控制住车速前，切忌慌乱中急踩制动踏板，会造成车辆横甩而发生更大的险情。

（2）前轮爆胎处置。如果是前轮爆胎，汽车会立即向爆胎侧偏驶，危险较大，因为这样会大大地影响驾驶人对转向盘的控制，这时驾驶人一定要松抬加速踏板，极力控制转向盘，及时矫正汽车大幅度偏左或偏右行驶的倾向，保持车辆直线行驶。在控制住行驶方向后，采取抢挂低速挡的措施减速停车。

小提示

防止汽车爆胎的方法

（1）按标准对轮胎充气，经常检查胎压，保持胎压正常通常 4～5 个齿着地为正常胎压（见图 7-12）。应检查胎侧和胎冠是否有鼓包、裂口、胎面、划伤和扎伤等，若有损伤，则应及时更换。

4～5个齿着地为正常胎压

图 7-12　保持胎压正常

胎压过高或过低都会让轮胎与地面的摩擦不均匀（见图 7-13）。胎压过高会使胎顶磨损严重，同时使轮胎的弹性降低，强度下降，当遇障碍物时极容易爆胎。当胎压过低时，轮胎下沉量增大，胎侧变形加大，使胎体帘线造成周向断裂和胎冠磨损不均，也容易爆胎。

（2）汽车应中速行驶，不超载，避免紧急制动。因为紧急制动时会使胎内的"容量"变小，单位面积的"压力"剧增，极易发生爆胎，此时轮胎有伤的地方便会成为"突破口"。

胎压过高与过低都会让轮胎与地面的摩擦不均匀

胎压过高　　胎压过低

图 7-13　胎压过高与过低

（3）长途车每行驶 2h 左右应停车休息，让轮胎自动降温，并对轮胎进行检查。

（4）当车速超过轮胎标定的速度时，就会有爆胎的危险。当用手背触摸胎侧感到烫手时，应停车于荫凉处自然降温（不能往胎上泼凉水）。

（5）定期更换轮胎位置。一般情况下，前胎的胎肩磨损要快于胎心，这是因为前轮经常要转动，以改变汽车行驶方向，所以胎肩更容易磨损。而对于后轮胎，胎心磨损大于胎肩。为了将不均衡的磨损现象改变，就要定期更换轮胎位置，使每个轮胎都能均衡磨损，以延长轮胎的使用寿命。

（6）检查胎面花纹的磨损情况，若花纹磨损已经达到了设计极限，如图7-14所示。轿车用的子午线轮胎花纹磨损极限为1.6mm，货车、客车用的子午线轮胎花纹磨损极限为2.0mm。当轮胎花纹达到磨损标记时，轮胎的抗滑能力下降，且容易爆胎，应更换新胎。

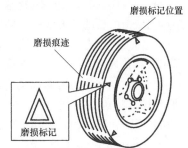

图 7-14 轮胎的磨损标记

（7）检查轮胎橡胶的老化情况，有的轮胎橡胶老化后会在胎侧出现"小口子"，夏季使用这样的轮胎极易发生爆胎。

（8）轮胎的使用寿命范围不应超过规定（轿车轮胎的使用寿命应该在4年或者8万km左右），超过使用寿命或者已经严重磨损的轮胎应及时更换。

四、汽车转向失控

汽车行驶中转向突然失控（见图7-15），一般是由于转向传动机构中的传力杆件、球销断裂或者脱落所致。对于这种紧急情况的处理，唯一的办法就是尽快制动停车。在制动时可同时开启危险报警闪光灯、鸣喇叭，或者高声呼喊，以示意道路上的车辆、行人避让。

图 7-15 转向突然失控

车辆在行驶中如发现方向盘不停地左右摇摆，应松加速踏板，制动停车。车速太快时不可使用紧急制动，避免车辆失控，应减档利用发动机制动让车辆减速，再紧急制动。

（1）一是应立即抬起加速踏板，把变速杆推入低挡位；二是均匀而有力地拉驻车制动器，三是当车速明显降低时，踩下制动踏板，尽快使车辆逐渐停住。

（2）应及时向其他车辆和行人发信号示警，如打开危险警告指示灯、开前照灯、鸣喇叭并打手势。

（3）方向失灵时，不可空挡滑行，不可踏下离合器踏板，应利用发动机的牵阻作用达到减速的目的。方法是立即松抬加速踏板，把变速杆推入一个低挡位。

（4）均匀而用力地拉紧驻车制动，不在万不得已时，不要一次拉得过紧，以防驻车制动装置失效、损坏。当发现车速明显减弱时，踩下制动踏板，使车逐渐停下。

（5）对于装有动力转向和动力制动的汽车，若突然发现转向很困难，或者踏下制动踏板后制动效能不好，这是由于动力部件有了故障。此时，驾驶人还可以转向和制动，但操作很费力，要谨慎驾驶，低速前进，到适当的地点将车修好。

五、汽车车灯突然熄灭

（1）夜间行车若车灯突然熄灭，应立即打开示宽灯或驾驶室顶灯，将车驶向路边。

（2）若所有灯光均不亮，应记住车灯熄灭前观察到的路面状况，稳稳地掌握住汽车行驶方向，切勿乱打转向盘，同时应迅速松抬加速踏板靠边熄火停车，排除故障。

（3）停车后，应就地取材，利用手电筒、烛光、黄色或白色衣物设置警告标志，以防来往车辆碰撞。若故障一时不能排除，又急需赶路，可借助月光（月光下路况的判断概括为亮水、白路、黑泥巴）和行道树，并多鸣喇叭示警，缓缓驶向修理厂。

特别提醒

行车中发动机突然熄火后不能起动时，立即开启危险报警闪光灯，缓慢制动减速，及时靠边停车，放置故障车警告标志，检查熄火原因。

六、汽车火灾

汽车火灾的类型主要有自燃、引燃、碰撞起火、爆炸和雷击等几种。其主要原因有受到撞击、高压导线短路、燃油泄漏等。

特别提醒

汽车自燃的前兆有哪些?

一般情况下汽车自燃先是冒烟，然后才会燃烧。汽车自燃前的 6 个征兆是：①橡胶烧焦糊味；②塑料烧焦糊味；③浓浓焦糊味；④未燃烧的汽油味；⑤蓄电池的刺鼻味道；⑥冒烟。

汽车失火可用灭火器或用打湿的衣服扑灭火源，也可以用沙子、泥土来扑灭火源。应了解灭火器的使用方法（见图 7-16）。

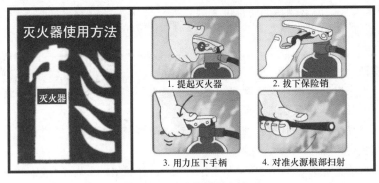

灭火器使用方法

灭火器

1. 提起灭火器　　2. 拔下保险销

3. 用力压下手柄　　4. 对准火源根部扫射

图 7-16　灭火器的使用方法

车辆发生火灾时，驾乘人员应头脑清醒，切忌惊慌失措。应设法将车辆停在远离城镇、建筑物、树木、车辆及易燃物的空旷地带，驾驶人在逃离火灾现场前，应关闭点火开关、电源总开关和百叶窗，并设法关闭油箱开关，及时把事故情况和地点通报给救援机构（见图 7-17）。高速公路行车发生火灾时，不得将车辆驶进服务区或停车场灭火。

灭火器

熄火停车
关闭电路

图 7-17　汽车失火的灭火方法

（1）发动机着火，应迅速关闭发动机，用灭火器或覆盖法灭火。不得开启发动机罩后灭火，开启发动机罩可能因大量空气进入而加大火势。

（2）客车车厢内着火，驾驶人应迅速停车打开车门，组织乘客紧急疏散下车。同时，驾驶人应利用灭火器进行扑救，压制火势，从而减少乘客受伤的危险。如果打不开车门，则应组织乘客打开安全门或用安全锤（车窗立柱上）击破车窗玻璃，让乘客尽快从安全门或窗口逃生。

大型客车内一般配备有安全锤，安全锤的端部为圆锥状，在用锤敲击车窗玻璃的时候，尖端可以对玻璃产生较大的压强。汽车的车窗通常为钢化玻璃，当玻璃受到敲击的时候会产生许多蜘蛛网状裂纹，此时只要再轻轻地用锤子敲击几下就能够将玻璃碎片清除掉。

钢化玻璃的四角和边缘受到冲击力最容易开裂，因此，应该用安全锤敲击此处。

（3）在疏散乘客时要逆风方向躲避。当火焰逼近自己无法躲避时，应注意保护裸露的皮肤，不要张嘴呼吸或高声呼喊，以防烟火灼伤上呼吸道。可用衣物包裹身体猛压火焰，冲出一条生路。

（4）车辆燃油着火时，可使用灭火器或路边沙土、棉衣、工作服等覆盖法灭火，不能使用水灭火。但含酒精的防冻液着火，可立即用水浇泼着火部位，以冲淡酒精防冻液的浓度。

特别提醒

（1）灭火时，人要站在上风处，尽量远离火源，灭火器瞄准火源，借风势将泡沫吹向火源。不能站在下风处灭火。

（2）当发生自燃征兆时，应熄火停车，最好能将车停在避风处施救，避免产生更大损失。

（3）有些发动机罩开启时需要把手探到里面打开锁销，应戴好手套，以免烫伤。

（4）随车携带灭火工具。驾驶人要掌握灭火器的使用方法，熟知灭火器所在位置（应放在驾驶人座椅下面），以免错过和延误最佳灭火时机。

灭火器容积最好在1L以上，要定期更换。如果是干粉灭火器，最好每年检查一次，检查干粉剂是否结块、提供喷射动力的内置氮气瓶内压力是否下降等。

（5）救火时，要防止烧伤，救火时应脱去所穿的化纤服装，注意保护暴露在外面的皮肤。

（6）若火势危及车载易燃物，应先将其卸下，如果车载货物着火，应先把货物卸下扑救。

（7）报警求救。如果火势很大，或初步施救仍无法将火扑灭，则应尽快远离现场并及时拨打119报警。此时，不要急着抢救车内财物，防止烧伤。

（8）电动汽车火灾的应急处置。电动汽车除动力驱动系统之外，其他构造与燃油汽车基本一致，因此两者的火灾危险性也大致相同。电动汽车的电气系统发生电气故障，动力系统发生机械故障，均能引发汽车火灾，与燃油汽车具有共性的火灾原因。但电动汽车火灾与燃油汽车火灾相比，具有一定的特殊性，因为它们大都是由电力驱动系统或电池引发的。

电动汽车行驶中机舱电器起火主要原因有电机控制器出故障元件温度失控、电线插头接触不良，通电时打火引燃电线绝缘层破损及动力蓄电池内部故障等。当出现车辆起火时，应迅速停车切断电源，如果能确保无人身危险时可以取下随车灭火器，依据实际情况采用不同灭火方式。如果火势太大，应迅速远离车辆并拨打119。电动汽车灭火应选用干粉或二氧化灭火器。

注意：冒烟表示动力蓄电池仍然很热，监控一直要保持到动力蓄电池不再冒烟的至少一小时之后。火灾发生时，考虑到全车通电，不要触碰车辆的任何部分。要穿上个人防护装备，包括自给式空气呼吸器。

特别提醒

（1）若动力电池起火，水对电池降温的效果最为明显。特别是动力电池在火

灾中弯曲、扭曲、损坏等情况，一定要用大量水来稀释毒气。由于电池是无氧燃烧，只有通过大量的水降温才可以阻燃，一般的干粉或泡沫灭火器无法阻止电池燃烧。

（2）若及入浓烟，尽快转移至空旷场地，并及时就医。

（3）关机，停车5min后，高压系统中的电才会完全消失。

（4）如果必须处理高压线束或高压元件，请在作业前戴好高压绝缘手套。

（5）必须在确保自身安全的前提下实施救援。

（6）带有爆炸性质的事故不要随意施救，要带车内人员远离事故现场，同时严肃告诫事故现场人员不得随意走动，以免造成次生事故，扩大事故危害。

（7）禁止直接对高电压部件喷水或采用高压清洗液冲洗。

七、汽车水灾应急处理

如果汽车发生水灾事故，必须对其进行施救。应注意如下事项：

（1）严禁水中起动发动机。汽车因进水而熄火后绝不能重新起动，这样会造成发动机进水，导致损坏。

特别提醒

暴雨中受损的汽车，大多数是因为汽车在水中熄火后，驾驶人再次起动发动机而造成损坏的。

（2）科学拖车。在对水淹汽车进行施救时，一般应采用硬牵引方式拖车，或将汽车前轮拖起后牵引，一般不要采用软牵引。另外，拖车时一定要将变速器置于空挡，以免车轮转动时反拖发动机运转，导致活塞、连杆、汽缸等部件的损坏。

（3）及时检修电气元器件。容易受损的电器（如各类电控单元模块、音响、仪表、继电器、电动机、开关等）应尽快从车上卸下，排水清洁，电子元件用无水酒精清洗（不要长时间用无水酒精清洗以免腐蚀电子元件）晾干，避免因进水引起电器短路。某些价值昂贵的电气设备，如果清洗晾干及时，完全可以避免损失；如果清洗晾干不及时，就有可能导致报废。

（4）及时检查相关机械零部件。检查发动机汽缸、润滑油、主减速器及差速器是否进水，如果上述部件进了水，会使其内的齿轮油变质，造成齿轮磨损加剧。对于采用自动变速器的汽车，还要检查控制单元是否进水；检查制动系统。对于水位超过制动油泵的被淹汽车，应更换全车制动液；检查排气管，如果排气管进了水，要尽快地把积水排除，以免水中的杂质堵塞三元催化转化器和损坏氧传感器。

（5）清洗、脱水、晾晒、消毒及美容内饰。如果车内因潮湿而出现霉味，除了在阴凉处打开车门，让车内水汽充分散发，消除车内潮气和异味外，还需对汽车内部进行大扫除，更换新的或晾晒后的地毯及座套。同时查看一下车门的铰链部分、行李舱地毯下、座位下的钢铁部分以及备用轮胎的固定部位有没有生锈的痕迹。

车内清洁不能只使用一种清洁剂和保护品。由于各部位材质不同，应注意选择不同的清洁剂。

特别提醒

汽车水灾的预防措施

（1）高处停放。雨季，停车、存车时要尽量选在地势较高处，以免低洼地带的积水越来越深，而周围放的汽车又限制了汽车的移动，导致车辆被水淹没。

（2）停车避雨。当遭遇暴雨或洪水时，如果驾驶人意识到有可能因此而影响到汽车的行驶安全，应选择停车避雨。

（3）行车避水。汽车行驶过程中，应尽量躲避对方来车行驶时所涌起的水浪，必要时可停车让对方汽车先行通过，以免对方来车涌起的水浪使自己的汽车发动机进水。

（4）安全涉水。必须涉水行驶时，驾驶人应事先了解自己所驾汽车的允许涉水深度，并采取一系列的防水措施。正确选择涉水路线、防止发动机进水、防止电气设备受潮。

八、汽车落水的应急处理

车辆落水时，应保持清醒的头脑。汽车刚落水，车内不会很快被水填满，大概有几分钟的准备时间，驾驶人不要惊慌，应迅速辨明自己所处的位置，确定逃生的路线和方案。

（1）及时开窗门。车辆行驶中突然落水时，首要的选择就是通过车窗逃生。此时汽车不会马上沉下水里去（任何汽车完全没入水中的时间不少于5s），且电路仍能正常工作，这时应迅速打开车窗。由于外部水的压力较大很难开启车门时，应当在车落稳后，开启车窗或敲碎侧窗玻璃，从车窗或天窗逃生。

图7-18 用坚硬沉重的器具破窗而出

（2）硬物砸窗。如果车进水很快，且迅速下沉，此时水给车门的压力也增大，车门将无法打开。可以先将座椅靠背向后放倒，准备从车窗钻出去，并使用锤子之类东西砸开车门或车窗，或干脆用车内的排挡锁、转向盘锁等金属硬物砸。建议驾驶人车内常备一些砸玻璃的锤等可以自救的器械，以备应急之用（见图7-18）。

（3）相互帮助。在水中被困车内后

应利用短暂时间帮助还没有解开安全带的乘客（尤其是老人和儿童）解开安全带，协助他们从车内逃生。

九、车辆倾翻

车辆倾翻一般都有预兆，如横向倾翻时，驾驶人身体在离心力的作用下有向外飘的感觉；路肩外斜坡翻车时，车身先慢慢倾斜；纵向倾翻时，驾驶人会有车头下沉或车尾翘起的感觉。

车辆倾翻时，驾驶人不可顺着翻车的方向跳车，防止跳出车外被车体重新压上，而应向车辆运行方向的后方或翻转方向相反方向跳跃（见图7-19）。翻车后，燃油极易外泄，此时应避免一切明火，并及时切断汽车电源，卸下蓄电池，放出油箱内的燃油，用容器装好，以防引起火灾。然后，用吊车将车吊起，平稳地放置在道路上。

图7-19 向倾翻方向的相反方向跳跃

车辆突然发生倾翻时，驾驶人应双手紧握转向盘，双脚钩住踏板，背部紧靠座椅靠背，稳定自己的身体，避免身体在车内撞伤。当车辆向深沟连续翻滚时，身体应迅速躲向座椅前下方，抓住转向盘管等固定物将身体稳住，避免身体滚动受伤，同时还要注意避免车体变形挤压受伤。

在车中感到不可避免地要被抛出车外时，应在被抛出的瞬间，猛蹬双腿，增加向外抛出的力量，借势跳出车外。跳出车外落地后，应力争双手抱头顺势向惯性力的方向多滚动一段距离，以躲开车体，增大离开危险区的距离。当发生缓慢翻车有可能跳车逃生时，应向翻车相反方向跳车，以避免跳车后被滚翻的车辆碾压。

特别提醒

（1）汽车倾翻后，应及时卸下蓄电池或切断总电源线，放出油箱内的燃油，并用容器装好，以防引起火灾。

（2）设法将车身放正。

（3）车辆半倾翻时，可利用木杠撬抬，同时在另一侧用绳索牵拉，使车身端正。

（4）也可用千斤顶在侧翻的一侧顶抬，当千斤顶将车身升起一点后，用砖、石、木等物塞垫，然后再用千斤顶顶升车身，再用物体塞垫。如此反复，直到可用其他方法放正车身为止。在操作时，一般应把车上的货物全部或部分卸下，防止货物受损或增加放正车身的难度。

十、车辆碰撞

（1）侧面相撞。若侧面撞车已避无可避，应提前发现情况，及时让开车门B柱部位。撞车头或车尾，避开B柱的车门处，会减轻对对方车内人员的伤害。

对于被撞车辆，如果侧面来的危险将给驾驶人造成撞击时，驾驶人应迅速往驾驶室另一侧移动，同时用力拉着转向盘，以便控制方向并借助转向盘稳住身体。如事先估计将要发生碰撞时，可立即顺着来车方向转向，努力使侧面相撞变成碰擦，以最大限度地减少损伤。

（2）迎面相撞。

1）当驾驶人发现与迎面来车相撞已经无法避免时，应采取紧急制动措施，以减小正面碰撞力，应对撞击的位置和速度迅速做出判断。如果速度较小，驾驶人应用手握紧转向盘，用力撑住转向盘并保持身体平衡，以免在发生撞击的瞬间，头撞到前风窗玻璃上受伤。

2）如果车速较高，判断撞击力较大时，驾驶人应手扶转向盘将两腿迅速松开。因为两车相撞时，发动机部位和转向盘都会产生较大的向后移位，可能挤压驾驶人。而且驾驶人脚下的地板也可能对驾驶人的脚部产生猛烈的撞击，造成驾驶人脚或小腿部位的损伤。如车上无其他乘员，应尽量以副驾驶位置接触碰撞。坐在驾驶室内的乘客，可前臂半弯支撑在仪器护板上，头部前倾下压靠在护板上。坐在后排座位上的乘客应双手护头，倾卧在座位上（见图7-20）。

图7-20　正面碰撞时后排乘客的应急处置

3）发生被后车追尾碰撞事故时，应紧靠椅背，双手迅速置于脑后并护住头后部。

特别提醒

通常车辆的侧面碰撞安全防护性能明显弱于正面碰撞安全防护性能，当车辆撞击无法避免时，驾驶人应当尽力避免侧面相撞。车辆发生撞击的位置不在驾驶人一侧或撞击力量较小时，驾驶人应紧握转向盘，两腿向前蹬，身体向后紧靠座椅。发生侧面碰撞的部位无论在哪一侧，都不可采取跳车的方法。

在车速较高可能与前方机动车发生碰撞时，要先制动减速，后转向避让。发生正面碰撞已不可避免时，迅速采取紧急制动。

十一、高速公路行车的紧急避险

（1）遇紧急情况避险时，应沉着冷静，坚持先避人后避物的处理原则。车辆在高速行驶时急转向，极易造成车辆侧滑相撞或离心力作用下倾翻的事故。因此，即使可能与前方车辆发生碰撞，驾驶人亦应先制动减速，后转向避让。

（2）在高速公路上处理紧急情况，不要轻易转方向避让。首先应制动减速，使车辆在碰撞前处于停止或低速行进状态，以减小碰撞损坏程度。在高速公路上，发现突然有人或动物横穿道路时，应果断采取损失小的避让措施。有效地控制车辆的转向及行驶速度，避免发生交通事故，保证汽车行驶安全所采取的操纵行为动作。

（3）被异物意外击中请先冷静。由于这种情况的发生往往完全没有任何先兆，而且整个过程通常就在短短几秒内发生，让人猝不及防。一旦遇到类似的情况，比如被飞溅的沙石击中风窗玻璃，玻璃一旦碎裂，不但会对驾驶人的视线造成严重影响，甚至还有可能危及车内乘客。

因此驾驶人应该保持冷静，打开转向灯，并逐步将车辆变换车道，在应急车道上安全停下，然后拉好驻车制动器，防止车辆前后溜动；打开双闪灯，警示后方车辆避免发生碰撞；最后在确认后方安全的情况下，将安全警示牌放置在车辆后方100m以外，并组织车上乘客安全撤离事故车辆，等候救援。

（4）雨天在高速公路行驶时，随着车速的增加，轮胎与路面之间形成水膜，轮胎悬浮，附着力变小，容易发生"水滑"现象。避免发生"水滑"现象的正确措施是：避免使用花纹沟槽浅的轮胎，不要使用气压过低的轮胎，要控制车速，尽量低速行驶。如果雨天车辆在高速公路行驶发生"水滑"现象时，应握紧方向盘逐渐降低车速。

（5）在高速公路遇突然情况必须停车时，应迅速逐渐向右变更车道停车，严禁在行车道停车。

（6）车辆遇故障在紧急停车带停车时，驾乘人员应迅速转移至车辆右后侧护栏以外路边，等候救援。

（7）车辆如果因故障不能离开高速公路行车道时，正确的做法是：立即开启危险报警闪光灯；在行驶方向后方150m处设立警告标志；在夜间需开启示廓灯和尾灯。

（8）在高速公路除遇异常情况停车外，应选择服务区停车。

（9）大雾天在高速公路遇事故不能继续行驶时，正确的做法是：开启危险报警闪光灯和尾灯；尽快从右侧离开车辆；尽量站到防护栏以外。

十二、电动汽车的紧急避险

（1）行车过程中电池发生高温、冒烟时应急措施。驾驶人在行驶中要特别注意高温报警和电池仓，如果发现某只电池的温度过高，则需停车打开电池仓盖查看电池，如有异味或电池仓内有烟冒出，则应按照如下顺序进行处理。

1）将汽车停靠路边。

2）切断车体高压。

3）打开电池仓盖。

4）手动解锁，用力将电池拉出车体，尽量将电池远离车体，操作过程中应避免被电池箱滑出时砸伤。

5）电池拉出后，尽量将车与电池隔离 5m 以外。

6）用干粉灭火器灭火（磷酸铁锂电池可以用水、黄沙、灭火毯、土壤、干粉灭火器、二氧化碳灭火器扑灭）。如有消防队到来，尽量阻止其用水冲电池，防止更大规模的电池短路造成电池燃烧发生，但在事态无法控制时，可用大量水进行处理。

（2）汽车发生碰撞。当汽车有发生碰撞可能时，在保证人身安全的情况下，尽量避免在电池箱部位发生碰撞。如在电池箱部位发生碰撞，要迅速断开整车高低压开关，然后拽出动力电池。

（3）电动汽车托底。在遭遇凹凸不平的路面时，应减速通过，尽量避免托底情况的发生，一旦发生严重托底，处置方法如下：

1）检查电池外观是否发生损坏。

2）若无损坏，重新起动车辆行驶。

3）如果发生车辆无法起动，应及时拨打售后服务电话，待救援人员赶赴现场处理。

（4）新能源车辆发生涉及高压系统故障（包括碰撞、水淹等）。可根据实际情况按照以下方法对车辆进行操作：

1）在有绝缘防护的条件下，打开车门。

2）整车退电至 OFF 位。

3）断开 12V 蓄电池负极。

4）拔下维修开关。

5）检查电池包是否受损、有无明显液体流出等，若有漏电、漏液，及时断开电池包直流母线或拆下电池包，要有专用的场地（或工位），并有防爆防火设施。

6）如因碰撞事故等致使车身变形且驾驶室有进水风险时，若条件限制不能立即拆卸动力电池包，则需要用防水车衣保护车辆。

特别提醒

（1）车辆充电尽量适时充电，当电池电量接近 30% 时，请立刻充电，这样可以提高电池的使用寿命。

（2）电池电量接近 10% 时，车辆将限速为 9km/h。

（3）纯电动车辆在冬季低温行驶后，应及时充电，避免因长时间停驶导致动力电池温度低，造成用电浪费和充电延时。

（4）车辆长期停放应保证 50%～80% 的电量，将 12V 低压电源线断开，每 2～3 个月至少对电池进行 1 次充放电，以保证电池寿命。

（5）在使用方面，建议电动汽车用户在春秋两季的时候可以选择快速充电，或者交流充电。

（6）在夏季高温时，充电时应该将运行车辆在阴凉处静止 20min 左右后再进行直流充电。而且夏季避免急加速行驶，毕竟夏季路面高温高达 50～70℃，所以电动汽车在行驶的过程中，电池组的散热能力将会受到些许的影响。建议用户还是夏季低速，低电流行驶。

而在冬季，充电时应该将车辆行驶一段时间后立即进行直流充电，保证电池组温度在合理的范围内，充电正常，保证充电效率。

（7）汽车充电过程中，密切关注电池电压、电流等参数变化，如出现参数异常，超出充电技术参数最大限制，应立即停止充电，并及时汇报。如发现异味、电池燃烧等情况，应立即切断电源，利用灭火设施灭火，并尽快使发生故障的电池组与汽车分离。

十三、汽车车体突然触电应急处置

汽车进入或行经施工工地，如突然触电应急处置方法如下。

（1）不要惊慌。汽车触电后（见图 7-21），由于汽车各部分金属构件连接成一体，整个汽车处于等电位状态，汽车内的人也以相同的电位存在于这个等电位体中，这时尽管汽车与导线或者汽车与地面之间电火花噼啪，但并不会伤害车内人员，因此，只要老老实实地待在车里，就不会有大的危险。如一旦下车，人体一部分与车体接触，另一部分与地面接触，由于形成回路的电位差，导致触电事故同事，同理，车外人员不能接触车体。

图 7-21　汽车触电

（2）设法摆脱电源。可以通过车外人员请有关部门停电，也可以在保证车外人员在安全的情况下，将车脱离电源。如果可能，驾驶人可尝试将车开走，如果此时汽车无法起动，则可用另外一辆车顶走，但不能用钢丝绳拖拉。

如上述措施均得不到实施，汽车不能摆脱电源时，可以双手不触及车体，双脚并拢，干净利落地从车上跳下，跳下后继续并拢双脚跳出一段距离。但这种措施有一定风险，跳不好便会产生危险，因此，不到万不得已不要采用这种措施。

十四、驾驶汽车途中突发疾病防范与应急处置

驾驶人驾驶汽车途中突发疾病，也是经常说到的失能驾驶员，突然失去驾驶车辆能力的驾驶员。车开得好好的，突然头昏、腹痛、猝死，这给其他用路者带来了

极大的安全隐患。在危险关头，首当其冲的是避免重大事故、保护人员，最大限度地降低事故伤害。驾驶人常见的突发疾病类型和症状包括心肌梗死、心绞痛、冠心病、房颤（心力衰竭）或中暑等。

1. 驾驶人自救

机动车驾驶人应当遵守道路交通安全法律、法规的规定，按照操作规范安全驾驶、文明驾驶。患有妨碍安全驾驶机动车的疾病，不得驾驶机动车。

如果在驾车过程中，感觉身体不适，应立即开启危险报警闪光灯警示其他车辆，应立即将车辆停靠在安全区域，然后拨打110、122、120（三台联动）急救电话，并告诉其准确位置，以便救护人员能够快速进行救援。乘车人发现异常时，可询问司机身体状况，如果驾驶人很难操控车辆，可帮驾驶人缓打方向盘，让车停在最右侧的车道。在打方向盘时应立即按下应急灯，但不要急于换挡，否则可能造成车辆失控。

此外还要不断按喇叭向后车传递紧急信息，提示后车保持安全距离。在安全区域停车后，立即拨打120求助。

驾驶人在有知觉的情况下，应及时采取自救措施，服用随车携带的药品，缓解不适感，并向公安机关交通管理部门报警，同时向公司管理人员报告，告知自己的身体状况及车辆停放位置，请求救助。此时也可向车内用户求助，如果车内有用户是医务人员，则可对患病驾驶人采取紧急救助措施，为后续救援争取时间。如果病情严重，应立即拨打120求救。

特别提醒

1. 三高（高血压、高血脂、高血糖）人员驾驶汽车应注意事项

（1）经常检测身体生化指标，达到较高危险值时，禁止再驾驶汽车。

（2）驾车时注意车内空气流通，保持车内氧气的充足，禁止车内一氧化碳和二氧化碳超标，禁止汽车尾气泄漏进入驾驶室内。

（3）按时服药，随车携带降压片、硝酸甘油、速效救心丸、胰岛素等必备药品。血糖高的驾驶人应随车备有必要的食品和饮料。

（4）行车中感觉头晕、眼胀、耳鸣等情况时，应及时靠边停车，静止休息和服药，待身体状况恢复后再驾车，禁止在有病症的状况下坚持驾车。

（5）行车中要保持心态平静，坚持中速行驶，禁止疲劳驾驶，禁止开赌气车，禁止开怄气车，应控制好自己的情绪。

2. 当周围有人可能发生脑血管病时如何急救？

如果周围有人发生头痛、头晕，或是突然倒在地上，这时需要判断病人是否发生了脑血管病，应该采用以下步骤。

（1）首先，可以先让病人躺在地上，观察其神志是否清楚，是否能回答问题。发生脑血管病的病人如果病情严重，往往会出现意识障碍，出现意识不清。

（2）然后将其衣服解开，保持呼吸畅通，同时解开腰带，使呼吸没有阻力。如果病人想要呕吐，要避免呕吐物造成气管堵塞。这时可以让病的头转向侧面，防止呕吐物流到气管中。如果病人戴有假牙，要把假牙取出。如果这里，病人神志不太清楚，可以用纱布包裹一个压舌板，或是类似的东西，塞进病人的嘴里，保持通气顺畅，以防止病人鼻腔堵塞的时候发生气道阻塞。

（3）再看病人的胳膊、腿等身体四肢是否运动良好；让病人握住你的手，看看他是否有力气。如果发现病人有一侧肢体没有力气，不能自主运动，那么就要首先考虑病人得的是脑血管病。

（4）让病人继续平躺，同时拨打急救电话。

3. 高血压急症的急救方法

高血压急症是一种极其危急的症候，常在不良诱因影响下，血压骤然升到 200/120mmHg 汞柱以上，出现头痛、呕吐、胸痛、视力模糊、面色苍白或潮红；两手抖动、烦躁不安等症状，可以持续数分钟或数天，严重的可出现暂时性瘫痪、失语、心绞痛、尿混浊；更重的则抽搐、昏迷。

当病人血压突然升高时，不要在病人面前惊慌失措。让病人安静休息，头部抬高，取半卧位，尽量避光。如果有血压计，给病人量血压，如果发现血压很高时，可以给病人舌下含服心痛定（硝苯地平）。心痛定起效迅速，可以使血压较快地降下来。如果这个措施不能解决，应迅速拨打 120 或备车送往医院。在去医院的路上，行车尽量平稳，以免因过度颠簸而造成脑溢血。

4. 汽车行驶途中突发心梗时自我急救的方法

驾驶人行驶途中突发心梗时，如果一时孤立无援，就应抓住宝贵的黄金 10s 来进行自我急救，以保证自己的生命安全。通常可以采用深呼吸咳嗽的方法来作为一种应急自救术。具体方法如下。

（1）引导其他汽车避让。当驾驶人行驶途中突发心梗汽车没能在路边停靠时，应迅速打开双闪灯，以引导其他汽车赶快避让。

（2）自我急救的方法。在迅速打开双闪灯的同时，要用力不停地咳嗽。且在每一次咳嗽之前，均应深吸一口气（最好打开车窗，使车内空气保持新鲜），然后再用力地、深深地、长长地咳嗽，类似于将淤积在胸腔深处的痰咳出来一样，每一次咳嗽过程可以持续 2s 左右，然后重复该动作，直到心跳恢复正常为止。

（3）及时告知有关人员。采用上述方法进行急救时，一旦感到状况有一定的好转以后，则可在一边继续咳嗽、一边就可以通过手机及时将自己现在的实际情况与当前所处的位置告知家人或朋友。对于具有安装有 GPS 功能汽车，则可以按下紧急按钮，以请求急救车尽快赶来救援。

2. 乘员避险方法

驾驶人突发疾病时，如果出现剧烈的疼痛或晕厥，可能会无法正常驾驶车辆，导致与其他车辆或固定物发生相撞事故，也有可能偏离正常的行驶路线而与路边的行人、非机动车发生碰撞。若此时车辆正行驶在危险路段，如盘山公路、高架桥等，易使车辆直接翻入沟中或坠到崖下，发生极其严重的交通事故。乘员可用以下3种方法有效避险，并挽救驾驶人的生命。

（1）在发病前期，如果驾驶人还有意识，乘员发现异常应立即询问司机身体状况，如果驾驶人很难操控车辆，乘员可帮驾驶人缓打方向盘，让车停在最右侧的车道。

（2）驾驶人突发疾病之后，可能已无力用脚踩油门，也很难抬手按应急灯，这时，乘员在帮着打方向盘时应立即按下应急灯，但不要急于换挡，否则极可能造成车辆失控，最后必须不断地按喇叭向后车传递紧急信息，提示后车保持安全距离。

（3）在安全区域停车之后，乘员应当立即拨打120，然后报警。如若驾驶人有心脏病，可迅速找速效救心丸等必备药物，在能力范围内实施急救。

特别提醒

如果司机突发疾病应急处置一定要重减速、轻方向。只有减速以后仍然无法避免要相撞的时候，才考虑打方向盘避让。尤其是在高速上，车辆失控直接打方向，急打方向，往往使本来可以避免的事故无法避免。

（1）想方设法让车辆减速。自动挡车型迅速把档位从D挡推到N挡、空挡，这样实际上就切断了变速箱的动力输出，哪怕司机的脚还在油门上，车辆也不会再加速。手动挡的车型大同小异，也要尽快切换到空挡，想方设法让车辆减速。

（2）根据情况拉手刹。要区分不同情况，如果速度较快，千万不能贸然拉手刹，容易导致车辆侧滑、甩尾，甚至是严重失控。

注意：这里有个速度临界值，就是40km/h。低于40km/h，配备电子手刹的自动挡车辆，副驾驶可以第一时间拉手刹，一直掰着不要松开。

配备机械手刹的车型，要掌握好拉手刹的力度，可以采取拉、放、拉、放的方式，逐步加大拉手刹的力度，从而达到减速的目的。

（3）提醒其他用路者避让。在完成以上操作以后，有条件的情况下，副驾可以长按喇叭，尽可能提醒其他车辆、电动车和行人的注意，降低事故伤害。

（4）如果副驾有驾驶能力，再来接管方向盘，使车辆靠边停下来。

 ## 第三节　运输危险货物的应急处理

一、危险货物的分类

危险化学品分为爆炸品、压缩气体和液化气体、易燃液体、易燃固体、自燃物品和遇湿易燃物品、氧化剂和有机过氧化物、毒害品和感染性物品、放射性物品和腐蚀品 8 类。

（1）爆炸品包含具有整体爆炸危险的物质和物品、具有抛射危险但无整体爆炸危险的物质和物品、具有燃烧危险和较小爆炸或较小抛射危险或两者兼有，但无整体爆炸危险的物质和物品、无重大危险的爆炸物质和物品和非常不敏感的爆炸物质。

（2）压缩气体和液化气体包含易燃气体、不燃气体和有毒气体。

（3）易燃液体包含低闪点液体、中闪点液体和高闪点液体。

（4）易燃固体、自燃物品和遇湿易燃物品包含易燃固体、自燃物品和遇湿易燃物品。

（5）氧化剂和有机过氧化物包含氧化剂和有机过氧化物。

（6）毒害品和感染性物品包含毒害品和感染性物品。

（7）放射性物品。

（8）腐蚀品包含酸性腐蚀品、碱性腐蚀品和其他腐蚀品。

二、运输危险货物应注意事项

（1）注意用车。装运危险货物时必须选用合适的车辆，爆炸品、一级氧化剂、有机氧化物不得用全挂汽车、列车、三轮机动车、摩托车、人力三轮车和自行车装运；爆炸器、一级氧化剂、有机过氧化物、一级易燃品不得用拖拉机装运；除二级固定危险品外，其他危险品不得用自卸汽车装运。

（2）注意防火。危货运输忌火，即在装卸危险货物时应使用不产生火花的工具，车厢内严禁吸烟，车辆不得靠近明火、高温场所和太阳暴晒的地方。装运石油类的油罐车在停驶、装卸时应安装好地线，行驶时，应使地线触地，以防静电产生火灾。

（3）注意驾驶。装运危险货物的车辆，应设置《道路运输危险货物车辆标志》（GB 13392—2005）规定的标志（见图 7-22）。汽车运行过程中必须严格遵守交通、消防、治安等法规，应控制车速，保持与前车的距离，遇有情况时提前减速，避免紧急制动，严禁违章超车，确保行车安全。

（4）注意漏撒。在装运危险货物过程中出现漏撒现象时，应根据危险货物的不同性质，进行妥善处理。爆炸品散落时，应将其移至安全处，修理或更换包装，对漏撒的爆炸品应及时用水浸湿，请当地公安消防人员处理；储存压缩气体或液化气体的罐体出现泄漏时，应将其移至通风场地，向漏气钢瓶浇水降温；液氨漏气时，可将其浸入水中，其他剧毒气体应浸入石灰水中。易燃固体物品散落时，应迅速将散落包装移至安全处所，例如黄磷散落后应立即浸入水中，金属钠、钾等散落后必须浸入盛有煤油或无水液态石蜡的铁桶中。易燃液体渗漏时，应及时将渗漏部位朝上，并及时移至安全通风场所修补或更换包装，渗漏物用黄沙、干土盖没后扫净。

（5）注意停放。装载危险货物的车辆不得在学校、机关、集市、名胜古迹、风景游览区停放。如果必须在上述地区进行装卸作业或临时停车，则应采取安全措施，并征得当地公安部门的同意。停车时要留人看守，闲杂人员不准接近车辆，做到车在人在，确保车辆安全。

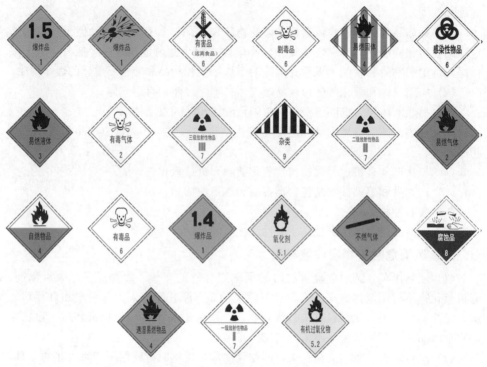

图 7-22　危险货物包装标志

（6）注意清厢。危险货物卸车后应清扫车上的残留物，被危险品污染过的车辆及工具必须洗刷消毒。车辆未经彻底消毒，严禁装运食用物品、药用物品、饲料及动植物。

三、危险化学用品应急处理

（1）危险货物运输过程中遇有天气、道路路面状况发生变化，应根据所载危险货物的特性，及时采取安全防护措施。

（2）压缩气体遇燃烧、爆炸等险情时，应及时采取对瓶体实施遮阳、冷水喷淋降温等措施，并及时将气瓶移出危险区域。

（3）腐蚀品、易燃液体泄漏或着火，要立即用干沙、干土覆盖灭火，不得用水扑救。扑救易散发腐蚀性蒸气或有毒气体的火灾时，扑救人员应穿戴防毒面具和相应的防护用品，站在上风处施救。

（4）运送爆炸物品的途中发生火灾时，应尽可能将爆炸品转移到危险最小的区域或进行有效隔离。不能转移、隔离时，应迅速组织人员疏散。

特别提醒

公安机关负责危险化学品的公共安全管理，核发剧毒化学品购买许可证、剧毒化学品道路运输通行证，并负责危险化学品运输车辆的道路交通安全管理。危险化学品运输车辆限制通行的区域由县级人民政府公安机关划定，并在禁止运输危险物品车辆驶入路段的入口处设置明显的禁止运输危险物品车辆驶入标志（见图 7-23）。

图 7-23　禁止运输危险物品车辆驶入

未经公安机关批准，运输危险化学品的车辆，不得进入危险化学品运输车辆限制通行的区域。确需进入禁止通行区域的，应当事先向当地公安交通管理部门报告，经批准后按指定行车时间、速度和路线行驶，或者悬挂警示标志并采取必要的安全措施。

 第四节　道路交通事故现场的处置与伤者救护

一、事故现场的处置

（1）在道路上发生交通事故，车辆驾驶人应当立即停车，拉紧驻车制动器操纵杆，开启危险报警闪光灯，并应及时报警，保护现场；造成人身伤亡的，车辆驾驶人应当立即抢救受伤人员，并迅速报告执勤的交通警察或者公安机关交通管理部门。因抢救受伤人员变动现场的，应当标明位置。乘车人、过往车辆驾驶人、过往行人应当予以协助。

（2）在道路上发生交通事故，未造成人身伤亡，当事人对事实及成因无争议的，可以即行撤离现场，恢复交通，自行协商处理损害赔偿事宜；不即行撤离现场的，应当迅速报告执勤的交通警察或者公安机关交通管理部门。

在道路上发生交通事故，仅造成轻微财产损失，并且基本事实清楚的，当事人应当先撤离现场再进行协商处理。

（3）机动车与机动车、机动车与非机动车在道路上发生未造成人身伤亡的交通事故，当事人对事实及成因无争议的，在记录交通事故的时间、地点、对方当事人的姓名和联系方式、机动车牌号、驾驶证号、保险凭证号、碰撞部位，并共同签名后，撤离现场，自行协商损害赔偿事宜。当事人对交通事故事实及成因有争议的，应当迅速报警。

非机动车与非机动车或者行人在道路上发生交通事故，未造成人身伤亡，且基本事实及成因清楚的，当事人应当先撤离现场，再自行协商处理损害赔偿事宜。当事人对交通事故事实及成因有争议的，应当迅速报警。

（4）机动车发生交通事故，造成道路、供电、通信等设施损毁的，驾驶人应当报警等候处理，不得驶离。机动车可以移动的，应当将机动车移至不妨碍交通的地点。公安机关交通管理部门应当将事故有关情况通知有关部门。

二、伤员的救护

1. 车祸后伤情判断和自救

（1）胸部剧痛、呼吸困难，可能是肋骨骨折刺伤肺部。在车祸中，撞击是驾驶人最易受到的伤害。被转向盘撞到胸部后，如果伤者感觉到剧痛和呼吸困难，可怀疑肋骨发生骨折。肋骨骨折之后，如果碎骨进入肺叶，刺破肺泡，可能形成血气胸，引起肺栓塞，甚至导致死亡。如果车速过快、撞击力量过大，在撞车的瞬间，收紧的安全带也可能造成肋骨骨折。如果怀疑骨折，伤者千万不要贸然移动身体，避免碎骨对内脏造成新的伤害。如果手臂仍可以移动，接触到手机，就打急救电话求救，或者呼喊请别人帮助。

（2）腹部疼痛，可能是肝脾破裂大出血。大多数小客车的转向盘比较靠下，发生撞击时，肝脏和脾脏等器官最易受到侵害。假如肝脾破裂，发生大出血时会有腹痛出现。但这种疼痛并非难以忍受，很多伤者的神志仍会清醒。伤者要判断待在车里是否安全，如果汽车有起火等隐患，则要缓慢地离开车。但最好不要长距离走动，同时动作要缓慢，即使是在等候急救车的时候也不要再随意走动。

（3）出血，可能是外伤。撞击或其他原因可能会使驾驶人的头颈部或胸部受外伤。颈部的血管是最重要的部分，最好先检查颈部是否出血。在大量出血时最好能用毛巾或其他替代品暂时包扎，以免失血过多。等到医务人员到来后再仔细处理伤口。有的出租车驾驶人很有经验，会随车带着毛巾等物品，私家车驾驶人也不妨借鉴，在紧急情况下会派上大用场。多数侧窗玻璃已做钢化或区域钢化处理，撞击后会破碎为一粒一粒的、没有棱角的玻璃；前风挡已开始使用夹层玻璃，撞击后会有网一样的裂纹黏结在一起而不会破碎。

（4）肢体疼痛、肿胀、畸形，可能是骨折。骨折后最忌讳自己乱动或是被别人错误包扎。骨折后的每一次移动都有可能对以后的恢复造成影响。搬动伤者前一定要确定伤肢不会发生相对移动，否则血管和神经都可能在搬动时受到伤害。如果请别人帮助包扎伤肢，最好找木板或是较直、有一定粗度的树枝，同时用三根固定带将两至三块木板在伤肢的上中下三个部位侧向绑扎结实。

（5）脖子疼痛，可能是颈椎错位。车祸中，副驾驶座位的乘员容易发生颈部损伤，因驾驶人会在遇到危险时本能地躲避，将副驾位置置于直接撞击的地方。如果感觉自己的颈椎或腰椎受到了冲击，应坚持请专业医护人员搬动。人的脊柱中有很多神经，在不当的搬动中受伤的话很有可能造成永久性的伤害，甚至瘫痪。在搬动颈部损伤病人的时候，医务人员要非常小心，要在有硬板担架的情况下用平铲的方式才能搬动，还要用颈托等固定。如果是行人和骑自行车人被撞，头部直接撞到地上，很有可能出现脑出血；伤者也可能会昏迷、呕吐；此外，骨折的概率也很大。遇到这样的情况后，如果自己没把握就不要乱动，可在原地等急救中心的医务人员来处理。

2. 急救方法

（1）在事故现场抢救伤员，应先救命，后治伤。遇重特大事故伤员众多急需送医院时，处于昏迷状态的伤员应先送往医院，颈椎受伤的伤员应最后送往医院。受伤者在车内无法自行下车时，可设法将其从车内移出，尽量避免二次受伤。遇伤者被压于车轮或货物下，应设法移动车辆或搬掉货物，根据伤势采取相应的救护方法，切忌拉拽伤者的肢体。

（2）昏迷失去知觉的伤者症状是不会讲话，抢救前应检查伤者呼吸。搬运昏迷或有窒息危险的伤员时，应采用侧卧的方式。救助有害气体中毒伤员，应迅速将伤员转移到空气新鲜的地方，以防止其继续中毒。

（3）受伤者失血过多，会出现休克等症状，严重的会有生命危险。抢救或处理失血伤员的措施首先是通过外部压力，止住伤口流血，然后系上绷带。救助失血过多而造成休克的伤员时，应采取保暖措施，防止热损耗。

（4）救助全身燃烧的伤员，应采取迅速扑灭衣服上的火焰、向全身燃烧伤员身上喷冷水、脱掉烧着衣服，用消过毒的绷带包扎烧伤部位等措施，不得用沙土覆盖，沙土覆盖会造成伤口感染，甚至危及生命。烧伤伤员口渴时，可喝少量的淡盐水。

（5）抢救骨折伤员时，为防止骨折伤员休克，不要移动伤员身体的骨折部位。对无骨端外露骨折伤员的肢体，用夹板或木棍、树枝等固定时要超过伤口上、下关节。伤员大腿、小腿和脊椎骨折时，一般就地固定，不要随便移动伤者。

伤员骨折处出血时，应先止血并消毒包扎伤口，然后再固定。伤员四肢骨折有骨外露时，不要还纳，可用敷料包扎。

抢救脊柱骨折的伤员时，用三角巾固定。移动脊柱骨折的伤员，切勿扶持伤者走动，要用硬担架运送；把骨折伤员抬上担架时，要遵循医护工作人员的指导，由3名救护人员把手托放在伤员身下，一起将伤员抬上担架。

3. 外伤止血方法

常见外伤出血的种类有：①毛细血管出血，血液从创面或创口四周渗出，出血量少、色红，找不到明显出血点，危险性小；②静脉出血，血色暗红，缓慢不断地流出，然后由于局部血管收缩，流血逐渐减慢，危险性也较小；③动脉出血，血色鲜红，出血来自伤口近心脏的一端，呈搏动性喷出，出血量多，速度快，危险性大，应迅速采取止血措施。

在止血时，首先将伤员伤口上的衣服或其他覆盖物小心地剪开或撕开除掉，在使用剪刀时不得碰到伤口，以避免产生新的损伤。伤员的衣服除去后，应立即控制出血，以防伤员流血过多而抢救困难，伤口止血应根据不同情况和部位，采取不同的方法。

图 7-24 敷料加压止血法

（1）敷料加压止血法（见图 7-24）。敷料加压止血就是用消毒敷料压迫出血的伤口，以促成血液凝固，压迫破损的血管，保护好创伤面，防止病菌侵入伤口。敷料加压，实际上就是加压包扎，在有条件下的情况下，应对伤口进行消毒，用无菌药棉、纱布或干净毛巾等，再用绷带、三角巾适当加压包扎。包扎的紧度，以刚好不出血为宜。若没有上述物品，可将衣物撕成宽 3～4cm 的长布条，以代替绷带使用。

（2）抬高受伤肢体止血法。四肢大量出血，在上止血带前应抬高患肢 2min，在出血部位的上方，如上臂或大腿受伤部位的上方 1/3 处，先用毛巾或棉垫包扎皮肤，以防止伤口大量出血。若动脉、静脉仍出血不止，必须持续地应用抬高肢体的方法，并包扎敷料与加压。如果肢体骨折，必须等伤肢固定好夹板后，再抬高伤肢。

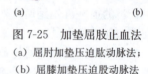

（a）　　　　　　　　（b）

图 7-25 加垫屈肢止血法
（a）屈肘加垫压迫肱动脉法；
（b）屈膝加垫压迫股动脉法

（3）加垫屈肢止血法（见图 7-25）。四肢膝、肘以下部位出血时，如没有骨折和关节损伤，可将一个厚棉垫或绷带卷塞在腘窝或肘窝部，屈腿或臂，再用三角巾或绷带紧紧缚住。

（4）止血带止血法（见图 7-26），这种方法适用于伤口大量出血的情况。选用有弹性的橡皮筋、橡皮带或专用止血带，先用干净毛巾或衣服包住伤口近心端，然后以左手拇、食、中指持止血带头端，另一手拉紧止血带绕肢体两圈（两圈须靠近些），并将止血带末端放入左手食、中指之间拉出固定。

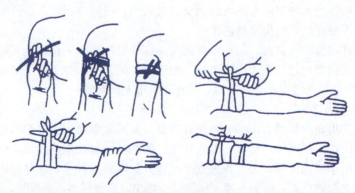

图 7-26 止血带止血法

（5）指压临时止血法（见图 7-27）。在伤口的上方，即近心端，找到跳动的血管，用手指紧紧压住。这是紧急的临时止血法，与此同时，应准备材料换用其他止血方法。采用此法，救护人必须熟悉各部位血管出血的压迫点。常见身体部位血管出血的接压点，见表 7-2。

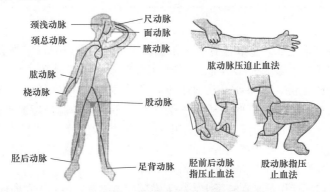

图 7-27　指压临时止血法

表 7-2　　　　　　　　　　　常见身体部位血管出血的接压点

出血部位	按压点
面部出血	压迫下颌角与颏结节之间的面动脉
前头部出血	压迫耳前颌关节上方的颞动脉
后头部出血	压住耳后突起下面稍外侧的耳后动脉
腋窝和肩部出血	在锁骨上凹，胸锁乳突肌外缘向下内后方，对准第一肋骨，压住锁骨下动脉
前臂出血	在上臂肱二头肌内侧沟处，施以压力，将肱动脉压于肱骨上
手掌和手背出血	在腕关节内，即我们通常按脉搏的地方，按到跳动的桡动脉血压住
手指出血	用另侧的手指，使劲捏住伤手的手指根部，即可止血
大腿出血	屈起其大腿，使肌肉放松，用大拇指压住股动脉之压点（在大腿根部的腹股沟中点），用力向后压，为增强压力，另一手的拇指可重叠压力
足部出血	在踝关节下侧，足背跳动的地方，用手指紧紧压住

特别提醒

（1）止血带应捆绑在伤口的近心端，上臂和大腿应绑在上 1/3 的部位，上臂的中 1/3 部位不可上止血带以免压迫损伤桡神经，引起上肢麻痹，大腿中段以下动脉位置较深，不容易压迫住，有时压迫不够，没有压瘪动脉而仅压住了静脉的回流，出血反而更多，而且会引起肢体的肿胀和坏死。

（2）上止血带必须用平整的衬垫保护皮肤，不能直接绑在皮肤上。止血带松紧要适度，以摸不到远端脉搏和使出血停止为宜，不可过紧，以免伤及神经；也不可过松，仅压住静脉回流，出血反会更多。

（3）上止血带的肢体应固定好，冬季要特别注意保暖，以免发生冻伤。

（4）止血带松紧以恰好不流血为宜，尽量在1～2h将伤者送到医院。这种方法止血很有效，但容易损伤肢体，影响后期修复。所以，应每隔30～50min放松一次止血带，每次放松2～5min，此时，还要用手指压住伤口，以免大量出血。

4. 伤员的搬运

交通事故常常造成人员肢体骨折、错位、器官破裂等，搬运不当会加重伤员的伤势。严重时还可能造成神经、血管损伤，甚至瘫痪，难以治疗。

（1）单人搬运法。如果伤员伤势不重，可采用扶、背、抱的方法将伤员运走。可以单人持着伤员慢慢走，此法适用于伤员伤势不重，神志清醒时使用；背驮法，先将伤员支起，然后背着走，此法不能用于脊柱骨折的伤员。

（2）双人搬运法。双人搬运有3种方法：平抱，即2个搬运者站在同侧，并排同时抱起伤员；膝肩抱，即一人在前面提起伤员的双腿，另一人从伤员的腋下将其抱起；用靠椅抬，即让伤员坐在椅子上，一人在后面抬靠背，另一人在前面抬椅子腿。

（3）几种严重伤情的搬运法。

1）脑部伤害昏迷者。解开伤员的衣襟，搬运时要重点保护头部；伤员在担架上应采取半俯卧位，头部侧向一边，以免呕吐时呕吐物阻塞气道而窒息。搬运应由2人以上，搬运前头部垫一软枕头，膝部、肘部要用衣物垫好，头颈部两侧垫衣物合颈部固定。

2）脊柱骨折者。对于脊柱骨折的伤员，一定要用木板做的硬担架搬运（见图7-28）。如条件限制，只能靠人力徒手搬运，则需3～4人共同抬起（见图7-29）。在搬运时应步调一致，切忌一人抬胸，一人抬腿（见图7-30）。伤员放到担架上以后，要让他平卧，腰部垫一个衣服垫，再用3～4根布带把伤员固定在木板上，以免在搬运中滚动或跌落，造成脊柱移位或扭转，刺激血管和神经，使下肢瘫痪。

图7-28　脊柱骨折伤员的固定

图7-29　正确的搬运方法　　　　　图7-30　错误的搬运方法

3）颈椎骨折者。搬运颈椎骨折伤员时，应由一人稳定头部，其他人以协调的力量平直地抬到担架上，头部左右两侧用衣物、软枕头加以固定，防止左右摆动（见图 7-31）。

图 7-31　颈椎骨折者的固定

特别提醒

搬运伤员注意事项

（1）在搬运转送伤员之前，要先做好伤员的检查并完成初步的急救处理，以保证转运途中的安全。

（2）要根据受伤的部位和伤情的轻重，选择适当的搬运方法。搬运昏迷或有窒息危险的伤员应采用侧卧的方式。

（3）搬运行进中，动作要轻，脚步要移稳，步调要一致，避免摇晃和振动。

（4）有担架抬伤员时，要使伤员脚朝前，头在后，以使后面的运送人员能及时看到伤员的面部表情。

（5）搬运因失血过多出现休克伤员时，应采取保暖措施，防止热损耗。

（6）汽车护送时，车速不宜过快，要尽量减少行驶中的颠簸振动，否则会使伤员的伤势加重。车上可放置棉被、衣服等减轻汽车行驶时对伤员的冲击振动。

扫码测一测
本章的内容你掌握了吗?

汽车安全驾驶与应急处置**全攻略**（第二版）

附录　容易混淆的交通标志、标线

容易混淆的交通标志、标线见附表。

附表　容易混淆的交通标志、标线

|---|---|---|---|---|---|
○	禁止通行标志	⊖	禁止驶入标志	🚦	注意信号灯标志
	环岛行驶标志		环行交叉标志		注意潮汐车道标志
	靠右侧道路行驶标志		靠左侧道路行驶标志		
单行路（向左）	单行路（向左）标志	单行路（向右）	单行路（向右）标志	!	注意危险标志
	直行车道标志		单行路（直行）标志		直行标志
	左侧绕行标志		左右绕行标志		右侧绕行标志
	两侧变窄标志		窄桥标志	🚲	注意非机动车标志

242

续表

	注意电动 自行车标志		非机动车车道 标志
	禁止行人进入 标志		行人标志		应急避难设施 （场所）标志
	注意儿童标志		注意行人标志		人行横道标志
	会车让行标志		会车先行标志		双向交通标志
	停车让行标志		减速让行标志		禁止停车标志 （禁止临时或 长时间停车）
	禁止长时间 停车标志		开车灯标志		错车道标志
	禁止非机动车 进入标志		禁止机动车 驶入标志		禁止小型载客 汽车驶入标志

续表

	禁止挂车、半挂车驶入标志		禁止大型载客汽车驶入标志		禁止载货汽车驶入标志
	禁止拖拉机驶入标志		禁止三轮汽车、低速货车驶入标志		禁止摩托车驶入标志
	禁止电动自行车进入标志		禁止三轮车驶入标志		禁止某两种车辆驶入标志
	机动车行驶标志		货车通行标志		电动自行车行驶标志
	非机动行驶标志		靠右侧车道行驶标志		非机动车车道标志
	机动车车道标志		小型客车车道标志		电动自行车车道标志
	多乘员车辆专用车道标志		非机动车推行标志		非机动车与行人通行标志
	非机动车与行人分行标志		非机动车与行人分行标志		

续表

公交专用车道标志			公交车辆、通勤班等大型载客汽车通行车道标志
硬路肩允许行驶路段开始标志	硬路肩允许行驶路段即将结束标志	硬路肩允许行驶路段结束标志	
有轨电车专用车道标志		快速公交系统（BRT）专用车道标志	
易滑标志	过水路面标志	注意保持车距标志	
有人看守的铁路道口标志	无人看守的铁路道口标志	铁路道口标志（叉型符号）	
铁路道口标志（一道斜杠符号）	铁路道口标志（二道斜杠符号）	铁路道口标志（三道斜杠符号）	
旅游区方向标志	紧急电话标志	紧急停车带标志	
露天停车场标志	室内停车场标志	残疾人专用停车位标志	

续表

浪网停车区	停车区预告标志	天目湖服务区	服务区预告标志	P 停车点	停车点标志
3m	限制宽度标志	3.5m	限制高度标志		反向弯路标志
60	限制速度标志	40	解除限制速度标志		连续弯路
10t	限制质量标志	10t			限制轴重标志
60	最低限速标志		人行天桥标志		人行地下通道标志
	基本单元		组合使用		注意合流标志
	左侧通行标志		两侧通行标志		右侧通行标志

续表

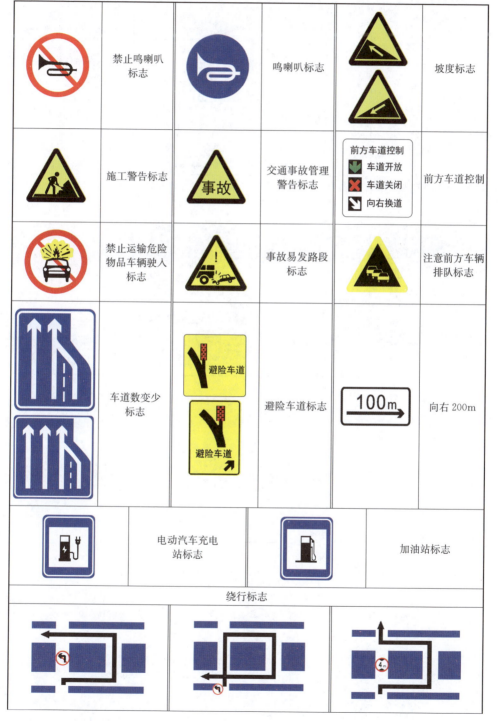

	禁止鸣喇叭标志		鸣喇叭标志		坡度标志
	施工警告标志		交通事故管理警告标志		前方车道控制
	禁止运输危险物品车辆驶入标志		事故易发路段标志		注意前方车辆排队标志
	车道数变少标志		避险车道标志		向右 200m
	电动汽车充电站标志		加油站标志		

绕行标志

247

续表

	禁止长时间停车标线		禁止停车标线
	停车让行标线		减速让行标线
	可变车道线标线		车道线标线
	横向减速标线		纵向减速标线